权威·前沿·原创

皮书系列为
“十二五”国家重点图书出版规划项目

权威·前沿·原创

社会科学文献出版社

皮书系列

2016年

盘点年度资讯 预测时代前程

社会科学文献出版社 学术传播中心 编制

社长致辞

我们是图书出版者，更是人文社会科学内容资源供应商；

我们背靠中国社会科学院，面向中国与世界人文社会科学界，坚持为人文社会科学的繁荣与发展服务；

我们精心打造权威信息资源整合平台，坚持为中国经济与社会的繁荣与发展提供决策咨询服务；

我们以读者定位自身，立志让爱书人读到好书，让求知者获得知识；

我们精心编辑、设计每一本好书以形成品牌张力，以优秀的品牌形象服务读者，开拓市场；

我们始终坚持“创社科经典，出传世文献”的经营理念，坚持“权威、前沿、原创”的产品特色；

我们“以人为本”，提倡阳光下创业，员工与企业共享发展之成果；

我们立足于现实，认真对待我们的优势、劣势，我们更着眼于未来，以不断的学习与创新适应不断变化的世界，以不断的努力提升自己的实力；

我们愿与社会各界友好合作，共享人文社会科学发展之成果，共同推动中国学术出版乃至内容产业的繁荣与发展。

社会科学文献出版社社长

中国社会学会秘书长

2016年1月

社会科学文献出版社成立于1985年，是直属于中国社会科学院的人文社会科学专业学术出版机构。

成立以来，特别是1998年实施第二次创业以来，依托于中国社会科学院丰厚的学术出版和专家学者两大资源，坚持“创社科经典，出传世文献”的出版理念和“权威、前沿、原创”的产品定位，社科文献立足内涵式发展道路，从战略层面推动学术出版五大能力建设，逐步走上了智库产品与专业学术成果系列化、规模化、数字化、国际化、市场化发展的经营道路。

先后策划出版了著名的图书品牌和学术品牌“皮书”系列、“列国志”、“社科文献精品译库”、“全球化译丛”、“全面深化改革研究书系”、“近世中国”、“甲骨文”、“中国史话”等一大批既有学术影响又有市场价值的系列图书，形成了较强的学术出版能力和资源整合能力。2015年社科文献出版社发稿5.5亿字，出版图书约2000种，承印发行中国社科院院属期刊74种，在多项指标上都实现了较大幅度的增长。

凭借着雄厚的出版资源整合能力，社科文献出版社长期以来一直致力于从内容资源和数字平台两个方面实现传统出版的再造，并先后推出了皮书数据库、列国志数据库、“一带一路”数据库、中国田野调查数据库、台湾大陆同乡会数据库等一系列数字产品。数字出版已经初步形成了产品设计、内容开发、编辑标引、产品运营、技术支持、营销推广等全流程体系。

在国内原创著作、国外名家经典著作大量出版，数字出版突飞猛进的同时，社科文献出版社从构建国际话语体系的角度推动学术出版国际化。先后与斯普林格、博睿、牛津、剑桥等十余家国际出版机构合作面向海外推出了“皮书系列”“改革开放30年研究书系”“中国梦与中国发展道路研究丛书”“全面深化改革研究书系”等一系列在世界范围内引起强烈反响的作品；并持续致力于中国学术出版走出去，组织学者和编辑参加国际书展，筹办国际性学术研讨会，向世界展示中国学者的学术水平和研究成果。

此外，社科文献出版社充分利用网络媒体平台，积极与中央和地方各类媒体合作，并联合大型书店、学术书店、机场书店、网络书店、图书馆，逐步构建起了强大的学术图书内容传播平台。学术图书的媒体曝光率居全国之首，图书馆藏率居于全国出版机构前十位。

上述诸多成绩的取得，有赖于一支以年轻的博士、硕士为主体，一批从中国社科院刚退出科研一线的各学科专家为支撑的300多位高素质的编辑、出版和营销队伍，为我们实现学术立社，以学术品位、学术价值来实现经济效益和社会效益这样一个目标的共同努力。

作为已经开启第三次创业梦想的人文社会科学学术出版机构，我们将以改革发展为动力，以学术资源建设为中心，以构建智慧型出版社为主线，以“整合、专业、分类、协同、持续”为各项工作指导原则，全力推进出版社数字化转型，坚定不移地走专业化、数字化、国际化发展道路，全面提升出版社核心竞争力，为实现“社科文献梦”奠定坚实基础。

经 济 类

经济类皮书涵盖宏观经济、城市经济、大区域经济，
提供权威、前沿的分析与预测

经济蓝皮书

2016 年中国经济形势分析与预测

李　扬 / 主编　　2015 年 12 月出版　　定价 :79.00 元

◆　本书为总理基金项目，由著名经济学家李扬领衔，联合中国社会科学院等数十家科研机构、国家部委和高等院校的专家共同撰写，系统分析了 2015 年的中国经济形势并预测 2016 年我国经济运行情况。

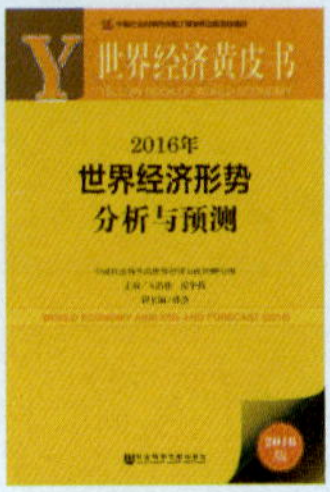

世界经济黄皮书

2016 年世界经济形势分析与预测

王洛林　张宇燕 / 主编　　2015 年 12 月出版　　定价 :79.00 元

◆　本书由中国社会科学院世界经济与政治研究所的研究团队撰写，2015 年世界经济增长继续放缓，增长格局也继续分化，发达经济体与新兴经济体之间的增长差距进一步收窄。2016 年世界经济增长形势不容乐观。

产业蓝皮书

中国产业竞争力报告（2016）NO.6

张其仔 / 主编　　2016 年 12 月出版　　估价 :98.00 元

◆　本书由中国社会科学院工业经济研究所研究团队在深入实际、调查研究的基础上完成。通过运用丰富的数据资料和最新的测评指标，从学术性、系统性、预测性上分析了 2015 年中国产业竞争力，并对未来发展趋势进行了预测。

G20 国家创新竞争力黄皮书

二十国集团（G20）国家创新竞争力发展报告（2016）

李建平　李闽榕　赵新力 / 主编　　2016 年 11 月出版　估价 :138.00 元

◆　本报告在充分借鉴国内外研究者的相关研究成果的基础上，紧密跟踪技术经济学、竞争力经济学、计量经济学等学科的最新研究动态，深入分析 G20 国家创新竞争力的发展水平、变化特征、内在动因及未来趋势，同时构建了 G20 国家创新竞争力指标体系及数学模型。

国际城市蓝皮书

国际城市发展报告（2016）

屠启宇 / 主编　　2016 年 1 月出版　　估价 :79.00 元

◆　本书作者以上海社会科学院从事国际城市研究的学者团队为核心，汇集同济大学、华东师范大学、复旦大学、上海交通大学、南京大学、浙江大学相关城市研究专业学者。立足动态跟踪介绍国际城市发展实践中，最新出现的重大战略、重大理念、重大项目、重大报告和最佳案例。

金融蓝皮书

中国金融发展报告（2016）

李　扬　王国刚 / 主编　2015 年 12 月出版　定价 :79.00 元

◆　本书由中国社会科学院金融研究所组织编写，概括和分析了 2015 年中国金融发展和运行中的各方面情况，研讨和评论了 2015 年发生的主要金融事件。本书由业内专家和青年精英联合编著，有利于读者了解掌握 2015 年中国的金融状况，把握 2016 年中国金融的走势。

农村绿皮书

中国农村经济形势分析与预测（2015 ~ 2016）

中国社会科学院农村发展研究所　国家统计局农村社会经济调查司 / 著
2016 年 4 月出版　估价 :69.00 元

◆　本书描述了 2015 年中国农业农村经济发展的一些主要指标和变化，以及对 2016 年中国农业农村经济形势的一些展望和预测。

西部蓝皮书

中国西部发展报告（2016）

姚慧琴　徐璋勇 / 主编　　2016 年 7 月出版　　估价 :89.00 元

◆　本书由西北大学中国西部经济发展研究中心主编，汇集了源自西部本土以及国内研究西部问题的权威专家的第一手资料，对国家实施西部大开发战略进行年度动态跟踪，并对 2016 年西部经济、社会发展态势进行预测和展望。

民营经济蓝皮书

中国民营经济发展报告 No.12（2015 ~ 2016）

王钦敏 / 主编　2016 年 1 月出版　估价 :75.00 元

◆　改革开放以来，民营经济从无到有、从小到大，是最具活力的增长极。本书是中国工商联课题组的研究成果，对 2015 年度中国民营经济的发展现状、趋势进行了详细的论述，并提出了合理的建议。是广大民营企业进行政策咨询、科学决策和理论创新的重要参考资料，也是理论工作者进行理论研究的重要参考资料。

经济蓝皮书夏季号

中国经济增长报告（2015 ~ 2016）

李　扬 / 主编　2016 年 8 月出版　估价 :69.00 元

◆　中国经济增长报告主要探讨 2015~2016 年中国经济增长问题，以专业视角解读中国经济增长，力求将其打造成一个研究中国经济增长、服务宏微观各级决策的周期性、权威性读物。

中三角蓝皮书

长江中游城市群发展报告（2016）

秦尊文 / 主编　2016 年 10 月出版　估价 :69.00 元

◆　本书是湘鄂赣皖四省专家学者共同研究的成果，从不同角度、不同方位记录和研究长江中游城市群一体化，提出对策措施，以期为将“中三角”打造成为继珠三角、长三角、京津冀之后中国经济增长第四极奉献学术界的聪明才智。

社会政法类

社会政法类皮书聚焦社会发展领域的热点、难点问题，
提供权威、原创的资讯与视点

社会蓝皮书

2016 年中国社会形势分析与预测

李培林　陈光金　张　翼 / 主编　2015 年 12 月出版　定价 :79.00 元

◆　本书由中国社会科学院社会学研究所组织研究机构专家、高校学者和政府研究人员撰写，聚焦当下社会热点，对 2015 年中国社会发展的各个方面内容进行了权威解读，同时对 2016 年社会形势发展趋势进行了预测。

法治蓝皮书

中国法治发展报告 No.14（2016）

李　林　田　禾 / 主编　　2016 年 3 月出版　　估价 :105.00 元

◆　本年度法治蓝皮书回顾总结了 2015 年度中国法治发展取得的成就和存在的不足，并对 2016 年中国法治发展形势进行了预测和展望。

反腐倡廉蓝皮书

中国反腐倡廉建设报告 No.6

李秋芳　张英伟 / 主编　2017 年 1 月出版　　估价 :79.00 元

◆　本书抓住了若干社会热点和焦点问题，全面反映了新时期新阶段中国反腐倡廉面对的严峻局面，以及中国共产党反腐倡廉建设的新实践新成果。根据实地调研、问卷调查和舆情分析，梳理了当下社会普遍关注的与反腐败密切相关的热点问题。

生态城市绿皮书

中国生态城市建设发展报告（2016）

刘举科　孙伟平　胡文臻 / 主编　2016 年 6 月出版　估价 :98.00 元

◆　报告以绿色发展、循环经济、低碳生活、民生宜居为理念，以更新民众观念、提供决策咨询、指导工程实践、引领绿色发展为宗旨，试图探索一条具有中国特色的城市生态文明建设新路。

公共服务蓝皮书

中国城市基本公共服务力评价（2016）

钟　君　吴正杲 / 主编　2016 年 12 月出版　估价 :79.00 元

◆　中国社会科学院经济与社会建设研究室与华图政信调查组成联合课题组，从 2010 年开始对基本公共服务力进行研究，研创了基本公共服务力评价指标体系，为政府考核公共服务与社会管理工作提供了理论工具。

教育蓝皮书

中国教育发展报告（2016）

杨东平 / 主编　2016 年 5 月出版　估价 :79.00 元

◆　本书由国内的中青年教育专家合作研究撰写。深度剖析 2015 年中国教育的热点话题，并对当下中国教育中出现的问题提出对策建议。

生态文明绿皮书

中国省域生态文明建设评价报告（ECI 2016）

严耕 / 主编　　2016 年 12 月出版　　估价 :85.00 元

◆　本书基于国家最新发布的权威数据，对我国的生态文明建设状况进行科学评价，并开展相应的深度分析，结合中央的政策方针和各省的具体情况，为生态文明建设推进，提出针对性的政策建议。

行业报告类

行业报告类皮书立足重点行业、新兴行业领域，
提供及时、前瞻的数据与信息

房地产蓝皮书

中国房地产发展报告 No.13（2016）

魏后凯　李景国 / 主编　　2016 年 5 月出版　　估价 :79.00 元

◆　蓝皮书秉承客观公正、科学中立的宗旨和原则，追踪 2015 年我国房地产市场最新资讯，深度分析，剖析因果，谋划对策，并对 2016 年房地产发展趋势进行了展望。

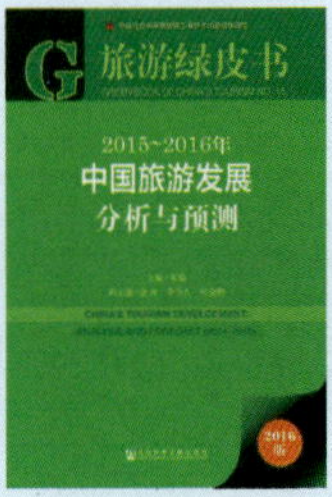

旅游绿皮书

2015 ~ 2016 年中国旅游发展分析与预测

宋　瑞 / 主编　　2016 年 1 出版　　估价 :98.00 元

◆　本书中国社会科学院旅游研究中心组织相关专家编写的年度研究报告，对 2015 年旅游行业的热点问题进行了全面的综述并提出专业性建议，并对 2016 年中国旅游的发展趋势进行展望。

互联网金融蓝皮书

中国互联网金融发展报告（2016）

李东荣 / 主编　　2016 年 8 月出版　　估价 :79.00 元

◆　近年来，许多基于互联网的金融服务模式应运而生并对传统金融业产生了深刻的影响和巨大的冲击，“互联网金融”成为社会各界关注的焦点。本书探析了 2015 年互联网金融的特点和 2016 年互联网金融的发展方向和亮点。

资产管理蓝皮书

中国资产管理行业发展报告（2016）

智信资产管理研究院 / 编著　　2016 年 6 月出版　　估价 :89.00 元

◆　中国资产管理行业刚刚兴起，未来将中国金融市场最有看点的行业，也会成为快速发展壮大的行业。本书主要分析了 2015 年度资产管理行业的发展情况，同时对资产管理行业的未来发展做出科学的预测。

老龄蓝皮书

中国老龄产业发展报告（2016）

吴玉韶　党俊武 / 编著
2016 年 9 月出版　估价 :79.00 元

◆　本书着眼于对中国老龄产业的发展给予系统介绍，深入解析，并对未来发展趋势进行预测和展望，力求从不同视角、不同层面全面剖析中国老龄产业发展的现状、取得的成绩、存在的问题以及重点、难点等。

金融蓝皮书

中国金融中心发展报告（2016）

王　力　黄育华 / 编著　　2017 年 11 月出版　　估价 :75.00 元

◆　本报告将提升中国金融中心城市的金融竞争力作为研究主线，全面、系统、连续地反映和研究中国金融中心城市发展和改革的最新进展，展示金融中心理论研究的最新成果。

流通蓝皮书

中国商业发展报告（2016）

荆林波 / 编著　2016 年 5 月出版　　估价 :89.00 元

◆　本书是中国社会科学院财经院与利丰研究中心合作的成果，从关注中国宏观经济出发，突出了中国流通业的宏观背景，详细分析了批发业、零售业、物流业、餐饮产业与电子商务等产业发展状况。

国别与地区类

国别与地区类皮书关注全球重点国家与地区，
提供全面、独特的解读与研究

美国蓝皮书

美国研究报告（2016）

黄　平　郑秉文 / 主编　2016 年 7 月出版　估价 :89.00 元

◆　本书是由中国社会科学院美国所主持完成的研究成果，它回顾了美国 2015 年的经济、政治形势与外交战略，对 2016 年以来美国内政外交发生的重大事件以及重要政策进行了较为全面的回顾和梳理。

拉美黄皮书

拉丁美洲和加勒比发展报告（2015~2016）

吴白乙 / 主编　2016 年 5 月出版　估价 :89.00 元

◆　本书对 2015 年拉丁美洲和加勒比地区诸国的政治、经济、社会、外交等方面的发展情况做了系统介绍，对该地区相关国家的热点及焦点问题进行了总结和分析，并在此基础上对该地区各国 2016 年的发展前景做出预测。

日本经济蓝皮书

日本经济与中日经贸关系研究报告（2016）

王洛林　张季风 / 编著　2016 年 5 月出版　估价 :79.00 元

◆　本书系统、详细地介绍了 2015 年日本经济以及中日经贸关系发展情况，在进行了大量数据分析的基础上，对 2016 年日本经济以及中日经贸关系的大致发展趋势进行了分析与预测。

俄罗斯黄皮书

俄罗斯发展报告（2016）

李永全 / 编著　2016 年 7 月出版　估价 :79.00 元

◆　本书系统介绍了 2015 年俄罗斯经济政治情况，并对 2015 年该地区发生的焦点、热点问题进行了分析与回顾；在此基础上，对该地区 2016 年的发展前景进行了预测。

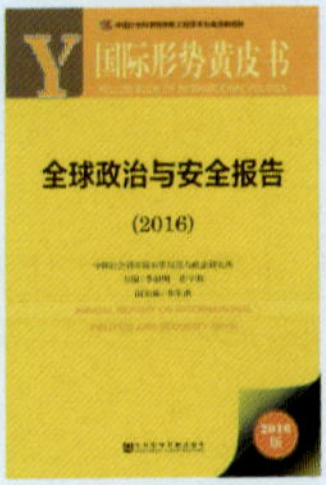

国际形势黄皮书

全球政治与安全报告（2016）

李慎明　张宇燕 / 主编　2015 年 12 月出版　定价 :69.00 元

◆　本书旨在对本年度全球政治及安全形势的总体情况、热点问题及变化趋势进行回顾与分析，并提出一定的预测及对策建议。作者通过事实梳理、数据分析、政策分析等途径，阐释了本年度国际关系及全球安全形势的基本特点，并在此基础上提出了具有启示意义的前瞻性结论。

德国蓝皮书

德国发展报告（2016）

郑春荣　伍慧萍 / 主编　2016 年 6 月出版　估价 :69.00 元

◆　本报告由同济大学德国研究所组织编撰，由该领域的专家学者对德国的政治、经济、社会文化、外交等方面的形势发展情况，进行全面的阐述与分析。

中欧关系蓝皮书

中欧关系研究报告（2016）

周弘 / 编著　2016 年 12 月出版　估价 :98.00 元

◆　本书由欧洲所暨欧洲学会推出，旨在分析、评估和预测年度中欧关系发展态势。本报告的作者均为欧洲方面的专家，他们对欧洲与中国在各个领域的发展情况进行了深入地分析和研究，对读者了解和把握中欧关系是非常有益的参考。

地方发展类

地方发展类皮书关注中国各省份、经济区域，
提供科学、多元的预判与资政信息

北京蓝皮书

北京公共服务发展报告（2015~2016）

施昌奎 / 主编　　2016 年 1 月出版　估价：69.00 元

◆　本书是由北京市政府职能部门的领导、首都著名高校的教授、知名研究机构的专家共同完成的关于北京市公共服务发展与创新的研究成果。

河南蓝皮书

河南经济发展报告（2016）

河南省社会科学院 / 编著　　2016 年 12 月出版　估价 :79.00 元

◆　本书以国内外经济发展环境和走向为背景，主要分析当前河南经济形势，预测未来发展趋势，全面反映河南经济发展的最新动态、热点和问题，为地方经济发展和领导决策提供参考。

京津冀蓝皮书

京津冀发展报告（2016）

文　魁　祝尔娟 / 编著　　2016 年 4 月出版　估价 :89.00 元

◆　京津冀协同发展作为重大的国家战略，已进入顶层设计、制度创新和全面推进的新阶段。本书以问题为导向，围绕京津冀发展中的重要领域和重大问题，研究如何推进京津冀协同发展。

文化传媒类

文化传媒类皮书透视文化领域、文化产业，
探索文化大繁荣、大发展的路径

新媒体蓝皮书

中国新媒体发展报告 No.7（2016）

唐绪军 / 主编　　2016 年 6 月出版　　估价 :79.00 元

◆　本书是由中国社会科学院新闻与传播研究所组织编写的关于新媒体发展的最新年度报告，旨在全面分析中国新媒体的发展现状，解读新媒体的发展趋势，探析新媒体的深刻影响。

移动互联网蓝皮书

中国移动互联网发展报告（2016）

官建文 / 编著　　2016 年 6 月出版　　估价 :79.00 元

◆　本书着眼于对中国移动互联网 2015 年度的发展情况做深入解析，对未来发展趋势进行预测，力求从不同视角、不同层面全面剖析中国移动互联网发展的现状、年度突破以及热点趋势等。

文化蓝皮书

中国文化产业发展报告（2016）

张晓明　王家新　章建刚 / 主编　　2016 年 4 月出版　　估价 :79.00 元

◆　本书由中国社会科学院文化研究中心编写。 从 2012 年开始，中国社会科学院文化研究中心设立了国内首个文化产业的研究类专项资金——“文化产业重大课题研究计划”，开始在全国范围内组织多学科专家学者对我国文化产业发展重大战略问题进行联合攻关研究。本书集中反映了该计划的研究成果。

经济类

G20国家创新竞争力黄皮书
二十国集团（G20）国家创新竞争力发展报告（2016）
著(编)者:李建平 李闽榕 赵新力
2016年11月出版 / 估价:138.00元

产业蓝皮书
中国产业竞争力报告（2016）NO.6
著(编)者:张其仔 2016年12月出版 / 估价:98.00元

城市创新蓝皮书
中国城市创新报告（2016）
著(编)者:周天勇 旷建伟 2016年8月出版 / 估价:69.00元

城市蓝皮书
中国城市发展报告 NO.9
著(编)者:潘家华 魏后凯 2016年9月出版 / 估价:69.00元

城市群蓝皮书
中国城市群发展指数报告（2016）
著(编)者:刘士林 刘新静 2016年10月出版 / 估价:69.00元

城乡一体化蓝皮书
中国城乡一体化发展报告（2015～2016）
著(编)者:汝信 付崇兰 2016年7月出版 / 估价:85.00元

城镇化蓝皮书
中国新型城镇化健康发展报告（2016）
著(编)者:张占斌 2016年5月出版 / 估价:79.00元

创新蓝皮书
创新型国家建设报告（2015～2016）
著(编)者:詹正茂 2016年11月出版 / 估价:69.00元

低碳发展蓝皮书
中国低碳发展报告（2016）
著(编)者:齐晔 2016年3月出版 / 估价:89.00元

低碳经济蓝皮书
中国低碳经济发展报告（2016）
著(编)者:薛进军 赵忠秀 2016年6月出版 / 估价:85.00元

东北蓝皮书
中国东北地区发展报告（2016）
著(编)者:马克 黄文艺 2016年8月出版 / 估价:79.00元

工业化蓝皮书
中国工业化进程报告（2016）
著(编)者:黄群慧 吕铁 李晓华 等
2016年11月出版 / 估价:89.00元

管理蓝皮书
中国管理发展报告（2016）
著(编)者:张晓东 2016年9月出版 / 估价:98.00元

国际城市蓝皮书
国际城市发展报告（2016）
著(编)者:屠启宇 2016年1月出版 / 估价:79.00元

国家创新蓝皮书
中国创新发展报告（2016）
著(编)者:陈劲 2016年9月出版 / 估价:69.00元

金融蓝皮书
中国金融发展报告（2016）
著(编)者:李扬 王国刚 2015年12月出版 / 定价:79.00元

京津冀产业蓝皮书
京津冀产业协同发展报告（2016）
著(编)者:中智科博（北京）产业经济发展研究院
2016年6月出版 / 估价:69.00元

京津冀蓝皮书
京津冀发展报告（2016）
著(编)者:文魁 祝尔娟 2016年4月出版 / 估价:89.00元

经济蓝皮书
2016年中国经济形势分析与预测
著(编)者:李扬 2015年12月出版 / 定价:79.00元

经济蓝皮书·春季号
2016年中国经济前景分析
著(编)者:李扬 2016年5月出版 / 估价:79.00元

经济蓝皮书·夏季号
中国经济增长报告（2015～2016）
著(编)者:李扬 2016年8月出版 / 估价:99.00元

经济信息绿皮书
中国与世界经济发展报告（2016）
著(编)者:杜平 2015年12月出版 / 定价:89.00元

就业蓝皮书
2016年中国本科生就业报告
著(编)者:麦可思研究院 2016年6月出版 / 估价:98.00元

就业蓝皮书
2016年中国高职高专生就业报告
著(编)者:麦可思研究院 2016年6月出版 / 估价:98.00元

临空经济蓝皮书
中国临空经济发展报告（2016）
著(编)者:连玉明 2016年11月出版 / 估价:79.00元

民营经济蓝皮书
中国民营经济发展报告 NO.12（2015～2016）
著(编)者:王钦敏 2016年1月出版 / 估价:75.00元

农村绿皮书
中国农村经济形势分析与预测（2015～2016）
著(编)者:中国社会科学院农村发展研究所
国家统计局农村社会经济调查司
2016年4月出版 / 估价:69.00元

农业应对气候变化蓝皮书
气候变化对中国农业影响评估报告 No.2
著(编)者:矫梅燕 2016年8月出版 / 估价:98.00元

企业公民蓝皮书
中国企业公民报告 NO.4
著(编)者:邹东涛　2016年1月出版 / 估价:79.00元

气候变化绿皮书
应对气候变化报告（2016）
著(编)者:王伟光 郑国光　2016年11月出版 / 估价:98.00元

区域蓝皮书
中国区域经济发展报告（2015～2016）
著(编)者:梁昊光　2016年5月出版 / 估价:79.00元

全球环境竞争力绿皮书
全球环境竞争力报告（2016）
著(编)者:李建平 李闽榕 王金南
2016年12月出版 / 估价:198.00元

人口与劳动绿皮书
中国人口与劳动问题报告 NO.17
著(编)者:蔡昉 张车伟　2016年11月出版 / 估价:69.00元

商务中心区蓝皮书
中国商务中心区发展报告 NO.2（2016）
著(编)者:魏后凯 李国红　2016年1月出版 / 估价:89.00元

世界经济黄皮书
2016年世界经济形势分析与预测
著(编)者:王洛林 张宇燕　2015年12月出版 / 定价:79.00元

世界旅游城市绿皮书
世界旅游城市发展报告（2016）
著(编)者:鲁勇 周正宇 宋宇　2016年6月出版 / 估价:88.00元

西北蓝皮书
中国西北发展报告（2016）
著(编)者:孙发平 苏海红 鲁顺元
2015年12月出版 / 估价:79.00元

西部蓝皮书
中国西部发展报告（2016）
著(编)者:姚慧琴 徐璋勇　2016年7月出版 / 估价:89.00元

县域发展蓝皮书
中国县域经济增长能力评估报告（2016）
著(编)者:王力　2016年10月出版 / 估价:69.00元

新型城镇化蓝皮书
新型城镇化发展报告（2016）
著(编)者:李伟 宋敏 沈体雁　2016年11月出版 / 估价:98.00元

新兴经济体蓝皮书
金砖国家发展报告（2016）
著(编)者:林跃勤 周文　2016年7月出版 / 估价:79.00元

长三角蓝皮书
2016年全面深化改革中的长三角
著(编)者:张伟斌　2016年10月出版 / 估价:69.00元

中部竞争力蓝皮书
中国中部经济社会竞争力报告（2016）
著(编)者:教育部人文社会科学重点研究基地
南昌大学中国中部经济社会发展研究中心
2016年10月出版 / 估价:79.00元

中部蓝皮书
中国中部地区发展报告（2016）
著(编)者:宋亚平　2016年12月出版 / 估价:78.00元

中国省域竞争力蓝皮书
中国省域经济综合竞争力发展报告（2015～2016）
著(编)者:李建平 李闽榕 高燕京
2016年2月出版 / 估价:198.00元

中三角蓝皮书
长江中游城市群发展报告（2016）
著(编)者:秦尊文　2016年10月出版 / 估价:69.00元

中小城市绿皮书
中国中小城市发展报告（2016）
著(编)者:中国城市经济学会中小城市经济发展委员会
中国城镇化促进会中小城市发展委员会
《中国中小城市发展报告》编纂委员会
中小城市发展战略研究院
2016年10月出版 / 估价:98.00元

中原蓝皮书
中原经济区发展报告（2016）
著(编)者:李英杰　2016年6月出版 / 估价:88.00元

自贸区蓝皮书
中国自贸区发展报告（2016）
著(编)者:王力 王吉培　2016年10月出版 / 估价:69.00元

社会政法类

北京蓝皮书
中国社区发展报告（2016）
著(编)者:于燕燕　2017年2月出版 / 估价:79.00元

殡葬绿皮书
中国殡葬事业发展报告（2016）
著(编)者:李伯森　2016年4月出版 / 估价:158.00元

城市管理蓝皮书
中国城市管理报告（2016）
著(编)者:谭维克 刘林　2017年2月出版 / 估价:118.00元

城市生活质量蓝皮书
中国城市生活质量报告（2016）
著(编)者:张连城 张平 杨春学 郎丽华
2016年7月出版 / 估价:89.00元

城市政府能力蓝皮书
中国城市政府公共服务能力评估报告（2016）
著(编)者:何艳玲　2016年7月出版 / 估价:69.00元

创新蓝皮书
中国创业环境发展报告（2016）
著(编)者:姚凯 曹祎遐　2016年1月出版 / 估价:69.00元

慈善蓝皮书
中国慈善发展报告（2016）
著(编)者:杨团　2016年6月出版 / 估价:79.00元

地方法治蓝皮书
中国地方法治发展报告 NO.2（2016）
著(编)者:李林 田禾　2016年1月出版 / 估价:98.00元

法治蓝皮书
中国法治发展报告 NO.14（2016）
著(编)者:李林 田禾　2016年3月出版 / 估价:105.00元

反腐倡廉蓝皮书
中国反腐倡廉建设报告 NO.6
著(编)者:李秋芳 张英伟　2017年1月出版 / 估价:79.00元

非传统安全蓝皮书
中国非传统安全研究报告（2015～2016）
著(编)者:余潇枫 魏志江　2016年5月出版 / 估价:79.00元

妇女发展蓝皮书
中国妇女发展报告 NO.6
著(编)者:王金玲　2016年9月出版 / 估价:148.00元

妇女教育蓝皮书
中国妇女教育发展报告 NO.3
著(编)者:张李玺　2016年10月出版 / 估价:78.00元

妇女绿皮书
中国性别平等与妇女发展报告（2016）
著(编)者:谭琳　2016年12月出版 / 估价:99.00元

公共服务蓝皮书
中国城市基本公共服务力评价（2016）
著(编)者:钟君 吴正杲　2016年12月出版 / 估价:79.00元

公共管理蓝皮书
中国公共管理发展报告（2016）
著(编)者:贡森 李国强 杨维富
2016年4月出版 / 估价:69.00元

公共外交蓝皮书
中国公共外交发展报告（2016）
著(编)者:赵启正 雷蔚真　2016年4月出版 / 估价:89.00元

公民科学素质蓝皮书
中国公民科学素质报告（2016）
著(编)者:李群 许佳军　2016年3月出版 / 估价:79.00元

公益蓝皮书
中国公益发展报告（2016）
著(编)者:朱健刚　2016年5月出版 / 估价:78.00元

国际人才蓝皮书
海外华侨华人专业人士报告（2016）
著(编)者:王辉耀 苗绿　2016年8月出版 / 估价:69.00元

国际人才蓝皮书
中国国际移民报告（2016）
著(编)者:王辉耀　2016年2月出版 / 估价:79.00元

国际人才蓝皮书
中国海归发展报告（2016）NO.3
著(编)者:王辉耀 苗绿　2016年10月出版 / 估价:69.00元

国际人才蓝皮书
中国留学发展报告（2016）NO.5
著(编)者:王辉耀 苗绿　2016年10月出版 / 估价:79.00元

国家公园蓝皮书
中国国家公园体制建设报告（2016）
著(编)者:苏杨 张玉钧 石金莲 刘锋 等
2016年10月出版 / 估价:69.00元

海洋社会蓝皮书
中国海洋社会发展报告（2016）
著(编)者:崔凤 宋宁而　2016年7月出版 / 估价:89.00元

行政改革蓝皮书
中国行政体制改革报告（2016）NO.5
著(编)者:魏礼群　2016年4月出版 / 估价:98.00元

华侨华人蓝皮书
华侨华人研究报告（2016）
著(编)者:贾益民　2016年12月出版 / 估价:98.00元

环境竞争力绿皮书
中国省域环境竞争力发展报告（2016）
著(编)者:李建平 李闽榕 王金南
2016年11月出版 / 估价:198.00元

环境绿皮书
中国环境发展报告（2016）
著(编)者:刘鉴强　2016年5月出版 / 估价:79.00元

基金会蓝皮书
中国基金会发展报告（2016）
著(编)者:刘忠祥　2016年4月出版 / 估价:69.00元

基金会绿皮书
中国基金会发展独立研究报告（2016）
著(编)者:基金会中心网 中央民族大学基金会研究中心
2016年6月出版 / 估价:88.00元

基金会透明度蓝皮书
中国基金会透明度发展研究报告（2016）
著(编)者:基金会中心网 清华大学廉政与治理研究中心
2016年9月出版 / 估价:85.00元

教师蓝皮书
中国中小学教师发展报告（2016）
著(编)者:曾晓东 鱼霞　2016年6月出版 / 估价:69.00元

教育蓝皮书
中国教育发展报告（2016）
著(编)者:杨东平　2016年5月出版 / 估价:79.00元

科普蓝皮书
中国科普基础设施发展报告（2016）
著(编)者:任福君　2016年6月出版 / 估价:69.00元

科学教育蓝皮书
中国科学教育发展报告（2016）
著(编)者:罗晖 王康友　2016年10月出版 / 估价:79.00元

劳动保障蓝皮书
中国劳动保障发展报告（2016）
著(编)者:刘燕斌　2016年8月出版 / 估价:158.00元

连片特困区蓝皮书
中国连片特困区发展报告（2016）
著(编)者:游俊 冷志明 丁建军
2016年3月出版 / 估价:98.00元

民间组织蓝皮书
中国民间组织报告（2016）
著(编)者:黄晓勇　2016年12月出版 / 估价:79.00元

民调蓝皮书
中国民生调查报告（2016）
著(编)者:谢耘耕　2016年5月出版 / 估价:128.00元

民族发展蓝皮书
中国民族发展报告（2016）
著(编)者:郝时远 王延中 王希恩
2016年4月出版 / 估价:98.00元

女性生活蓝皮书
中国女性生活状况报告 NO.10（2016）
著(编)者:韩湘景　2016年4月出版 / 估价:79.00元

汽车社会蓝皮书
中国汽车社会发展报告（2016）
著(编)者:王俊秀　2016年1月出版 / 估价:69.00元

青年蓝皮书
中国青年发展报告（2016）NO.4
著(编)者:廉思 等　2016年4月出版 / 估价:69.00元

青少年蓝皮书
中国未成年人互联网运用报告（2016）
著(编)者:李文革 沈杰 季为民
2016年11月出版 / 估价:89.00元

青少年体育蓝皮书
中国青少年体育发展报告（2016）
著(编)者:郭建军 杨桦　2016年9月出版 / 估价:69.00元

区域人才蓝皮书
中国区域人才竞争力报告 NO.2
著(编)者:桂昭明 王辉耀
2016年6月出版 / 估价:69.00元

群众体育蓝皮书
中国群众体育发展报告（2016）
著(编)者:刘国永 杨桦　2016年10月出版 / 估价:69.00元

人才蓝皮书
中国人才发展报告（2016）
著(编)者:潘晨光　2016年9月出版 / 估价:85.00元

人权蓝皮书
中国人权事业发展报告 NO.6（2016）
著(编)者:李君如　2016年9月出版 / 估价:128.00元

社会保障绿皮书
中国社会保障发展报告（2016）NO.8
著(编)者:王延中　2016年4月出版 / 估价:99.00元

社会工作蓝皮书
中国社会工作发展报告（2016）
著(编)者:民政部社会工作研究中心
2016年8月出版 / 估价:79.00元

社会管理蓝皮书
中国社会管理创新报告 NO.4
著(编)者:连玉明　2016年11月出版 / 估价:89.00元

社会蓝皮书
2016年中国社会形势分析与预测
著(编)者:李培林 陈光金 张翼
2015年12月出版 / 定价:79.00元

社会体制蓝皮书
中国社会体制改革报告（2016）NO.4
著(编)者:龚维斌　2016年4月出版 / 估价:79.00元

社会心态蓝皮书
中国社会心态研究报告（2016）
著(编)者:王俊秀 杨宜音　2016年10月出版 / 估价:69.00元

社会组织蓝皮书
中国社会组织评估发展报告（2016）
著(编)者:徐家良 廖鸿　2016年12月出版 / 估价:69.00元

生态城市绿皮书
中国生态城市建设发展报告（2016）
著(编)者:刘举科 孙伟平 胡文臻
2016年9月出版 / 估价:148.00元

生态文明绿皮书
中国省域生态文明建设评价报告（ECI 2016）
著(编)者:严耕　2016年12月出版 / 估价:85.00元

世界社会主义黄皮书
世界社会主义跟踪研究报告（2015～2016）
著(编)者:李慎明　2016年4月出版 / 估价:258.00元

水与发展蓝皮书
中国水风险评估报告（2016）
著(编)者:王浩　2016年9月出版 / 估价:69.00元

体育蓝皮书
长三角地区体育产业发展报告（2016）
著(编)者:张林　2016年4月出版 / 估价:79.00元

体育蓝皮书
中国公共体育服务发展报告（2016）
著(编)者:戴健　2016年12月出版 / 估价:79.00元

土地整治蓝皮书
中国土地整治发展研究报告 NO.3
著(编)者:国土资源部土地整治中心
2016年5月出版 / 估价:89.00元

土地政策蓝皮书
中国土地政策发展报告（2016）
著(编)者:高延利 李宪文 唐健
2016年12月出版 / 估价:69.00元

危机管理蓝皮书
中国危机管理报告（2016）
著(编)者:文学国 范正青　2016年8月出版 / 估价:89.00元

形象危机应对蓝皮书
形象危机应对研究报告（2016）
著(编)者:唐钧　2016年6月出版 / 估价:149.00元

医改蓝皮书
中国医药卫生体制改革报告（2016）
著(编)者:文学国　房志武　2016年11月出版 / 估价:98.00元

医疗卫生绿皮书
中国医疗卫生发展报告 NO.7（2016）
著(编)者:申宝忠 韩玉珍　2016年4月出版 / 估价:75.00元

政治参与蓝皮书
中国政治参与报告（2016）
著(编)者:房宁　2016年7月出版 / 估价:108.00元

政治发展蓝皮书
中国政治发展报告（2016）
著(编)者:房宁 杨海蛟　2016年5月出版 / 估价:88.00元

智慧社区蓝皮书
中国智慧社区发展报告（2016）
著(编)者:罗昌智 张辉德　2016年7月出版 / 估价:69.00元

中国农村妇女发展蓝皮书
农村流动女性城市生活发展报告（2016）
著(编)者:谢丽华　2016年12月出版 / 估价:79.00元

宗教蓝皮书
中国宗教报告（2016）
著(编)者:邱永辉　2016年5月出版 / 估价:79.00元

行业报告类

保健蓝皮书
中国保健服务产业发展报告 NO.2
著(编)者:中国保健协会 中共中央党校
2016年7月出版 / 估价:198.00元

保健蓝皮书
中国保健食品产业发展报告 NO.2
著(编)者:中国保健协会
中国社会科学院食品药品产业发展与监管研究中心
2016年7月出版 / 估价:198.00元

保健蓝皮书
中国保健用品产业发展报告 NO.2
著(编)者:中国保健协会
国务院国有资产监督管理委员会研究中心
2016年2月出版 / 估价:198.00元

保险蓝皮书
中国保险业创新发展报告（2016）
著(编)者:项俊波　2016年12月出版 / 估价:69.00元

保险蓝皮书
中国保险业竞争力报告（2016）
著(编)者:项俊波　2015年12月出版 / 估价:99.00元

采供血蓝皮书
中国采供血管理报告（2016）
著(编)者:朱永明 耿鸿武　2016年8月出版 / 估价:69.00元

彩票蓝皮书
中国彩票发展报告（2016）
著(编)者:益彩基金　2016年4月出版 / 估价:98.00元

餐饮产业蓝皮书
中国餐饮产业发展报告（2016）
著(编)者:邢颖　2016年4月出版 / 估价:69.00元

测绘地理信息蓝皮书
测绘地理信息转型升级研究报告（2016）
著(编)者:库热西・买合苏提　2016年12月出版 / 估价:98.00元

茶业蓝皮书
中国茶产业发展报告（2016）
著(编)者:杨江帆 李闽榕　2016年10月出版 / 估价:78.00元

产权市场蓝皮书
中国产权市场发展报告（2015～2016）
著(编)者:曹和平　2016年5月出版 / 估价:89.00元

产业安全蓝皮书
中国出版传媒产业安全报告（2016）
著(编)者:北京印刷学院文化产业安全研究院
2016年4月出版 / 估价:69.00元

产业安全蓝皮书
中国文化产业安全报告（2016）
著(编)者:北京印刷学院文化产业安全研究院
2016年4月出版 / 估价:89.00元

产业安全蓝皮书
中国新媒体产业安全报告（2016）
著(编)者:北京印刷学院文化产业安全研究院
2016年5月出版 / 估价:69.00元

大数据蓝皮书
网络空间和大数据发展报告（2016）
著(编)者:杜平　2016年2月出版 / 估价:69.00元

电子商务蓝皮书
中国电子商务服务业发展报告 NO.3
著(编)者:荆林波 梁春晓　2016年5月出版 / 估价:69.00元

电子政务蓝皮书
中国电子政务发展报告（2016）
著(编)者:洪毅 杜平　2016年11月出版 / 估价:79.00元

杜仲产业绿皮书
中国杜仲橡胶资源与产业发展报告（2016）
著(编)者:杜红岩 胡文臻 俞锐
2016年1月出版 / 估价:85.00元

房地产蓝皮书
中国房地产发展报告 NO.13（2016）
著(编)者:魏后凯 李景国　2016年5月出版 / 估价:79.00元

服务外包蓝皮书
中国服务外包产业发展报告（2016）
著(编)者:王晓红 刘德军
2016年6月出版 / 估价:89.00元

服务外包蓝皮书
中国服务外包竞争力报告（2016）
著(编)者:王力 刘春生 黄育华
2016年11月出版 / 估价:85.00元

工业和信息化蓝皮书
世界网络安全发展报告（2016）
著(编)者:洪京一　2016年4月出版 / 估价:69.00元

工业和信息化蓝皮书
世界信息化发展报告（2016）
著(编)者:洪京一　2016年4月出版 / 估价:69.00元

工业和信息化蓝皮书
世界信息技术产业发展报告（2016）
著(编)者:洪京一　2016年4月出版 / 估价:79.00元

工业和信息化蓝皮书
世界制造业发展报告（2016）
著(编)者:洪京一　2016年4月出版 / 估价:69.00元

工业和信息化蓝皮书
移动互联网产业发展报告（2016）
著(编)者:洪京一　2016年4月出版 / 估价:79.00元

工业设计蓝皮书
中国工业设计发展报告（2016）
著(编)者:王晓红 于炜 张立群
2016年9月出版 / 估价:138.00元

互联网金融蓝皮书
中国互联网金融发展报告（2016）
著(编)者: 李东荣　2016年8月出版 / 估价:79.00元

会展蓝皮书
中外会展业动态评估年度报告（2016）
著(编)者:张敏　2016年1月出版 / 估价:78.00元

节能汽车蓝皮书
中国节能汽车产业发展报告（2016）
著(编)者:中国汽车工程研究院股份有限公司
2016年12月出版 / 估价:69.00元

金融监管蓝皮书
中国金融监管报告（2016）
著(编)者:胡滨　2016年4月出版 / 估价:89.00元

金融蓝皮书
中国金融中心发展报告（2016）
著(编)者:王力 黄育华　2017年11月出版 / 估价:75.00元

金融蓝皮书
中国商业银行竞争力报告（2016）
著(编)者:王松奇　2016年5月出版 / 估价:69.00元

经济林产业绿皮书
中国经济林产业发展报告（2016）
著(编)者:李芳东 胡文臻 乌云塔娜 杜红岩
2016年12月出版 / 估价:69.00元

客车蓝皮书
中国客车产业发展报告（2016）
著(编)者:姚蔚　2016年2月出版 / 估价:85.00元

老龄蓝皮书
中国老龄产业发展报告（2016）
著(编)者:吴玉韶 党俊武　2016年9月出版 / 估价:79.00元

流通蓝皮书
中国商业发展报告（2016）
著(编)者:荆林波　2016年5月出版 / 估价:89.00元

旅游安全蓝皮书
中国旅游安全报告（2016）
著(编)者:郑向敏 谢朝武　2016年5月出版 / 估价:128.00元

旅游绿皮书
2015～2016年中国旅游发展分析与预测
著(编)者:宋瑞　2016年1月出版 / 估价:98.00元

煤炭蓝皮书
中国煤炭工业发展报告（2016）
著(编)者:岳福斌　2016年12月出版 / 估价:79.00元

民营企业社会责任蓝皮书
中国民营企业社会责任年度报告（2016）
著(编)者:中华全国工商业联合会
2016年7月出版 / 估价:69.00元

民营医院蓝皮书
中国民营医院发展报告（2016）
著(编)者:庄一强　　2016年10月出版 / 估价:75.00元

能源蓝皮书
中国能源发展报告（2016）
著(编)者:崔民选 王军生 陈义和
2016年8月出版 / 估价:79.00元

农产品流通蓝皮书
中国农产品流通产业发展报告（2016）
著(编)者:贾敬敦 张东科 张玉玺 张鹏毅 周伟
2016年1月出版 / 估价:89.00元

期货蓝皮书
中国期货市场发展报告(2016)
著(编)者:李群 王在荣　　2016年11月出版 / 估价:69.00元

企业公益蓝皮书
中国企业公益研究报告（2016）
著(编)者:钟宏武 汪杰 顾一 黄晓娟 等
2016年12月出版 / 估价:69.00元

企业公众透明度蓝皮书
中国企业公众透明度报告(2016) NO.2
著(编)者:黄速建 王晓光 肖红军
2016年1月出版 / 估价:98.00元

企业国际化蓝皮书
中国企业国际化报告（2016）
著(编)者:王辉耀　　2016年11月出版 / 估价:98.00元

企业蓝皮书
中国企业绿色发展报告 NO.2（2016）
著(编)者:李红玉　朱光辉　　2016年8月出版 / 估价:79.00元

企业社会责任蓝皮书
中国企业社会责任研究报告（2016）
著(编)者:黄群慧 钟宏武 张蒽 等
2016年11月出版 / 估价:79.00元

企业社会责任能力蓝皮书
中国上市公司社会责任能力成熟度报告（2016）
著(编)者:肖红军 王晓光 李伟阳
2016年11月出版 / 估价:69.00元

汽车安全蓝皮书
中国汽车安全发展报告（2016）
著(编)者:中国汽车技术研究中心
2016年7月出版 / 估价:89.00元

汽车电子商务蓝皮书
中国汽车电子商务发展报告（2016）
著(编)者:中华全国工商业联合会汽车经销商商会
北京易观智库网络科技有限公司
2016年5月出版 / 估价:128.00元

汽车工业蓝皮书
中国汽车工业发展年度报告（2016）
著(编)者:中国汽车工业协会 中国汽车技术研究中心
丰田汽车（中国）投资有限公司
2016年4月出版 / 估价:128.00元

汽车蓝皮书
中国汽车产业发展报告（2016）
著(编)者:国务院发展研究中心产业经济研究部
中国汽车工程学会 大众汽车集团（中国）
2016年8月出版 / 估价:158.00元

清洁能源蓝皮书
国际清洁能源发展报告（2016）
著(编)者:苏树辉 袁国林 李玉崙
2016年11月出版 / 估价:99.00元

人力资源蓝皮书
中国人力资源发展报告（2016）
著(编)者:余兴安　　2016年12月出版 / 估价:79.00元

融资租赁蓝皮书
中国融资租赁业发展报告（2015～2016）
著(编)者:李光荣 王力　　2016年1月出版 / 估价:89.00元

软件和信息服务业蓝皮书
中国软件和信息服务业发展报告（2016）
著(编)者:洪京一　　2016年12月出版 / 估价:198.00元

商会蓝皮书
中国商会发展报告NO.5（2016）
著(编)者:王钦敏　　2016年7月出版 / 估价:89.00元

上市公司蓝皮书
中国上市公司社会责任信息披露报告（2016）
著(编)者:张旺 张杨　　2016年11月出版 / 估价:69.00元

上市公司蓝皮书
中国上市公司质量评价报告（2015～2016）
著(编)者:张跃文 王力　　2016年11月出版 / 估价:118.00元

设计产业蓝皮书
中国设计产业发展报告（2016）
著(编)者:陈冬亮 梁昊光　　2016年3月出版 / 估价:89.00元

食品药品蓝皮书
食品药品安全与监管政策研究报告（2016）
著(编)者:唐民皓　　2016年7月出版 / 估价:69.00元

世界能源蓝皮书
世界能源发展报告（2016）
著(编)者:黄晓勇　　2016年6月出版 / 估价:99.00元

水利风景区蓝皮书
中国水利风景区发展报告（2016）
著(编)者:兰思仁　　2016年8月出版 / 估价:69.00元

私募市场蓝皮书
中国私募股权市场发展报告（2016）
著(编)者:曹和平　　2016年12月出版 / 估价:79.00元

碳市场蓝皮书
中国碳市场报告（2016）
著(编)者:宁金彪　　2016年11月出版 / 估价:69.00元

体育蓝皮书
中国体育产业发展报告（2016）
著(编)者:阮伟 钟秉枢　2016年7月出版 / 估价:69.00元

投资蓝皮书
中国投资发展报告（2016）
著(编)者:谢平　2016年4月出版 / 估价:128.00元

土地市场蓝皮书
中国农村土地市场发展报告（2016）
著(编)者:李光荣 高传捷　2016年1月出版 / 估价:69.00元

网络空间安全蓝皮书
中国网络空间安全发展报告（2016）
著(编)者:惠志斌 唐涛　2016年4月出版 / 估价:79.00元

物联网蓝皮书
中国物联网发展报告（2016）
著(编)者:黄桂田 龚六堂 张全升
2016年1月出版 / 估价:69.00元

西部工业蓝皮书
中国西部工业发展报告（2016）
著(编)者:方行明 甘犁 刘方健 姜凌 等
2016年9月出版 / 估价:79.00元

西部金融蓝皮书
中国西部金融发展报告（2016）
著(编)者:李忠民　2016年8月出版 / 估价:75.00元

协会商会蓝皮书
中国行业协会商会发展报告（2016）
著(编)者:景朝阳 李勇　2016年4月出版 / 估价:99.00元

新能源汽车蓝皮书
中国新能源汽车产业发展报告（2016）
著(编)者:中国汽车技术研究中心
日产（中国）投资有限公司 东风汽车有限公司
2016年8月出版 / 估价:89.00元

新三板蓝皮书
中国新三板市场发展报告（2016）
著(编)者:王力　2016年6月出版 / 估价:69.00元

信托市场蓝皮书
中国信托业市场报告（2015～2016）
著(编)者:用益信托工作室
2016年2月出版 / 估价:198.00元

信息安全蓝皮书
中国信息安全发展报告（2016）
著(编)者:张晓东　2016年2月出版 / 估价:69.00元

信息化蓝皮书
中国信息化形势分析与预测（2016）
著(编)者:周宏仁　2016年8月出版 / 估价:98.00元

信用蓝皮书
中国信用发展报告（2016）
著(编)者:章政 田侃　2016年4月出版 / 估价:99.00元

休闲绿皮书
2016年中国休闲发展报告
著(编)者:宋瑞
2016年10月出版 / 估价:79.00元

药品流通蓝皮书
中国药品流通行业发展报告（2016）
著(编)者:佘鲁林 温再兴
2016年8月出版 / 估价:158.00元

医药蓝皮书
中国中医药产业园战略发展报告（2016）
著(编)者:裴长洪 房书亭 吴滌心
2016年3月出版 / 估价:89.00元

邮轮绿皮书
中国邮轮产业发展报告（2016）
著(编)者:汪泓　2016年10月出版 / 估价:79.00元

智能养老蓝皮书
中国智能养老产业发展报告（2016）
著(编)者:朱勇　2016年10月出版 / 估价:89.00元

中国SUV蓝皮书
中国SUV产业发展报告（2016）
著(编)者:靳军　2016年12月出版 / 估价:69.00元

中国金融行业蓝皮书
中国债券市场发展报告（2016）
著(编)者:谢多　2016年7月出版 / 估价:69.00元

中国上市公司蓝皮书
中国上市公司发展报告（2016）
著(编)者:中国社会科学院上市公司研究中心
2016年9月出版 / 估价:98.00元

中国游戏蓝皮书
中国游戏产业发展报告（2016）
著(编)者:孙立军 刘跃军 牛兴侦
2016年4月出版 / 估价:69.00元

中国总部经济蓝皮书
中国总部经济发展报告（2015～2016）
著(编)者:赵弘　2016年9月出版 / 估价:79.00元

资本市场蓝皮书
中国场外交易市场发展报告（2016）
著(编)者:高峦　2016年8月出版 / 估价:79.00元

资产管理蓝皮书
中国资产管理行业发展报告（2016）
著(编)者:智信资产管理研究院
2016年6月出版 / 估价:89.00元

文化传媒类

传媒竞争力蓝皮书
中国传媒国际竞争力研究报告（2016）
著(编)者:李本乾 刘强
2016年11月出版 / 估价:148.00元

传媒蓝皮书
中国传媒产业发展报告（2016）
著(编)者:崔保国 2016年5月出版 / 估价:98.00元

传媒投资蓝皮书
中国传媒投资发展报告（2016）
著(编)者:张向东 谭云明
2016年6月出版 / 估价:128.00元

动漫蓝皮书
中国动漫产业发展报告（2016）
著(编)者:卢斌 郑玉明 牛兴侦
2016年7月出版 / 估价:79.00元

非物质文化遗产蓝皮书
中国非物质文化遗产发展报告（2016）
著(编)者:陈平 2016年5月出版 / 估价:98.00元

广电蓝皮书
中国广播电影电视发展报告（2016）
著(编)者:国家新闻出版广电总局发展研究中心
2016年7月出版 / 估价:98.00元

广告主蓝皮书
中国广告主营销传播趋势报告 NO.9
著(编)者:黄升民 杜国清 邵华冬 等
2016年10月出版 / 估价:148.00元

国际传播蓝皮书
中国国际传播发展报告（2016）
著(编)者:胡正荣 李继东 姬德强
2016年11月出版 / 估价:89.00元

纪录片蓝皮书
中国纪录片发展报告（2016）
著(编)者:何苏六 2016年10月出版 / 估价:79.00元

科学传播蓝皮书
中国科学传播报告（2016）
著(编)者:詹正茂 2016年7月出版 / 估价:69.00元

两岸创意经济蓝皮书
两岸创意经济研究报告（2016）
著(编)者:罗昌智 董泽平 2016年12月出版 / 估价:98.00元

两岸文化蓝皮书
两岸文化产业合作发展报告（2016）
著(编)者:胡惠林 李保宗 2016年7月出版 / 估价:79.00元

媒介与女性蓝皮书
中国媒介与女性发展报告(2015~2016)
著(编)者:刘利群 2016年8月出版 / 估价:118.00元

媒体融合蓝皮书
中国媒体融合发展报告（2016）
著(编)者:梅宁华 宋建武 2016年7月出版 / 估价:79.00元

全球传媒蓝皮书
全球传媒发展报告（2016）
著(编)者:胡正荣 李继东 唐晓芬
2016年12月出版 / 估价:79.00元

少数民族非遗蓝皮书
中国少数民族非物质文化遗产发展报告（2016）
著(编)者:肖远平（彝） 柴立（满）
2016年6月出版 / 估价:128.00元

视听新媒体蓝皮书
中国视听新媒体发展报告（2016）
著(编)者:国家新闻出版广电总局发展研究中心
2016年7月出版 / 估价:98.00元

文化创新蓝皮书
中国文化创新报告（2016）NO.7
著(编)者:于平 傅才武 2016年7月出版 / 估价:98.00元

文化建设蓝皮书
中国文化发展报告（2016）
著(编)者:江畅 孙伟平 戴茂堂
2016年4月出版 / 估价:108.00元

文化科技蓝皮书
文化科技创新发展报告（2016）
著(编)者:于平 李凤亮 2016年10月出版 / 估价:89.00元

文化蓝皮书
中国公共文化服务发展报告（2016）
著(编)者:刘新成 张永新 张旭 2016年10月出版 / 估价:98.00元

文化蓝皮书
中国公共文化投入增长测评报告（2016）
著(编)者:王亚南 2016年12月出版 / 估价:79.00元

文化蓝皮书
中国少数民族文化发展报告（2016）
著(编)者:武翠英 张晓明 任乌晶
2016年9月出版 / 估价:69.00元

文化蓝皮书
中国文化产业发展报告（2016）
著(编)者:张晓明 王家新 章建刚
2016年4月出版 / 估价:79.00元

文化蓝皮书
中国文化产业供需协调检测报告（2016）
著(编)者:王亚南 2016年2月出版 / 估价:79.00元

文化蓝皮书
中国文化消费需求景气评价报告（2016）
著(编)者:王亚南 2016年2月出版 / 估价:79.00元

文化品牌蓝皮书
中国文化品牌发展报告（2016）
著(编)者:欧阳友权　2016年4月出版 / 估价:89.00元

文化遗产蓝皮书
中国文化遗产事业发展报告（2016）
著(编)者:刘世锦　2016年3月出版 / 估价:89.00元

文学蓝皮书
中国文情报告（2015～2016）
著(编)者:白烨　2016年5月出版 / 估价:69.00元

新媒体蓝皮书
中国新媒体发展报告NO.7（2016）
著(编)者:唐绪军　2016年7月出版 / 估价:79.00元

新媒体社会责任蓝皮书
中国新媒体社会责任研究报告（2016）
著(编)者:钟瑛　2016年10月出版 / 估价:79.00元

移动互联网蓝皮书
中国移动互联网发展报告（2016）
著(编)者:官建文　2016年6月出版 / 估价:79.00元

舆情蓝皮书
中国社会舆情与危机管理报告（2016）
著(编)者:谢耘耕　2016年8月出版 / 估价:98.00元

地方发展类

安徽经济蓝皮书
芜湖创新型城市发展报告（2016）
著(编)者:张志宏　2016年4月出版 / 估价:69.00元

安徽蓝皮书
安徽社会发展报告（2016）
著(编)者:程桦　2016年4月出版 / 估价:89.00元

安徽社会建设蓝皮书
安徽社会建设分析报告（2015～2016）
著(编)者:黄家海 王开玉 蔡宪
2016年4月出版 / 估价:89.00元

澳门蓝皮书
澳门经济社会发展报告（2015～2016）
著(编)者:吴志良 郝雨凡　2016年5月出版 / 估价:79.00元

北京蓝皮书
北京公共服务发展报告（2015～2016）
著(编)者:施昌奎　2016年1月出版 / 估价:69.00元

北京蓝皮书
北京经济发展报告（2015～2016）
著(编)者:杨松　2016年6月出版 / 估价:79.00元

北京蓝皮书
北京社会发展报告（2015～2016）
著(编)者:李伟东　2016年7月出版 / 估价:79.00元

北京蓝皮书
北京社会治理发展报告（2015～2016）
著(编)者:殷星辰　2016年6月出版 / 估价:79.00元

北京蓝皮书
北京文化发展报告（2015～2016）
著(编)者:李建盛　2016年5月出版 / 估价:79.00元

北京旅游绿皮书
北京旅游发展报告（2016）
著(编)者:北京旅游学会　2016年7月出版 / 估价:88.00元

北京人才蓝皮书
北京人才发展报告（2016）
著(编)者:于淼　2016年12月出版 / 估价:128.00元

北京社会心态蓝皮书
北京社会心态分析报告（2015～2016）
著(编)者:北京社会心理研究所
2016年8月出版 / 估价:79.00元

北京社会组织管理蓝皮书
北京社会组织发展与管理（2015～2016）
著(编)者:黄江松　2016年4月出版 / 估价:78.00元

北京体育蓝皮书
北京体育产业发展报告（2016）
著(编)者:钟秉枢 陈杰 杨铁黎
2016年10月出版 / 估价:79.00元

北京养老产业蓝皮书
北京养老产业发展报告（2016）
著(编)者:周明明 冯喜良　2016年4月出版 / 估价:69.00元

滨海金融蓝皮书
滨海新区金融发展报告（2016）
著(编)者:王爱俭 张锐钢　2016年9月出版 / 估价:79.00元

城乡一体化蓝皮书
中国城乡一体化发展报告·北京卷（2015～2016）
著(编)者:张宝秀 黄序　2016年5月出版 / 估价:79.00元

创意城市蓝皮书
北京文化创意产业发展报告（2016）
著(编)者:张京成 王国华　2016年12月出版 / 估价:69.00元

创意城市蓝皮书
青岛文化创意产业发展报告（2016）
著(编)者:马达 张丹妮　2016年6月出版 / 估价:79.00元

创意城市蓝皮书
台北文化创意产业发展报告（2016）
著(编)者:陈耀竹 邱琪瑄 2016年11月出版 / 估价:89.00元

创意城市蓝皮书
无锡文化创意产业发展报告（2016）
著(编)者:谭军 张鸣年 2016年10月出版 / 估价:79.00元

创意城市蓝皮书
武汉文化创意产业发展报告（2016）
著(编)者:黄永林 陈汉桥 2016年12月出版 / 估价:89.00元

创意城市蓝皮书
重庆创意产业发展报告（2016）
著(编)者:程宇宁 2016年4月出版 / 估价:89.00元

地方法治蓝皮书
南宁法治发展报告（2016）
著(编)者:杨维超 2016年12月出版 / 估价:69.00元

福建妇女发展蓝皮书
福建省妇女发展报告（2016）
著(编)者:刘群英 2016年11月出版 / 估价:88.00元

甘肃蓝皮书
甘肃经济发展分析与预测（2016）
著(编)者:朱智文 罗哲 2016年1月出版 / 估价:79.00元

甘肃蓝皮书
甘肃社会发展分析与预测（2016）
著(编)者:安文华 包晓霞 2016年1月出版 / 估价:79.00元

甘肃蓝皮书
甘肃文化发展分析与预测（2016）
著(编)者:安文华 周小华 2016年1月出版 / 估价:79.00元

甘肃蓝皮书
甘肃县域社会发展评价报告（2016）
著(编)者:刘进军 柳 民 王建兵
2016年1月出版 / 估价:79.00元

甘肃蓝皮书
甘肃舆情分析与预测（2016）
著(编)者:陈双梅 郝树声 2016年1月出版 / 估价:79.00元

甘肃蓝皮书
甘肃商务发展报告（2016）
著(编)者:杨志武 王福生 王晓芳
2016年1月出版 / 估价:69.00元

广东蓝皮书
广东全面深化改革发展报告（2016）
著(编)者:周林生 涂成林 2016年11月出版 / 估价:69.00元

广东蓝皮书
广东社会工作发展报告（2016）
著(编)者:罗观翠 2016年6月出版 / 估价:89.00元

广东蓝皮书
广东省电子商务发展报告（2016）
著(编)者:程晓 邓顺国 2016年7月出版 / 估价:79.00元

广东社会建设蓝皮书
广东省社会建设发展报告（2016）
著(编)者:广东省社会工作委员会
2016年12月出版 / 估价:99.00元

广东外经贸蓝皮书
广东对外经济贸易发展研究报告（2015~2016）
著(编)者:陈万灵 2016年5月出版 / 估价:89.00元

广西北部湾经济区蓝皮书
广西北部湾经济区开放开发报告（2016）
著(编)者:广西北部湾经济区规划建设管理委员会办公室
广西社会科学院广西北部湾发展研究院
2016年10月出版 / 估价:79.00元

广州蓝皮书
2016年中国广州经济形势分析与预测
著(编)者:庾建设 沈奎 谢博能 2016年6月出版 / 估价:79.00元

广州蓝皮书
2016年中国广州社会形势分析与预测
著(编)者:张强 陈怡霓 杨秦 2016年6月出版 / 估价:79.00元

广州蓝皮书
广州城市国际化发展报告（2016）
著(编)者:朱名宏 2016年11月出版 / 估价:69.00元

广州蓝皮书
广州创新型城市发展报告（2016）
著(编)者:尹涛 2016年10月出版 / 估价:69.00元

广州蓝皮书
广州经济发展报告（2016）
著(编)者:朱名宏 2016年7月出版 / 估价:69.00元

广州蓝皮书
广州农村发展报告（2016）
著(编)者:朱名宏 2016年8月出版 / 估价:69.00元

广州蓝皮书
广州汽车产业发展报告（2016）
著(编)者:杨再高 冯兴亚 2016年9月出版 / 估价:69.00元

广州蓝皮书
广州青年发展报告（2015～2016）
著(编)者:魏国华 张强 2016年7月出版 / 估价:69.00元

广州蓝皮书
广州商贸业发展报告（2016）
著(编)者:李江涛 肖振宇 荀振英
2016年7月出版 / 估价:69.00元

广州蓝皮书
广州社会保障发展报告（2016）
著(编)者:蔡国萱 2016年10月出版 / 估价:65.00元

广州蓝皮书
广州文化创意产业发展报告（2016）
著(编)者:甘新 2016年8月出版 / 估价:79.00元

广州蓝皮书
中国广州城市建设与管理发展报告（2016）
著(编)者:董皞 陈小钢 李江涛 2016年7月出版 / 估价:69.00元

广州蓝皮书
中国广州科技和信息化发展报告（2016）
著(编)者:邹采荣 马正勇 冯 元 2016年8月出版 / 估价:79.00元

广州蓝皮书
中国广州文化发展报告（2016）
著(编)者:徐俊忠 陆志强 顾涧清 2016年7月出版 / 估价:69.00元

贵阳蓝皮书
贵阳城市创新发展报告•白云篇（2016）
著(编)者:连玉明 2016年10月出版 / 估价:89.00元

贵阳蓝皮书
贵阳城市创新发展报告•观山湖篇（2016）
著(编)者:连玉明 2016年10月出版 / 估价:89.00元

贵阳蓝皮书
贵阳城市创新发展报告•花溪篇（2016）
著(编)者:连玉明 2016年10月出版 / 估价:89.00元

贵阳蓝皮书
贵阳城市创新发展报告•开阳篇（2016）
著(编)者:连玉明 2016年10月出版 / 估价:89.00元

贵阳蓝皮书
贵阳城市创新发展报告•南明篇（2016）
著(编)者:连玉明 2016年10月出版 / 估价:89.00元

贵阳蓝皮书
贵阳城市创新发展报告•清镇篇（2016）
著(编)者:连玉明 2016年10月出版 / 估价:89.00元

贵阳蓝皮书
贵阳城市创新发展报告•乌当篇（2016）
著(编)者:连玉明 2016年10月出版 / 估价:89.00元

贵阳蓝皮书
贵阳城市创新发展报告•息烽篇（2016）
著(编)者:连玉明 2016年10月出版 / 估价:89.00元

贵阳蓝皮书
贵阳城市创新发展报告•修文篇（2016）
著(编)者:连玉明 2016年10月出版 / 估价:89.00元

贵阳蓝皮书
贵阳城市创新发展报告•云岩篇（2016）
著(编)者:连玉明 2016年10月出版 / 估价:89.00元

贵州房地产蓝皮书
贵州房地产发展报告NO.3（2016）
著(编)者:武廷方 2016年6月出版 / 估价:89.00元

贵州蓝皮书
册亨经济社会发展报告 (2016)
著(编)者:黄德林 2016年1月出版 / 估价:69.00元

贵州蓝皮书
贵安新区发展报告（2016）
著(编)者:马长青 吴大华 2016年4月出版 / 估价:69.00元

贵州蓝皮书
贵州法治发展报告（2016）
著(编)者:吴大华 2016年5月出版 / 估价:79.00元

贵州蓝皮书
贵州民航业发展报告（2016）
著(编)者:申振东 吴大华 2016年10月出版 / 估价:69.00元

贵州蓝皮书
贵州人才发展报告（2016）
著(编)者:于杰 吴大华 2016年9月出版 / 估价:69.00元

贵州蓝皮书
贵州社会发展报告（2016）
著(编)者:王兴骥 2016年5月出版 / 估价:79.00元

海淀蓝皮书
海淀区文化和科技融合发展报告（2016）
著(编)者:陈名杰 孟景伟 2016年5月出版 / 估价:75.00元

海峡西岸蓝皮书
海峡西岸经济区发展报告（2016）
著(编)者:福建省人民政府发展研究中心
福建省人民政府发展研究中心咨询服务中心
2016年9月出版 / 估价:65.00元

杭州都市圈蓝皮书
杭州都市圏发展报告（2016）
著(编)者:董祖德 沈翔 2016年5月出版 / 估价:89.00元

杭州蓝皮书
杭州妇女发展报告（2016）
著(编)者:魏颖 2016年4月出版 / 估价:79.00元

河北经济蓝皮书
河北省经济发展报告（2016）
著(编)者:马树强 金浩 刘兵 张贵
2016年3月出版 / 估价:89.00元

河北蓝皮书
河北经济社会发展报告（2016）
著(编)者:周文夫 2016年1月出版 / 估价:79.00元

河北食品药品安全蓝皮书
河北食品药品安全研究报告（2016）
著(编)者:丁锦霞 2016年6月出版 / 估价:79.00元

河南经济蓝皮书
2016年河南经济形势分析与预测
著(编)者:胡五岳 2016年2月出版 / 估价:69.00元

河南蓝皮书
2016年河南社会形势分析与预测
著(编)者:刘道兴 牛苏林 2016年4月出版 / 估价:69.00元

河南蓝皮书
河南城市发展报告（2016）
著(编)者:谷建全 王建国 2016年3月出版 / 估价:79.00元

河南蓝皮书
河南法治发展报告（2016）
著(编)者:丁同民 闫德民 2016年6月出版 / 估价:79.00元

河南蓝皮书
河南工业发展报告（2016）
著(编)者:龚绍东 赵西三 2016年1月出版 / 估价:79.00元

河南蓝皮书
河南金融发展报告（2016）
著(编)者:河南省社会科学院
2016年6月出版 / 估价:69.00元

河南蓝皮书
河南经济发展报告（2016）
著(编)者:河南省社会科学院
2016年12月出版 / 估价:79.00元

河南蓝皮书
河南农业农村发展报告（2016）
著(编)者:吴海峰 2016年4月出版 / 估价:69.00元

河南蓝皮书
河南文化发展报告（2016）
著(编)者:卫绍生 2016年3月出版 / 估价:79.00元

河南商务蓝皮书
河南商务发展报告（2016）
著(编)者:焦锦淼 穆荣国 2016年4月出版 / 估价:88.00元

黑龙江产业蓝皮书
黑龙江产业发展报告（2016）
著(编)者:于渤 2016年10月出版 / 估价:79.00元

黑龙江蓝皮书
黑龙江经济发展报告（2016）
著(编)者:曲伟 2016年1月出版 / 估价:79.00元

黑龙江蓝皮书
黑龙江社会发展报告（2016）
著(编)者:张新颖 2016年1月出版 / 估价:79.00元

湖南城市蓝皮书
区域城市群整合（主题待定）
著(编)者:童中贤 韩未名 2016年12月出版 / 估价:79.00元

湖南蓝皮书
2016年湖南产业发展报告
著(编)者:梁志峰 2016年5月出版 / 估价:98.00元

湖南蓝皮书
2016年湖南电子政务发展报告
著(编)者:梁志峰 2016年5月出版 / 估价:98.00元

湖南蓝皮书
2016年湖南经济展望
著(编)者:梁志峰 2016年5月出版 / 估价:128.00元

湖南蓝皮书
2016年湖南两型社会与生态文明发展报告
著(编)者:梁志峰 2016年5月出版 / 估价:98.00元

湖南蓝皮书
2016年湖南社会发展报告
著(编)者:梁志峰 2016年5月出版 / 估价:88.00元

湖南蓝皮书
2016年湖南县域经济社会发展报告
著(编)者:梁志峰 2016年5月出版 / 估价:98.00元

湖南蓝皮书
湖南城乡一体化发展报告（2016）
著(编)者:陈文胜 刘祚祥 邝奕轩 等
2016年7月出版 / 估价:89.00元

湖南县域绿皮书
湖南县域发展报告 NO.3
著(编)者:袁准 周小毛 2016年9月出版 / 估价:69.00元

沪港蓝皮书
沪港发展报告（2015～2016）
著(编)者:尤安山 2016年4月出版 / 估价:89.00元

吉林蓝皮书
2016年吉林经济社会形势分析与预测
著(编)者:马克 2016年2月出版 / 估价:89.00元

济源蓝皮书
济源经济社会发展报告（2016）
著(编)者:喻新安 2016年4月出版 / 估价:69.00元

健康城市蓝皮书
北京健康城市建设研究报告（2016）
著(编)者:王鸿春 2016年4月出版 / 估价:79.00元

江苏法治蓝皮书
江苏法治发展报告 NO.5（2016）
著(编)者:李力 龚廷泰 2016年9月出版 / 估价:98.00元

江西蓝皮书
江西经济社会发展报告（2016）
著(编)者:张勇 姜玮 梁勇 2016年10月出版 / 估价:79.00元

江西文化产业蓝皮书
江西文化产业发展报告（2016）
著(编)者:张圣才 汪春翔 2016年10月出版 / 估价:128.00元

经济特区蓝皮书
中国经济特区发展报告（2016）
著(编)者:陶一桃 2016年12月出版 / 估价:89.00元

辽宁蓝皮书
2016年辽宁经济社会形势分析与预测
著(编)者:曹晓峰 张晶 梁启东
2016年12月出版 / 估价:79.00元

拉萨蓝皮书
拉萨法治发展报告（2016）
著(编)者:车明怀 2016年7月出版 / 估价:79.00元

洛阳蓝皮书
洛阳文化发展报告（2016）
著(编)者:刘福兴 陈启明 2016年7月出版 / 估价:79.00元

南京蓝皮书
南京文化发展报告（2016）
著(编)者:徐宁 2016年12月出版 / 估价:79.00元

内蒙古蓝皮书
内蒙古反腐倡廉建设报告 NO.2
著(编)者:张志华 无极 2016年12月出版 / 估价:69.00元

浦东新区蓝皮书
上海浦东经济发展报告（2016）
著(编)者:沈开艳 陆沪根 2016年1月出版 / 估价:69.00元

青海蓝皮书
2016年青海经济社会形势分析与预测
著(编)者:赵宗福 2015年12月出版 / 估价:69.00元

人口与健康蓝皮书
深圳人口与健康发展报告（2016）
著(编)者:陆杰华 罗乐宣 苏杨
2016年11月出版 / 估价:89.00元

山东蓝皮书
山东经济形势分析与预测（2016）
著(编)者:李广杰 2016年11月出版 / 估价:89.00元

山东蓝皮书
山东社会形势分析与预测（2016）
著(编)者:涂可国 2016年6月出版 / 估价:89.00元

山东蓝皮书
山东文化发展报告（2016）
著(编)者:张华 唐洲雁 2016年6月出版 / 估价:98.00元

山西蓝皮书
山西资源型经济转型发展报告（2016）
著(编)者:李志强 2016年5月出版 / 估价:89.00元

陕西蓝皮书
陕西经济发展报告（2016）
著(编)者:任宗哲 白宽犁 裴成荣
2016年1月出版 / 估价:69.00元

陕西蓝皮书
陕西社会发展报告（2016）
著(编)者:任宗哲 白宽犁 牛昉
2016年1月出版 / 估价:69.00元

陕西蓝皮书
陕西文化发展报告（2016）
著(编)者:任宗哲 白宽犁 王长寿
2016年1月出版 / 估价:65.00元

陕西蓝皮书
丝绸之路经济带发展报告（2016）
著(编)者:任宗哲 石英 白宽犁
2016年8月出版 / 估价:79.00元

上海蓝皮书
上海传媒发展报告（2016）
著(编)者:强荧 焦雨虹 2016年1月出版 / 估价:69.00元

上海蓝皮书
上海法治发展报告（2016）
著(编)者:叶青 2016年5月出版 / 估价:69.00元

上海蓝皮书
上海经济发展报告（2016）
著(编)者:沈开艳 2016年1月出版 / 估价:69.00元

上海蓝皮书
上海社会发展报告（2016）
著(编)者:杨雄 周海旺 2016年1月出版 / 估价:69.00元

上海蓝皮书
上海文化发展报告（2016）
著(编)者:荣跃明 2016年1月出版 / 估价:74.00元

上海蓝皮书
上海文学发展报告（2016）
著(编)者:陈圣来 2016年1月出版 / 估价:69.00元

上海蓝皮书
上海资源环境发展报告（2016）
著(编)者:周冯琦 汤庆合 任文伟
2016年1月出版 / 估价:69.00元

上饶蓝皮书
上饶发展报告（2015～2016）
著(编)者:朱寅健 2016年3月出版 / 估价:128.00元

社会建设蓝皮书
2016年北京社会建设分析报告
著(编)者:宋贵伦 冯虹 2016年7月出版 / 估价:79.00元

深圳蓝皮书
深圳法治发展报告（2016）
著(编)者:张骁儒 2016年5月出版 / 估价:69.00元

深圳蓝皮书
深圳经济发展报告（2016）
著(编)者:张骁儒 2016年6月出版 / 估价:89.00元

深圳蓝皮书
深圳劳动关系发展报告（2016）
著(编)者:汤庭芬 2016年6月出版 / 估价:79.00元

深圳蓝皮书
深圳社会建设与发展报告（2016）
著(编)者:张骁儒 陈东平 2016年6月出版 / 估价:79.00元

深圳蓝皮书
深圳文化发展报告(2016)
著(编)者:张骁儒 2016年1月出版 / 估价:69.00元

四川法治蓝皮书
四川依法治省年度报告 NO.2（2016）
著(编)者:李林 杨天宗 田禾
2016年3月出版 / 估价:108.00元

四川蓝皮书
2016年四川经济形势分析与预测
著(编)者:杨钢 2016年1月出版 / 估价:89.00元

四川蓝皮书
四川城镇化发展报告（2016）
著(编)者:侯水平 范秋美 2016年4月出版 / 估价:79.00元

四川蓝皮书
四川法治发展报告（2016）
著(编)者:郑泰安 2016年1月出版 / 估价:69.00元

四川蓝皮书
四川企业社会责任研究报告（2015～2016）
著(编)者:侯水平 盛毅 2016年4月出版 / 估价:79.00元

四川蓝皮书
四川社会发展报告（2016）
著(编)者:郭晓鸣 2016年4月出版 / 估价:79.00元

四川蓝皮书
四川生态建设报告（2016）
著(编)者:李晟之 2016年4月出版 / 估价:79.00元

四川蓝皮书
四川文化产业发展报告（2016）
著(编)者:侯水平 2016年4月出版 / 估价:79.00元

体育蓝皮书
上海体育产业发展报告（2015～2016）
著(编)者:张林 黄海燕 2016年10月出版 / 估价:79.00元

体育蓝皮书
长三角地区体育产业发展报告（2015～2016）
著(编)者:张林 2016年4月出版 / 估价:79.00元

天津金融蓝皮书
天津金融发展报告（2016）
著(编)者:王爱俭 孔德昌 2016年9月出版 / 估价:89.00元

图们江区域合作蓝皮书
图们江区域合作发展报告（2016）
著(编)者:李铁 2016年4月出版 / 估价:98.00元

温州蓝皮书
2016年温州经济社会形势分析与预测
著(编)者:潘忠强 王春光 金浩 2016年4月出版 / 估价:69.00元

扬州蓝皮书
扬州经济社会发展报告（2016）
著(编)者:丁纯 2016年12月出版 / 估价:89.00元

长株潭城市群蓝皮书
长株潭城市群发展报告（2016）
著(编)者:张萍 2016年10月出版 / 估价:69.00元

郑州蓝皮书
2016年郑州文化发展报告
著(编)者:王哲 2016年9月出版 / 估价:65.00元

中医文化蓝皮书
北京中医药文化传播发展报告（2016）
著(编)者:毛嘉陵 2016年5月出版 / 估价:79.00元

珠三角流通蓝皮书
珠三角商圈发展研究报告（2016）
著(编)者:王先庆 林至颖 2016年7月出版 / 估价:98.00元

遵义蓝皮书
遵义发展报告（2016）
著(编)者:曾征 龚永育 2016年12月出版 / 估价:69.00元

国别与地区类

阿拉伯黄皮书
阿拉伯发展报告（2015～2016）
著(编)者:罗林 2016年11月出版 / 估价:79.00元

北部湾蓝皮书
泛北部湾合作发展报告（2016）
著(编)者:吕余生 2016年10月出版 / 估价:69.00元

大湄公河次区域蓝皮书
大湄公河次区域合作发展报告（2016）
著(编)者:刘稚 2016年9月出版 / 估价:79.00元

大洋洲蓝皮书
大洋洲发展报告（2015～2016）
著(编)者:喻常森 2016年10月出版 / 估价:89.00元

德国蓝皮书
德国发展报告（2016）
著(编)者:郑春荣 伍慧萍
2016年5月出版 / 估价:69.00元

东北亚黄皮书
东北亚地区政治与安全（2016）
著(编)者:黄凤志 刘清才 张慧智 等
2016年5月出版 / 估价:69.00元

东盟黄皮书
东盟发展报告（2016）
著(编)者:杨晓强 庄国土 2016年12月出版 / 估价:75.00元

东南亚蓝皮书
东南亚地区发展报告（2015～2016）
著(编)者:厦门大学东南亚研究中心 王勤
2016年4月出版 / 估价:79.00元

俄罗斯黄皮书
俄罗斯发展报告（2016）
著(编)者:李永全 2016年7月出版 / 估价:79.00元

非洲黄皮书
非洲发展报告 NO.18（2015～2016）
著(编)者:张宏明 2016年9月出版 / 估价:79.00元

国际形势黄皮书
全球政治与安全报告（2016）
著(编)者:李慎明　张宇燕
2015年12月出版 / 定价:69.00元

韩国蓝皮书
韩国发展报告（2016）
著(编)者:牛林杰　刘宝全
2016年12月出版 / 估价:89.00元

加拿大蓝皮书
加拿大发展报告（2016）
著(编)者:仲伟合　2016年4月出版 / 估价:89.00元

拉美黄皮书
拉丁美洲和加勒比发展报告（2015～2016）
著(编)者:吴白乙　2016年5月出版 / 估价:89.00元

美国蓝皮书
美国研究报告（2016）
著(编)者:郑秉文　黄平
2016年6月出版 / 估价:89.00元

缅甸蓝皮书
缅甸国情报告（2016）
著(编)者:李晨阳　2016年8月出版 / 估价:79.00元

欧洲蓝皮书
欧洲发展报告（2015～2016）
著(编)者:周弘　黄平　江时学
2016年7月出版 / 估价:89.00元

日本经济蓝皮书
日本经济与中日经贸关系研究报告（2016）
著(编)者:王洛林　张季风
2016年5月出版 / 估价:79.00元

日本蓝皮书
日本研究报告（2016）
著(编)者:李薇　2016年4月出版 / 估价:69.00元

上海合作组织黄皮书
上海合作组织发展报告（2016）
著(编)者:李进峰　吴宏伟　李伟
2016年7月出版 / 估价:98.00元

世界创新竞争力黄皮书
世界创新竞争力发展报告（2016）
著(编)者:李闽榕　李建平　赵新力
2016年1月出版 / 估价:148.00元

土耳其蓝皮书
土耳其发展报告（2016）
著(编)者:郭长刚　刘义　2016年7月出版 / 估价:69.00元

亚太蓝皮书
亚太地区发展报告（2016）
著(编)者:李向阳　2016年1月出版 / 估价:69.00元

印度蓝皮书
印度国情报告（2016）
著(编)者:吕昭义　2016年5月出版 / 估价:89.00元

印度洋地区蓝皮书
印度洋地区发展报告（2016）
著(编)者:汪戎　2016年5月出版 / 估价:89.00元

英国蓝皮书
英国发展报告（2015～2016）
著(编)者:王展鹏　2016年10月出版 / 估价:89.00元

越南蓝皮书
越南国情报告（2016）
著(编)者:广西社会科学院　罗梅　李碧华
2016年8月出版 / 估价:69.00元

越南蓝皮书
越南经济发展报告（2016）
著(编)者:黄志勇　2016年10月出版 / 估价:69.00元

以色列蓝皮书
以色列发展报告（2016）
著(编)者:张倩红　2016年9月出版 / 估价:89.00元

中东黄皮书
中东发展报告 No.18（2015～2016）
著(编)者:杨光　2016年10月出版 / 估价:89.00元

中欧关系蓝皮书
中欧关系研究报告（2016）
著(编)者:周弘　2016年12月出版 / 估价:98.00元

中亚黄皮书
中亚国家发展报告（2016）
著(编)者:孙力　吴宏伟　2016年8月出版 / 估价:89.00元

❖ 皮书起源 ❖

“皮书”起源于十七、十八世纪的英国，主要指官方或社会组织正式发表的重要文件或报告,多以“白皮书”命名。在中国,“皮书”这一概念被社会广泛接受，并被成功运作、发展成为一种全新的出版形态，则源于中国社会科学院社会科学文献出版社。

❖ 皮书定义 ❖

皮书是对中国与世界发展状况和热点问题进行年度监测，以专业的角度、专家的视野和实证研究方法，针对某一领域或区域现状与发展态势展开分析和预测，具备原创性、实证性、专业性、连续性、前沿性、时效性等特点的公开出版物，由一系列权威研究报告组成。

❖ 皮书作者 ❖

皮书系列的作者以中国社会科学院、著名高校、地方社会科学院的研究人员为主，多为国内一流研究机构的权威专家学者，他们的看法和观点代表了学界对中国与世界的现实和未来最高水平的解读与分析。

❖ 皮书荣誉 ❖

皮书系列已成为社会科学文献出版社的著名图书品牌和中国社会科学院的知名学术品牌。2011 年，皮书系列正式列入“十二五”国家重点出版规划项目；2012~2015 年，重点皮书列入中国社会科学院承担的国家哲学社会科学创新工程项目；2016 年，46 种院外皮书使用“中国社会科学院创新工程学术出版项目”标识。

中国皮书网

www.pishu.cn

发布皮书研创资讯，传播皮书精彩内容
引领皮书出版潮流，打造皮书服务平台

栏目设置：

- □ 资讯：皮书动态、皮书观点、皮书数据、皮书报道、皮书发布、电子期刊
- □ 标准：皮书评价、皮书研究、皮书规范
- □ 服务：最新皮书、皮书书目、重点推荐、在线购书
- □ 链接：皮书数据库、皮书博客、皮书微博、在线书城
- □ 搜索：资讯、图书、研究动态、皮书专家、研创团队

中国皮书网依托皮书系列“权威、前沿、原创”的优质内容资源，通过文字、图片、音频、视频等多种元素，在皮书研创者、使用者之间搭建了一个成果展示、资源共享的互动平台。

自 2005 年 12 月正式上线以来，中国皮书网的 IP 访问量、PV 浏览量与日俱增，受到海内外研究者、公务人员、商务人士以及专业读者的广泛关注。

2008 年、2011 年，中国皮书网均在全国新闻出版业网站荣誉评选中获得“最具商业价值网站”称号；2012 年，获得“出版业网站百强”称号。

2014 年，中国皮书网与皮书数据库实现资源共享，端口合一，将提供更丰富的内容，更全面的服务。

皮书数据库
中国社会科学院 社会科学文献出版社
报告
图书
首页 数据库检索 学术资源群 我的文献库 皮书全动态 有奖调查 皮书报道 皮书研究 联系我们 读者荐购
搜索报告

皮书大事记
（2015）

☆ 2015年11月9日，社会科学文献出版社2015年皮书编辑出版工作会议召开，会议就皮书装帧设计、生产营销、皮书评价以及质检工作中的常见问题等进行交流和讨论，为2016年出版社的融合发展指明了方向。

☆ 2015年11月，中国社会科学院2015年度纳入创新工程后期资助名单正式公布，《社会蓝皮书：2015年中国社会形势分析与预测》等41种皮书纳入2015年度“中国社会科学院创新工程学术出版资助项目”。

☆ 2015年8月7~8日，由中国社会科学院主办，社会科学文献出版社和湖北大学共同承办的“第十六次全国皮书年会（2015）：皮书研创与中国话语体系建设”在湖北省恩施市召开。中国社会科学院副院长李培林，国家新闻出版广电总局原副总局长、中国出版协会常务副理事长邬书林，湖北省委宣传部副部长喻立平，中国社会科学院科研局局长马援，国家新闻出版广电总局出版管理司副司长许正明，中共恩施州委书记王海涛，社会科学文献出版社社长谢寿光，湖北大学党委书记刘建凡等相关领导出席开幕式。来自中国社会科学院、地方社会科学院及高校、政府研究机构的领导及近200个皮书课题组的380多人出席了会议，会议规模又创新高。会议宣布了2016年授权使用“中国社会科学院创新工程学术出版项目”标识的院外皮书名单，并颁发了第六届优秀皮书奖。

☆ 2015年4月28日，“第三届皮书学术评审委员会第二次会议暨第六届优秀皮书奖评审会”在京召开。中国社会科学院副院长李培林、蔡昉出席会议并讲话，国家新闻出版广电总局原副局长、中国出版协会常务副理事长邬书林也出席本次会议。会议分别由中国社会科学院科研局局长马援和社会科学文献出版社社长谢寿光主持。经分学科评审和大会汇评，最终匿名投票评选出第六届“优秀皮书奖”和“优秀皮书报告奖”书目。此外，该委员会还根据《中国社会科学院皮书管理办法》，审议并投票评选出2015年纳入中国社会科学院创新工程项目的皮书和2016年使用“中国社会科学院创新工程学术出版项目”标识的院外皮书。

☆ 2015年1月30~31日，由社会科学文献出版社皮书研究院组织的2014年版皮书评价复评会议在京召开。皮书学术评审委员会部分委员、相关学科专家、学术期刊编辑、资深媒体人等近50位评委参加本次会议。中国社会科学院科研局局长马援、社会科学文献出版社社长谢寿光出席开幕式并发表讲话，中国社会科学院科研成果处处长薛增朝出席闭幕式并做发言。

皮书数据库

www.pishu.com.cn

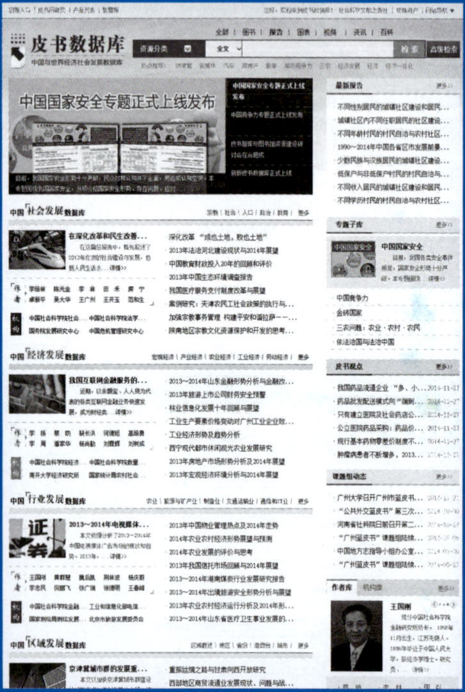

皮书数据库三期

- 皮书数据库（SSDB）是社会科学文献出版社整合现有皮书资源开发的在线数字产品，全面收录“皮书系列”的内容资源，并以此为基础整合大量相关资讯构建而成。

- 皮书数据库现有中国经济发展数据库、中国社会发展数据库、世界经济与国际政治数据库等子库，覆盖经济、社会、文化等多个行业、领域，现有报告30000多篇，总字数超过5亿字，并以每年4000多篇的速度不断更新累积。

- 新版皮书数据库主要围绕存量+增量资源整合、资源编辑标引体系建设、产品架构设置优化、技术平台功能研发等方面开展工作，并将中国皮书网与皮书数据库合二为一联体建设，旨在以“皮书研创出版、信息发布与知识服务平台”为基本功能定位，打造一个全新的皮书品牌综合门户平台，为您提供更优质更到位的服务。

更多信息请登录

中国皮书网
http://www.pishu.cn

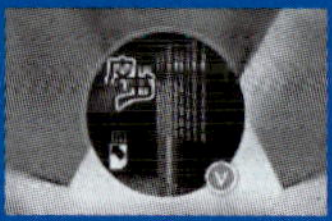

中国皮书网的BLOG
http://blog.sina.com.cn/pishu

中国皮书网
http://www.pishu.cn

皮书微博
http://weibo.com/pishu

皮书博客
http://blog.sina.com.cn/pishu

皮书微信
皮书说

请到各地书店皮书专架 / 专柜购买，也可办理邮购

咨询 / 邮购电话： 010-59367028　59367070　　**邮　　箱：** duzhe@ssap.cn

邮购地址： 北京市西城区北三环中路甲29号院3号楼华龙大厦13层读者服务中心

邮　　编： 100029

银行户名： 社会科学文献出版社

开户银行： 中国工商银行北京北太平庄支行

账　　号： 0200010019200365434

网上书店： 010-59367070　qq：1265056568

网　　址： www.ssap.com.cn　　www.pishu.cn

甘肃蓝皮书

BLUE BOOK OF GANSU

甘肃县域和农村发展报告（2016）

COUNTY AND RURAL DEVELOPMENT REPORT OF GANSU (2016)

主　编／刘进军　柳　民　王建兵

社会科学文献出版社
SOCIAL SCIENCES ACADEMIC PRESS (CHINA)

图书在版编目（CIP）数据

甘肃县域和农村发展报告. 2016/刘进军，柳民，王建兵主编. —北京：社会科学文献出版社，2016. 1
（甘肃蓝皮书）
ISBN 978-7-5097-8522-5

Ⅰ. ①甘… Ⅱ. ①刘… ②柳… ③王… Ⅲ. ①区域经济发展-研究报告-甘肃省-2016 Ⅳ. ①F127. 42

中国版本图书馆 CIP 数据核字（2015）第 303413 号

甘肃蓝皮书
甘肃县域和农村发展报告（2016）

主　　编 / 刘进军　柳　民　王建兵

出 版 人 / 谢寿光
项目统筹 / 邓泳红　吴　敏
责任编辑 / 高振华　张丽丽

出　　版 / 社会科学文献出版社·皮书出版分社（010）59367127
地址：北京市北三环中路甲 29 号院华龙大厦　邮编：100029
网址：www. ssap. com. cn
发　　行 / 市场营销中心（010）59367081　59367090
读者服务中心（010）59367028
印　　装 / 北京季蜂印刷有限公司

规　　格 / 开　本：787mm×1092mm　1/16
印　张：21. 75　字　数：300 千字
版　　次 / 2016 年 1 月第 1 版　2016 年 1 月第 1 次印刷
书　　号 / ISBN 978-7-5097-8522-5
定　　价 / 79. 00 元

皮书序列号 / B-2013-281

《甘肃县域和农村发展报告（2016）》编辑委员会

主要编撰者简介

刘进军 男，汉族，1963年7月出生，甘肃会宁人。毕业于四川大学经济系政治经济学专业。现任甘肃省社会科学院副院长、甘肃省社科联副主席，研究员。主要社会兼职有兰州财经大学、甘肃农业大学等高校经济学、企业管理学专业硕士研究生导师，甘肃省宣传文化系统拔尖创新人才。甘肃省委党校、甘肃行政学院、兰州石化公司、甘肃电力公司等单位客座教授，中国城市经济学会、中国社会科学情报学会、全国市场经济研究会、中国生产力研究会、甘肃国际交流学会常务理事，甘肃物流学会会长，甘肃省委、省政府政策咨询专家。1984年7月至2011年5月在甘肃省委党校工作，先后任政治经济学教研室助教、讲师、副教授、副主任，经济学教研部副主任、主任、教授，省委党校国民经济学专业研究生导师组副组长、组长，其间1993年9月至1994年2月在兰州大学进修外语，1994年3月至1995年7月参加中瑞合作项目TOT班学习并赴瑞士、德国等国进修学习，2006年9月至2007年1月在省委党校第29期中青年干部培训班学习，2009年7月至2009年8月在中国井冈山干部学院第五期骨干教师培训班学习。2011年5月起任甘肃省社会科学院副院长，院党委委员，甘肃省社科联副主席，其间2013年2月至2014年2月在中国社会科学院挂职锻炼，先后任中国社会科学院网络信息中心副主任，中国社会科学院科研局副局长，2015年10~11月在中国井冈山干部学院2015年第10期厅局级干部加强党性修养专题研讨班学习。在《新华文摘》、《未定稿》(《中国社会科学》副刊)、《光明日报》、《红旗文稿》、《经济理论与经济管理》、《中国社会科学报》、《四川大学学报》等刊物发表文章150余篇，在中国文献出版社、中央党校出版社等出版著作20多部，主持全国性和省级科研课题20余项，主要研究方向为宏观经济调控、体制改革及区域经济发展。

柳　民　男，汉族，1956年3月生，山东栖霞人，1984年12月加入中国共产党，1973年1月参加工作，大学学历，兰州大学政治经济学专业，经济学学士。1988年9月至1989年7月，在北京对外经济贸易大学学习；1989年9月至1990年12月，在联邦德国学习宏观经济管理。1991年6月，省政府办公厅综合计划处处长；1995年7月，武威地区行署副专员；2000年3月，省政府研究室（发展研究中心）副主任；2005年7月，省政府副秘书长、办公厅党组成员；2008年11月至今甘肃省统计局副局长、党组成员。

王建兵　男，汉族，甘肃武威人，研究员、博士。现任甘肃省社会科学院农村发展研究所所长，甘肃省社会科学院贫困问题研究中心主任。兼任甘肃省委党校特聘教授、甘肃省财政厅特聘专家、甘肃省委讲师团成员。主要研究领域：农村经济学和生态经济学；主要研究方向：农村经济社会发展、资源与环境发展和农村贫困问题。近年来主持2项国家社会科学基金项目、参与国际国内合作项目数十项，先后在《草业学报》、《中国沙漠》、《草地学报》等核心期刊发表多篇论文，出版专著2部，获得甘肃省社科二等奖2项。

总　序

“甘肃蓝皮书”已走过了十年历程，规模由最初的2种发展到如今的10种，影响由最初省社科院的科研平台发展成为如今的甘肃省内智库的第一品牌。“甘肃蓝皮书”的诞生与发展，充分展现了传统社会科学研究机构向现代特色智库、高端智库转型的历程。

2004年中央下发《关于进一步繁荣发展哲学社会科学的意见》（中发〔2014〕3号，以下简称《意见》），把繁荣发展哲学社会科学提到党和国家事业发展的战略高度，明确了哲学社会科学“认识世界、传承文明、创新理论、咨政育人、服务社会”的职能定位和重要作用，指出地方社会科学研究机构应主要围绕本地区经济社会发展的实际，开展应用对策研究。为了贯彻落实《意见》精神，甘肃省委下发《关于繁荣发展哲学社会科学的实施意见》（省委发〔2014〕33号），明确指出，省社科院主要围绕省委省政府中心工作开展应用对策研究。甘肃省社会科学院按照这一新的职能要求，提出了“六个以”的办院方针，积极建构发挥省委省政府“思想库”和“智囊团”作用的长效机制，努力探索服务甘肃经济社会发展的可行路径，倾力打造发挥智库功能为省委省政府决策服务的战略平台。经过两年的酝酿和探索，在“十一五”开局之年的2006年，我院编研的《甘肃经济社会发展分析与预测》和《甘肃舆情分析与预测》面世，引起社会各界的热烈反响，标志着“甘肃蓝皮书”的正式诞生。至“十一五”末，甘肃蓝皮书规模已由原来的2种增加到5种，覆盖了经济、政治、社会、文化、县域等研究领域，成为省委省政府及有关部门的参考资料和决策依据，成为省内各级人大代表、政协委员、专家学者和社会各界非常重视的民主决策、参政议政、科学研究和认识省情的重要参考书。

“十二五”期间，省社科院又确定了“拓展合作领域、扩展编研规模、壮大编研队伍、提升编研水平、加强成果转化”的蓝皮书编研思路。我院首倡西北五省区社科院联合编研出版“西北蓝皮书”，这一倡议得到了陕西、宁夏、青海、新疆等省区社科院的一致赞同，2011 年首部《中国西北发展报告》诞生。“西北蓝皮书”的编研和出版发行，使我院系列蓝皮书的研究拓展到了“丝绸之路经济带”的国内主要区域。从 2014 年起，我院先后主动与省住房和城乡建设厅、省民族事务委员会、酒泉市政府、省商务厅、省统计局等积极合作，共同编研出版了住建、民族、商务、酒泉等四种蓝皮书，使“甘肃蓝皮书”拓展到了重要行业和地区。到“十二五”收官之年的 2015 年，我院蓝皮书系列丛书已由最初的 2 种发展到了现在的 10 种之多，“甘肃蓝皮书”已经成为服务党委政府决策和全省经济社会发展的甘肃智库的第一品牌、甘肃社会科学界的学术品牌、甘肃文化领域的标志品牌、甘肃一些重要行业及市州工作的展示品牌。

“甘肃蓝皮书”在十年的编研过程中形成了稳定规模、稳定机制，提升质量、提升影响的编研理念。“甘肃蓝皮书”始终坚持的基本编研理念和运行机制：一是始终坚持原创，注重学术观点和科研方法的创新。坚持研究在先，编写在后，在继承中创新，注重连续性；从源头上抓质量，注重可靠性；在深入研究上下工夫，注重科学性；在服务上抓效果，注重影响力。二是始终坚持追踪前沿，注重选题创新。追踪前沿就是让专家学者更多地参与社会实践，发现问题、研究问题、解决问题，最终通过蓝皮书为人们提供正确的指导，显示社科专家服务社会的能力和实力，提高蓝皮书的知名度和美誉度。三是始终坚持打造品牌，创新编研体制机制。十年来，我们始终把蓝皮书的质量看作蓝皮书的生命线，组织有研究能力的专家开展深入研究，向社会提供事实根据充分、分析深入准确、结论科学可靠、对策具体可行的权威信息与权威性的研究成果。

展望未来，伴随国家和省上对建设特色新型智库、高端智库的高度重视，“甘肃蓝皮书”作用和影响将更加突出。2014 年 11 月，中共中央办公厅、国务院办公厅印发《关于加强中国特色新型智库建设的意见》（中办发〔2014〕65 号），要求充分发挥中国特色新型智库咨政建言、理论创新、舆论引导、社会服务、公共外交等重要功能，明确了社会科学院在特色新型智库体系中的重要地位。“甘肃蓝皮书”作为我院打造陇原特色新型智库的核心载体，也将开启服务省委省政府决策、为甘肃经济社会发展提供智力支撑的新航程。

在“甘肃蓝皮书”的成长历程中，充满着甘肃省委省政府和有关部门的关心与厚爱，饱含着与我们真诚合作的省住房和城乡建设厅、省民族事务委员会、酒泉市政府、省商务厅、省统计局的鼎力支持和帮助，浸润着读者出版集团、社会科学文献出版社出版人和统计、新闻等领域同仁们的辛劳、奉献和智慧。相信在各方共同努力下，“甘肃蓝皮书”将继续提升品质和影响，使党委政府参考运用起来感到更加有价值，使读者大众读起来感到更加有收获，使编研者工作奉献感到更加有意义。

此为序。

王福生

2015 年 11 月 18 日

摘　要

由甘肃省社会科学院和甘肃省统计局共同合作编写的《甘肃县域和农村发展报告（2016）》，在前八年县域蓝皮书的基础上，将县域研究向前推进了一步，使其理论框架更加清晰、政策含义更加鲜明、实践经验更加丰富。这份报告相比以往有三大创新。

一是第一次将县域社会发展评价报告和县域经济综合竞争力评价报告的指标结合起来，形成了新的甘肃省县域竞争力评价指标体系，该指标体系共包括宏观经济竞争力、产业发展竞争力、基础设施竞争力、社会保障竞争力、公共服务竞争力、生活环境竞争力、社会结构竞争力、科学教育竞争力 8 个一级指标，以及 21 个二级指标和 64 个三级指标。

二是增加了农业发展报告和专题。总结了 2015 年甘肃省农业发展现状，并就农村和农业发展中的热点和难点问题，如现代农业发展水平、农民收入结构与增收潜力、支农惠农政策效能、农村劳动力结构与潜力、农业综合生产能力、农村消费结构与变化、城乡一体化发展路径和农村集体经济发展等进行了专题研究。

三是增加了个案研究，针对农村发展现阶段的一些重点问题，如农村土地确权与土地流转问题、农村人口现状与问题、农村特困人群生存现状、连片特困地区扶贫模式与绩效等，进行了以村为研究单元的农村调查，并形成了调查报告。

通过对 2014 年甘肃省 77 个县（市、区）经济社会发展数据进行处理分析，得出 2014 年甘肃省县域竞争力发展特征：一是甘肃省县域竞争力整体水平相对较低；二是甘肃省县域竞争力各市（州）及各市（州）所辖县域之间差异性较大，县域竞争力发展很不均衡；三是甘肃省县域竞争力各市（州）及各市（州）所辖县域之间要素配置差异性较大，县域竞争力要素配置很不均衡；四是甘肃省县域竞争力各市（州）及各市（州）所辖县域之间具有一定的行政区域、地理位置、经济发展、经济结构等因素制约下的分布特征；五是甘肃省贫困地区县域竞争力上升趋势较为明显。

2015 年是“十二五”规划的收官年，全省以党的十八届三中、四中全会精神为指导，认真贯彻落实中央和省委一号文件及农村工作会议精神，紧紧围绕“稳粮增收调结构、提质增效转方式、创新驱动添活力”的主线，基本完成“十二五”规划确定的各项目标。

Abstract

County and Rural Development Report of Gansu (*2016*) was co-written by Gansu academy of social sciences and Gansu statistics bureau, which pushes the county studies a step further on the basis of county Blue Book in the first eight years, and make its theoretical framework more clearly, policy implications more vividly and experience richer. The report has three main innovations compared to the past:

First, it is the first time to combine the county social development evaluation report with the index of county economic competitiveness evaluation report, for forming a new evaluation index system of county competitiveness of Gansu, which include macroeconomic competitiveness、industry competitiveness、infrastructure competitiveness、social security competitiveness、public service competitiveness、living environment competitiveness、social structure competitiveness、science education competitiveness, a total of eight first class indicators and twenty-one second class indicators and sixty-four third class indicators;

Second, increased reports and thematics of agricultural development. Summed up the status of agricultural development in Gansu province in 2015, and studied the hot and difficult problems of agricultural development, such as: the level of modern agricultural development、farmer's income structure and potential for income increase、efficiency of policies about supporting agriculture and benefiting farmers、the structure and potential of the rural labor force、the comprehensive production capacity of agricultural、rural consumption structure and change、the development path of urban and rural integration and so on;

Third, increased of studying about individual cases, for some of the key issues of rural development at this stage, such as, rural land rights and land transfer problems、the rural population status quo and problems、current living situation of rural poor population、the poverty alleviation mode and performance of contiguous destitute areas and so on, conducted a survey of rural village as a research unit, and formed into survey reports.

According to the handling and analysis of the 2014 economic and social development data of 77counties (cities、districts) in Gansu, summed up 2014 development characteristics of counties competitive in Gansu: first, counties relatively low overall level of competitiveness in Gansu; second, counties competitiveness of cities (states) and cities (states) under the jurisdiction of the county in Gansu existed a big difference, the development of counties competitiveness was uneven; third, there was a big difference for counties competitive factors allocation between the factors allocation of counties competitiveness was uneven; fourth, under administrative regions 、geographical location、economic development、economic structure and other factors constraints, there was a certain distribution characteristics of counties competitiveness between each city (state) and between each city (state) under the jurisdiction of the county in Gansu province; fifth, counties competitiveness's uptrend in poor areas of Gansu more obviously.

2015 is the Twelfth Five-year Plan ending, the party's eighth Third and Fourth Plenary Session was our province's guidance, carried out conscientiously the central and provincia first document and rural work conference spirit, focus on the main line of "stabilize grain、increase income、adjust structure, improve quality、increase benefit、transform pattern, innovation、motivation、add vitality", the province's agriculture and rural economy running well, completed all objectives basically that was determined by the Twelfth Five-year Plan.

目录

Ⅰ 总报告

Ⅱ 专题篇

Ⅲ 调查篇

皮书数据库阅读使用指南

CONTENTS

I General Report

II Thematic Articles

Ⅲ Survey Articles

总报告

General Report

B.1

甘肃农村发展报告

课题组*

摘　要：本文首先全面总结了2015年甘肃省农村与农村运行情况。其次运用历年数据，围绕甘肃农村发展中的一些难点问题，从现代农业发展水平、农民收入结构、农村劳动力结构、农村消费结构、农业综合生产能力、城乡一体化发展路径等方面进行了分析。最后提出了甘肃省农业与农村发展的对策与建议：一是围绕特色农业开发，全面提升农业整体发展水平；二是紧抓土地流转的政策机遇，大力调整农业产业结构，提高农业综合生产能力；三是因地制宜、分类指导，努力寻

* 课题组成员：王建兵、李忠东、李振东、潘从银、刘伯霞、贾琼、张彦珍、刘燕平、胡苗、徐吉宏、张福昌、何剑等。

找增收新路子；四是加快推进城乡一体化进程，逐步实现城乡基本公共服务的均等化；五是培育新型农业经营主体，完善农村社会化服务体系。

关键词： 甘肃省 农业 农村发展

2015年全省以党的十八届三中、四中全会精神为指导，认真贯彻落实中央和省委一号文件及农村工作会议精神，紧紧围绕“稳粮增收调结构、提质增效转方式、创新驱动添活力”的工作主线，出台了一系列促进农业和农村发展的政策措施，全省农业和农村经济运行良好，基本完成“十二五”规划确定的各项目标。2015年前三季度，全省完成现价农林牧业增加值751.76亿元，按可比价计算，同比增长5.6%，其中：完成现价农业增加值582.58亿元，同比增长6.3%；完成现价牧业增加值133.94亿元，同比增长2.1%。

一 2015年甘肃省农业与农村运行情况

（一）种植业生产情况

1. 2015年粮食产量有望实现“十二连丰”

2015年全省粮食种植面积达4274.43万亩，比上年增加10.8万亩，预计粮食总产量将达1180.29万吨，比上年增加21.59万吨。完成了“十二五”规划预定的粮食播种面积达4000万亩以上和粮食总产量达1100万吨的目标。甘肃省2015年夏粮呈现面积、总产双连增态势，2015年全省夏粮播种面积达1372.19万亩，增长0.6%，夏粮产量达321.7万吨，同比增长3.76%。

2. 蔬菜产业平稳发展

2015 年蔬菜种植面积 790. 75 万亩，增长 4. 0%，前三季度产量 1519. 15 万吨，较上年同期增长 6. 81%。

3. 林果经济呈现快速发展的态势

预计全年花椒产量将达 3. 02 万吨，同比增长 8%；预计核桃产量 5. 55 万吨，同比增长 7. 4%。水果产量 226. 76 万吨，比上年增加 17. 31 万吨，同比增长 8. 37%。

4. 油菜生产呈结构性下降

近几年油料面积、产量连续下降，2015 年全省油料播种面积 480. 27 万亩，同比下降 2. 68%；预计总产量 71. 39 万吨，同比下降 1. 43%。

5. 棉花生产继续萎缩

近年来棉花种植效益逐年下降，种植面积急剧萎缩，2015 年，全省种植棉花 38. 55 万亩，同比下降 32. 5%，预计总产量 4. 2 万吨，下降 35. 1%。

6. 中药材生产势头放缓

受 2014 年中药材价格出现持续“跳水”影响，2015 年农民种植积极性较往年有所下降。2015 年，全省中药材种植面积达 403. 06 万亩，比上年增加 19. 37 万亩，同比增长 5. 05%，较上年增幅下降 4. 45 百分点；预计产量可达 106. 61 万吨，比上年增加 7. 24 万吨，同比增长 7. 29%，较上年增幅下降 7. 37 个百分点。

（二）林业生产情况

依托新一轮退耕还林工程建设，2015 年前三季度，造林面积 286. 62 万亩，增长 22. 4%；育苗面积 35. 33 万亩，增长 22. 75%。

（三）畜牧业生产情况

1. 生猪生产继续下滑

2014 年以来生猪养殖大部分时间亏损严重，养殖户养殖信心受挫，虽然近期猪价有所回升，但养殖户观望态度依然存在。2015 年前三季度猪存栏 691.91 万头，同比下降 2.8%，与上半年存栏下降 4.4% 相比，下降幅度回升了 1.6 个百分点；但因前期存栏不足，2015 年前三季度猪出栏 529.92 万头，同比仍然下降 3.5%，下降幅度比上半年扩大了 1.2 个百分点，生猪生产形势依然不容乐观。

2. 牛产业发展平稳，羊产业快速增长

2015 年前三季度全省牛存栏达到 544.09 万头，基本与上年持平，牛出栏达到 127.70 万头，同比增长 3.2%；羊存栏达到 2275.44 万只，同比增长 1.2%，羊出栏达到 871.89 万只，同比增长 9.7%。

3. 家禽饲养业发展速度加快

2015 年前三季度全省出售和自宰的肉用家禽 3109.5 万只，同比增长 5.6%；期末鸡存栏 5199.49 万只，同比增长 4.9%。禽蛋产量 13.03 万吨，同比增长 6.84%。

（四）渔业生产情况

2015 年前三季度水产品产量达 1.18 万吨，比上年同期增长 7.47%。

（五）主要农产品生产者价格普遍上涨

1. 粮食及主要农产品价格涨多跌少

据调查总队资料显示：前三季度，小麦平均价格为 2.28 元/公斤，同比上涨 1.46%；玉米平均价格 2.04 元/公斤，与 2014 年持平；马铃薯平均价格 1.15 元/公斤，同比下降 4.72%。蔬菜平均 3.12 元/公斤，同比上涨 4.29%。

2. 中药材价格缓慢回升

中药材价格在 2014 年大幅暴跌的基础上，2015 年缓慢回升。据调查总队资料显示：2015 年前三季度全省中药材价格同比上涨

1.13%。

3. 主要畜禽价格全面上涨

2015 年前三季度畜禽及畜产品价格除羊肉外，其余均呈上涨趋势。据调查总队调查资料显示，从 5 月份开始，甘肃肉禽及制品价格呈现逐月攀升态势，尤其是猪肉价格上涨明显。1～9 月，甘肃生猪生产价格指数上涨 4.8%，9 月同比上涨 23.95%。羊肉价格继续呈下跌态势，第三季度羊肉生产者价格指数为 77.63，下降幅度达 22.37 个百分点。

二　甘肃省农村经济发展的特点与趋势

（一）甘肃省农业现代化发展

近年来，甘肃农业快速发展，农业总产值增速明显，2014 年名义农业总产值达到 1618.8 亿元，比 2000 年增加了 5.06 倍。农业现代化水平也得到提升，农业机械总动力 2014 年实现 2545.71 万千瓦时，比 2000 年增加了 2.41 倍，农村用电量 2014 年达到 51.26 亿千瓦小时，比 2000 年增加了 1.74 倍，农用化肥施用量（折纯）2014 年达到 97.60 万吨，比 2000 年增加了 1.51 倍。但从全省平均水平来看，甘肃农业仍处于传统农业发展阶段，且地区间农业发展水平差距较大。从 14 个市（州）来看，2014 年人均农民纯收入最高的是嘉峪关市（13809 元），与最低的临夏州（4024 元）相差 9785 元，最高地区是最低地区的 3.43 倍，区域发展水平的严重差异影响了甘肃农村经济的快速发展和全面小康社会的建设进程。

我们根据现代农业的内涵和发展目标，构建了现代农业发展水平评价指标体系。该指标体系分为 6 类共 22 个影响因子（见表 1）。

表1　甘肃省各地区现代农业发展水平得分情况

地区	综合得分	农村经济发展水平	农业经济结构	农业产出水平	农业科技水平	农业生产力水平	农业可持续发展
兰 州 市	0.323	0.019	0.077	0.030	0.092	0.056	0.047
嘉峪关市	0.600	0.023	0.071	0.120	0.180	0.169	0.037
金 昌 市	0.384	0.028	0.069	0.079	0.032	0.120	0.057
白 银 市	0.181	0.019	0.044	0.016	0.031	0.043	0.028
天 水 市	0.276	0.017	0.110	0.011	0.019	0.011	0.108
武 威 市	0.375	0.029	0.139	0.056	0.017	0.085	0.050
张 掖 市	0.417	0.024	0.160	0.074	0.025	0.064	0.070
平 凉 市	0.295	0.019	0.139	0.018	0.008	0.016	0.096
酒 泉 市	0.411	0.032	0.119	0.086	0.038	0.098	0.037
庆 阳 市	0.221	0.016	0.090	0.013	0.010	0.024	0.068
定 西 市	0.264	0.010	0.126	0.017	0.031	0.012	0.068
陇 南 市	0.331	0.026	0.135	0.011	0.012	0.016	0.133
临 夏 州	0.272	0.014	0.099	0.032	0.022	0.028	0.076
甘 南 州	0.148	0.001	0.072	0.016	0.007	0.005	0.048

资料来源：根据《甘肃发展年鉴》（2015）和《甘肃农业年鉴》（2015）相关数据计算整理。

1. 现代农业发展水平处于准备实施阶段

依据现代农业发展划分的4个阶段，甘肃只有嘉峪关市处于现代农业发展的初步实现阶段，其余13个市（州）均为现代农业准备实施阶段，即92.86%的地区尚未初步实现现代农业，仍处于传统农业生产阶段。如果从嘉峪关市所占甘肃省耕地面积来考察，甘肃省初步实现现代农业的地区仅为0.085%，可知甘肃省现代农业发展水平整体较低。从6类指标得分情况看，甘肃省现代农业发展水平低不仅因为农业投入产出水平低和结构不合理，农业发展的自然环境和经济社会环境也较大程度影响了现代农业的发展。

2. 现代农业发展水平呈现梯度分布

从现代农业发展水平地域空间分布看，呈现由西向东的梯度分布格局。河西地区有丰富的土地资源、水资源和光热资源，而甘肃东南部地处黄土高原和陇南山地，没有灌溉农业，土地破碎化，完全靠天吃饭，农业生产不良。因而，河西地区现代农业发展水平高于河东地区。

3. 地区间现代农业发展差距较大

甘肃省不同地区间现代农业发展水平差异较大，现代农业发展水平得分最高的嘉峪关市和得分最低的甘南州综合得分相差0.452。从地区分组情况看，Ⅰ组平均综合得分比Ⅳ组高0.417，组间差距较大。造成地区间现代农业发展差距较大的原因除了农业发展的自然因素，农业产业化和特色产业的推进也是一个重要决定因素，嘉峪关地区大力推进农业产业化，发展城郊型特色农业。此外，经济实力也是现代农业发展的一个重要影响因素，经济实力好的地区，农业科技投入和基础设施环境相对较好。

4. 各市（州）现代农业发展水平聚类

使用Q型样本聚类分析法对甘肃各市（州）现代农业发展水平进行分类。同组内部现代农业发展水平差异较小，不同组之间差异较大。Ⅰ组为嘉峪关市，现代农业发展水平在甘肃省内最高，综合得分达到0.6，处于现代农业初步实现阶段，2014年人均农业总产值达到4129元，位于甘肃省第一，是甘肃省人均农业总产值的4倍左右。其现代农业迅速发展的原因一方面是优越的地理环境，位于河西走廊中部，有着丰富的水资源和农牧业发展环境，另一方面是其积极推进农业产业化，发展特色农业项目，有着现代农业发展的良好经济和技术环境，农业生产力水平较高。

Ⅱ组包括地处河西走廊的广大农业片区，分别是张掖市、金昌市、酒泉市和武威市，现代农业平均综合得分为0.397，虽然为现代农业准备实施阶段，但在同阶段中也是现代农业发展水平最好的地区，该地区农业资源丰富，土地面积占甘肃总面积的59.33%，是全国商品粮基地和甘肃省瓜果蔬菜基地以及肉类繁育生产基地。

Ⅲ组地区为陇南市、兰州市、平凉市、天水市、临夏州和定西市，综合得分达到0.292，这组地区包括甘肃省东南部地区和兰州市，虽然有经济辐射中心城市兰州和天水，但是农业经济结构和生产效率并不是很高，现代农业发展受到环境制约。

Ⅳ组地区为庆阳市、白银市、甘南州，综合得分达到0.183，这些地区经济基础薄弱，农业科技投入不足，城镇化水平和农业产出水平都较低，较差的地理环境影响了现代农业的发展。

（二）甘肃省农民收入结构与增收潜力

农民收入问题一直是“三农问题”的重点与难点，分析农民收入结构、理清区域农民收入变动规律是挖掘农民增收潜力的有效途径。

1. 收入结构情况

（1）2014年农民人均纯收入5736.00元，比1993年的550.83元增加5185.17元，年均增长12.43%，但增速有所下降。农民收入结构呈现家庭经营收入比重下降，工资性收入、转移性收入、财产性收入比重上升的规律性变化（见表2）。

表2　1993~2014年甘肃农民人均纯收入及构成

单位：元，%

年份	农民人均纯收入					占农民人均纯收入比重			
	合计	工资性收入	家庭经营收入	财产性收入	转移性收入	工资性收入	家庭经营收入	财产性收入	转移性收入
1993	550.83	73.98	452.18	1.93	22.74	13.43	82.09	0.35	4.13
1994	723.73	81.42	591.87	18.46	31.98	11.25	81.78	2.55	4.42
1995	880.34	91.64	734.03	18.31	36.36	10.41	83.38	2.08	4.13

续表

年份	农民人均纯收入					占农民人均纯收入比重			
	合计	工资性收入	家庭经营收入	财产性收入	转移性收入	工资性收入	家庭经营收入	财产性收入	转移性收入
1996	1100.59	146.82	890.27	19.15	44.35	13.34	80.89	1.74	4.03
1997	1210	194.93	948.52	5.69	60.86	16.11	78.39	0.47	5.03
1998	1393.05	235.87	1085.42	10.14	61.62	16.93	77.92	0.73	4.42
1999	1412.98	298.62	1033.85	10.86	69.65	21.13	73.17	0.77	4.93
2000	1428.67	355.03	1011.78	16.13	45.73	24.85	70.82	1.13	3.20
2001	1508.61	405.99	1016.02	21	65.6	26.91	67.35	1.39	4.35
2002	1590.28	447.41	1056.87	17.24	68.76	28.13	66.46	1.08	4.32
2003	1673	488.7	1108.5	17	58.8	29.21	66.26	1.02	3.51
2004	1852.21	527.58	1228.93	25.81	69.89	28.48	66.35	1.39	3.77
2005	1979.88	586.71	1263.42	20.57	109.18	29.63	63.81	1.04	5.51
2006	2134.05	637.37	1291.85	52.56	152.27	29.87	60.54	2.46	7.14
2007	2328.92	716.43	1426.86	23.2	162.43	30.76	61.27	1.00	6.97
2008	2723.8	867.98	1543.24	19.49	293.09	31.87	56.66	0.72	10.76
2009	2980.10	994.94	1583.23	34.06	367.87	33.39	53.13	1.14	12.34
2010	3424.65	1199.45	1855.99	39.87	329.34	35.02	54.19	1.16	9.62
2011	3909.37	1561.97	1866.77	82.46	398.18	39.95	47.75	2.11	10.19
2012	4506.66	1787.72	2114.75	112.08	492.12	39.67	46.92	2.49	10.92
2013	5107.76	2203.41	2230.99	132.85	540.51	43.14	43.68	2.60	10.58
2014	5736.00	2485.09	2455.87	166.45	628.59	43.32	42.82	2.90	10.96

（2）2014 年农民人均家庭经营收入 2455.87 元，比 1993 年的 452.18 元增加 2003.69 元。尽管家庭经营收入占纯收入比重一直在逐步下降，由 1993 年的 82.09% 降为 2014 年的 42.82%，下降近 40 个百分点，但农业经营性收入特别是种植业收入仍然是农民收入的主要来源。

（3）农村劳动力就地转移和向外地转移，工资性收入快速增长。2014 年农民人均工资性收入 2485.09 元，比 1993 年的 73.98 元增加 2411.11 元，占纯收入比重由 1993 年的 13.43% 上升为 43.32%。

（4）2014 年农民人均转移性收入 628.59 元，比 1993 年的 22.74 元增加 605.85 元，占纯收入比重由 1993 年的 4.13% 上升为 10.96%；2014 年农民人均财产性收入 166.45 元，比 1993 年的 1.93 元增 164.52 元，占纯收入比重由 1993 年的 0.35% 上升为 2.90%。财产性收入和转移性收入比重稳步提高，成为农民增收的新亮点、新渠道，是农民收入的重要补充。

2. 农民收入来源对增长的贡献程度（见表3）

（1）家庭经营性收入贡献率呈下降趋势。家庭经营性收入是农民人均纯收入的主要来源，虽在农民人均纯收入中的比重最高，但其对农民人均纯收入增长的贡献率却在逐渐减少。1993～1998 年，除 1997 年，其余年份家庭经营性收入对农民人均纯收入增长的贡献率均在 70% 以上。从 1999 年至今，家庭经营性收入对农民人均纯收入增长的贡献率波动较大，如 1999 年为 -258.76%，2000 年为 -140.66%，2007 年为 69.28%，到 2014 年降为 35.80%，说明家庭经营性收入对农民收入增长的贡献率在逐渐减少，已退出主导地位。

（2）工资性收入在农民人均纯收入中的比重呈不断上升的趋势，且其对农民人均纯收入增长的贡献率也呈增长趋势，是农民人均纯收入的主要增长点。2014 年工资性收入对农民人均纯收入增长的贡献率达到 44.84%，工资性收入逐渐成为农民收入增长的主要推动力。

（3）财产性收入和转移性收入在农民人均纯收入中所占的比重较小，贡献率不高，但波动较大。

表3 甘肃省收入构成及增长贡献率

单位：%

年份	收入构成			增长贡献率		
	工资性收入	家庭经营收入	转移性和财产性收入	工资性收入	家庭经营收入	转移性和财产性收入
1993	13.43	82.09	4.48	-12.17	136.18	-24.01
1994	11.25	81.78	6.97	4.3	80.79	14.9
1995	10.41	83.38	6.21	6.53	90.77	2.7
1996	13.34	80.89	5.77	25.05	70.94	4.01
1997	16.11	78.39	5.5	43.97	53.24	2.79
1998	16.93	77.92	5.15	22.37	74.79	2.85
1999	21.13	73.17	5.7	314.85	-258.76	43.9
2000	24.85	70.82	4.33	359.53	-140.66	-118.87
2001	26.91	67.35	5.74	63.75	5.3	30.95
2002	28.13	66.46	5.41	50.72	50.02	-0.73
2003	29.21	66.26	4.53	49.92	62.42	-12.33
2004	28.48	66.35	5.17	21.7	67.2	11.1
2005	29.63	63.81	6.55	46.31	27.01	26.67
2006	29.87	60.54	9.6	32.86	18.44	48.7
2007	30.76	61.27	7.97	40.57	69.28	-9.85
2008	31.87	56.66	11.48	38.38	29.47	32.15
2009	33.39	53.13	13.49	49.54	15.6	34.86
2010	35.02	54.19	10.78	46	61.36	-7.36
2011	39.95	47.75	12.29	74.79	2.22	22.99
2012	39.67	46.92	13.41	37.8	41.52	20.69
2013	43.14	43.68	13.18	69.15	19.34	11.51
2014	43.32	42.82	13.86	44.84	35.80	19.37

3. 农民收入的内部结构情况（见图1）

（1）工资性收入。近十年农民工资性收入是持续上升的，以外

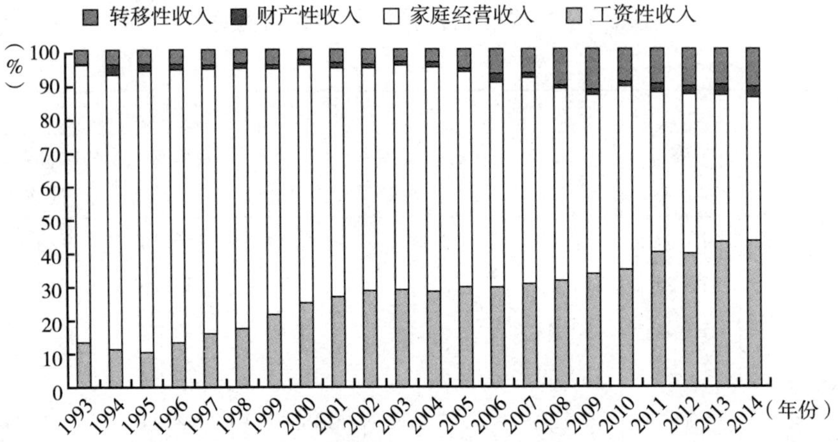

图1　1993～2013年甘肃省农民纯收入构成

出从业得到的收入和在本乡地域内劳动收入为主，外出从业收入略高于在本乡地域内劳动所得收入。农民工资性收入大部分跟企业组织有关，因为甘肃的经济发展条件差，本地企业不仅数量少，而且规模小，可吸纳的劳动力有限，因而农民从企业取得的收入基本上以外出打工为主。

（2）家庭经营收入。2013年甘肃省农民家庭经营性收入中，农业和牧业为主要组成部分。农业收入占家庭经营性收入的68.30%，牧业收入占家庭经营性收入的16.45%。二者相加所占份额高达84.75%，充分说明农民家庭经营性收入主要来源于农业收入和牧业收入。

（3）财产性收入和转移性收入结构。2013年甘肃财产性收入总额为132.85亿元，其主要来源为租金（包括农业机械）、转让承包土地经营权收入，这二项就占到了80.34%，其他财产性收入来源比较分散而且数额比较小，占总数的19.66%。1993～2013年甘肃省农民收入中转移性收入所占的比例在不断增加，已经成为加快农民收入增长的一部分。转移性收入组成部分是多样的，其中最大的组成部分是各项补贴收入，这部分收入为327.32元，占转移性收入总量的60.56%，再加上退耕还林补助、救济金、抚恤金、救灾款和无偿扶贫或者扶持款，直接由政府转移支付的收入就占到了转移性收入的71.31%。

4. 全省各地区农村居民收入结构差异

甘肃省农民收入结构变动带有明显的区域性特征，一方面收入水平的区域差距不断扩大，另一方面收入来源结构的差异也进一步加大，这些差异主要体现在工资性收入和家庭经营性收入上。

家庭经营收入中，河西四市（除嘉峪关外）和甘南州五个市州比重在50%以上。主要原因是当地城市化水平及二、三产业发展不足，对农村经济的带动能力不强，没有带动更多农村人口就业，也反映出这些市州的农业发展能力和潜力要比其他市州强，人均经营耕地为9.37亩，高于全省7.59亩的平均水平，工资性收入在收入中所占比重较低。

工资性收入比重中，兰州市和嘉峪关市在50%以上。主要原因是这两个市经济发展水平排在全省前列，城市化水平也比较高，对农村剩余劳动力就地消化的能力较强，从而使两市的农民逐渐向市民转变，工资性收入已逐渐成为农民收入的主要来源。

平凉、庆阳两市工资性和家庭经营收入比重基本一致，这两个市的区域经济近年来发展很快，尤其是庆阳在当地的石油和煤炭资源被陆续发现并开发后，当地农民的就业机会增加，从而使工资性收入快速增长。

白银市、定西市、临夏州的收入结构则呈现以家庭经营收入为主、工资性收入为辅的结构，天水市、陇南市收入结构表现则与之相反。

5. 农民收入结构的灰色关联度分析

从影响农民收入的相关性分析来看，排序依次是家庭经营纯收入、工资性收入、转移性收入和财产性纯收入。分项指标来看关联度大于0.90的收入来源有牧业收入和在本县地域外得到的收入，表明首先甘肃农民收入的提高仍然紧紧依附在土地上，近年种植业由于耕地增长及农产品上涨空间有限导致从种植业中获得的家庭经营收入陷入瓶颈，而随着人们饮食结构的变化，畜牧产品的消费市场急速扩大，从而使农民利用种植业获得的产品来发展比种植业效益高的畜牧业，扩展增收空间。其次，甘肃县域经济的相对落后，县域内无法提供众多的就业机会，当地农村劳动力为增加收入，不得不向县外转移。

关联度0.8~0.9的收入来源有农业收入、各项补贴收入、在非企业组织中劳动得到收入，表明从事第一产业获得的收入仍是农民收入的重要来源。近年来各级政府不断加大对农村居民政策性补贴力度，出台一系列惠农富农政策，实施了粮食综合补贴，提高了高龄补贴、低保生活补助、农村养老补贴、新农合等补助标准，使农村受惠群体扩大，现金收入增加，转移性收入成为今后农民收入增加的重要增长点。

工业收入，在本县地域内得到的收入，交通/运输/邮电业收入，批零贸易业、饮食业收入，土地收入的关联度排在中间，这也是由甘肃的省情决定的，甘肃作为一个大的农业省份，农村的二、三产业发展缓慢，直接造成了甘肃农民的收入在现阶段仍然以从一产中获得为主。

土地收入的关联度为0.7636，排在第10位，这表明甘肃农民受传统思想的影响，认为土地就是农民立身的根本，对土地流转采取更加谨慎的态度，从而导致了土地流转与发达省份相比流转率过低这一现状，使得土地收入对农民收入的影响程度较弱。

租金（包括农业机械）、离退休金/养老金、建筑业收入、家庭非常住人口寄回和带回的收入关联度在0.65以下，影响程度最弱。

（三）甘肃农村劳动力结构与潜力

2014 年甘肃省常住人口为 2590.78 万人，农村人口为 1510.94 万人，占总人口的 58.32%。其中，农村劳动力占农村人口的比重为 63.76%。从农村劳动力资源年龄构成看，劳动年龄内人口占农村劳动力的 65.26%；劳动年龄外的劳动力（20 岁以下、60 岁以上劳动力）约占 12.48%，其中，超过劳动年龄参加社会劳动的劳动力占 7.51%，劳动年龄内丧失劳动能力者占 1.97%；从农村劳动力资源分布情况看，农村经济发展相对落后的天水市、庆阳市、平凉市、定西市、陇南市，其农村劳动力占甘肃省农村劳动力总数的 60% 以上；而农村经济发展相对较好的河西走廊，农村劳动力占甘肃农村劳动力总数的约 20%。由此可见，农村经济发展相对落后地区应该是甘肃省农村剩余劳动力转移的重点区域。

1. 农村劳动力供给的数量变化

1981 ~ 1990 年，农村劳动力供给从 574.03 万人增长到 821.06 万人，增长了 247.03 万人；1991 ~ 2000 年，农村劳动力供给从 834.45 万人增长到 934.45 万人，增长了 100 万人，这是由于国家实行严格控制人口增长的计划生育政策，从而引起农村劳动力供给的减少；2001 ~ 2010 年，农村劳动力供给从 942.24 万人增长到 1113.19 万人，增长了 170.95 万人，这一情况的出现主要是由于计划生育政策实施前出生的人口已达到劳动年龄，农村劳动力供给出现增长；2011 ~ 2013 年，农村劳动力从 1118.23 万人增加到 1123.98 万人，增长了 5.75 万人，这一时期农村劳动力供给明显下降（见图 2）。

2. 农村劳动力结构变动分析

（1）男性仍是农村劳动力供给的主力军。从纵向比较来看，2000 年农村劳动力供给中男性占 52.49%，2013 年达到 53.46%，变化幅度不是很大；从横向比较来看，2000 ~ 2013 年农村劳动力中性

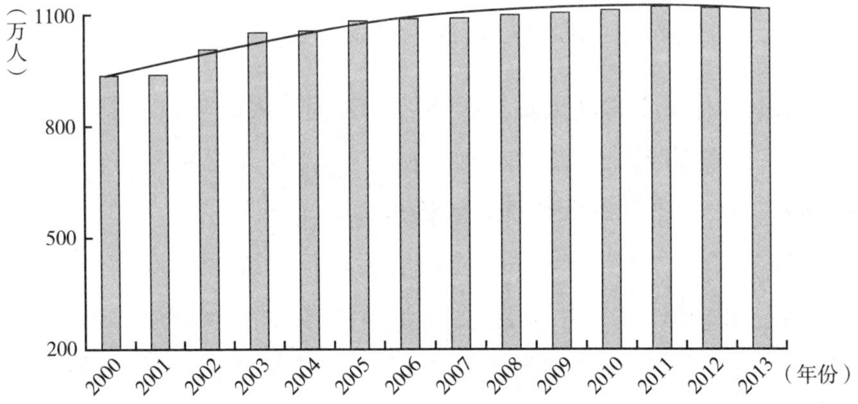

图2　2000～2013年甘肃农村劳动力供给变化情况

别比例基本保持在1.10～1.15，外出务工人员以男性居多。

（2）农村劳动力文化程度以小学、初中为主。2000～2013年，初中和高中以上文化程度的农村劳动力所占比例逐年递增，分别从10.98%、27.84%增加到17.24%、37.56%，文盲、半文盲和小学文化程度的农村劳动力所占比例逐年递减，分别从41.77%、19.41%减少到36.86%、8.34%。农村劳动力文化程度构成表明，大部分农村劳动力接受过义务教育，农村劳动力供给以初中、小学文化程度为主。

（3）农村劳动力年龄构成以中青年为主，劳动年龄外劳动力成为农村主要劳动力。2000～2013年，劳动年龄内的劳动力、超过劳动年龄的劳动力呈上升趋势，分别从89.46%、6.72%增加到89.49%、7.51%，而不足劳动年龄的劳动力、劳动年龄内丧失劳动能力的劳动力呈下降趋势，分别从6%、2.18%减少到4.97%、1.97%。

3. 农村劳动力转移情况分析

（1）劳动力转移的规模逐年增大，速度逐年加快。甘肃省农村外出劳动力从2000年的236.92万人增长到2013年的441.79万人，

14 年间外出劳动力增加 204. 87 万人。尤其是 2002 年以来农村剩余劳动力转移速度明显加快、数量显著增多，这与甘肃省各级政府制定的一系列促进农村剩余劳动力转移的政策措施息息相关。

（2）转移的劳动力以从事第三产业为主。2000 ~ 2013 年甘肃省转移到第二、三产业的农村劳动力比重的平均值分别为 9. 96%、21. 24%。其中，转移到第二产业的农村剩余劳动力比例从 2000 年的 7. 65% 上升到 2013 年的 13. 31%；转移到第三产业的农村剩余劳动力比例从 2000 年的 17. 70% 增长到 2013 年的 26%。可以看出，尽管转移到第三产业的农村剩余劳动力比重出现小幅波动，但第三产业，尤其是服务业仍是甘肃省农村剩余劳动力转移的主要行业。

（3）甘肃省农村剩余劳动力转移的地域很明确，2000 ~ 2010 年甘肃省农村剩余劳动力转移主要是到东部、中部地区。但从 2008 年开始，转移到东部、中部地区的农村剩余劳动力减少，而转移到西部地区的农村剩余劳动力逐渐增加。随着中西部地区就业吸引力的增强，劳务转移由以省外输出为主转变为向省内回流。这是由于：第一，受宏观经济形势的影响，多数企业招工意愿不明显，多采取精简瘦身政策；第二，国家实施西部大开发战略，产业转移向西部推进，西部地区就业机会增加，吸引了更多农村劳动力在本地就业。

4. 农村劳动力潜力分析

（1）农村劳动力供给规模的测算

在劳动适龄人口的预测中，利用 2000 ~ 2013 年甘肃省农村劳动年龄内人口的统计数据，采用回归分析方法，可以得到甘肃省 2015 ~ 2025 年农村劳动适龄人口的变动情况。甘肃省农村动适龄人口规模呈现明显的上升趋势，到 2025 年农村劳动力适龄人口将上升到 1370. 84 万人（见表 4）。劳动力适龄人口只是反映了劳动力资源的状况。若要计算农村劳动力供给规模，还必须清楚农村实际参加劳动的人口，而这个规模由劳动适龄人口和劳动参与率共同决定。根据

2000～2013年甘肃省乡村劳动力、劳动年龄内的全部人口的统计数据，计算得出甘肃农村劳动参与率在94%～97%。鉴于上述情况，我们对2014年以后的农村劳动参与率取均值，为96%，假定今后农村劳动参与率在此数值附近小幅波动。用前面预测的劳动适龄人口规模乘以农村劳动参与率，可以得到2015～2025年的农村经济活动人口，也就是有效的劳动力供给规模。

表4　考虑劳动参与率下的甘肃省农村经济活动人口

单位：万人

年份	农村劳动年龄内人口	农村经济活动人口
2015	1229.63	1180.45
2016	1231.98	1182.71
2017	1266.95	1216.27
2018	1275.92	1224.88
2019	1278.27	1227.14
2020	1313.23	1260.70
2021	1322.20	1269.32
2022	1324.55	1271.57
2023	1359.52	1305.14
2024	1368.49	1313.75
2025	1370.84	1316.00

（2）农村劳动力的需求预测

根据2000～2013年统计数据，通过计算公式，利用农业耕地面积、劳均耕地面积、种植业劳动力比重指标，预测2015～2025年甘肃省农业劳动力、种植业劳动力需求规模的变化（见表5）。

从计算结果看，随着农业现代化水平的不断提高，劳均耕地面积不断增大。特别是随着农业机械化、集约化和家庭农场等规模化生产水平的提高，农业需求的劳动力规模不断减少，劳均耕地达到0.58

表5 甘肃省农业劳动力需求情况

年份	耕地面积（公顷）	α=0.000024			α=0.0025		
		劳均耕地（公顷/人）	种植业劳动力需求（万人）	农业劳动力总需求（万人）	劳均耕地（公顷/人）	种植业劳动力需求（万人）	农业劳动力总需求（万人）
2015	3556429.95	0.58001	613.17	652.31	0.6695	531.21	565.11
2016	3566681.28	0.58002	614.93	654.18	0.6711	531.47	565.39
2017	3576932.61	0.58003	616.68	656.04	0.6728	531.65	565.58
2018	3587183.94	0.58005	618.43	657.91	0.6745	531.83	565.78
2019	3597435.27	0.58006	620.18	659.77	0.6762	532.01	565.97
2020	3607686.6	0.58007	621.93	661.63	0.6779	532.19	566.15
2021	3617937.93	0.58009	623.68	663.49	0.6796	532.36	566.34
2022	3628189.26	0.58010	625.44	665.36	0.6813	532.54	566.53
2023	3638440.59	0.58012	627.19	667.23	0.683	532.71	566.72
2024	3648691.92	0.58013	628.94	669.09	0.6847	532.89	566.90
2025	3658943.25	0.58014	630.70	670.95	0.6864	533.06	567.09

公顷时，农业劳动力总需求由2015年的652.31万人增加到2025年的670.95万人。当劳均耕地达到0.67公顷时，农业劳动力总需求由2015年的565.11万人增加到2025年567.09万人。

（3）农村劳动力非农化转移的潜力估计

农村剩余劳动力的规模决定未来农村劳动力非农化转移的数量。我们用上述计算方法得出的未来各年农村经济活动人口，减去不同时期农业所需的劳动力数量，剩余的劳动力也就是未来可供转移的劳动力。通过计算，甘肃省农村经济活动人口扣除农业需要的劳动力后，劳动力可能转移的规模和潜力将从2015年的528.14万~615.34万人开始，逐年增加。到2025年农村剩余总的劳动力将在645.05万~748.91万人（见表6）。

表6　未来农村劳动力非农转移的净剩余劳动力

单位：万人

年份	农村非农化转移劳动力	α=0.000024		α=0.0025	
		剩余劳动力	净剩余劳动力	剩余劳动力	净剩余劳动力
2015	466.41	528.14	61.73	615.34	148.93
2016	481.66	528.53	46.87	617.32	135.66
2017	496.91	560.23	63.32	650.69	153.78
2018	512.16	566.97	54.81	659.1	146.94
2019	527.41	567.37	39.96	661.17	133.76
2020	542.66	599.07	56.41	694.55	151.89
2021	557.91	605.83	47.92	702.98	145.07
2022	573.16	606.21	33.05	705.04	131.88
2023	588.41	637.91	49.5	738.42	150.01
2024	603.66	644.66	41	746.85	143.19
2025	618.91	645.05	26.14	748.91	130

（四）甘肃省农业综合生产能力

2014年，甘肃省粮食取得了“十一连丰”，粮食产量达到1158.7万吨，但粮食结构性短缺处于临界平衡状态，保障粮食安全的任务仍然十分艰巨。甘肃省农业基础设施薄弱、耕地质量不高、经营方式粗放、技术推广与服务体系不健全等问题十分突出，影响全省农业的持续、健康、稳定发展。因此，推进农业综合生产能力建设、提高土地产出率、提升农业经济效益成为抵御农业自然和市场双重风险、保障粮食安全、增加农民收入的迫切要求。

1. 甘肃省农业生产能力现状及特征分析

（1）农业产出水平大幅提升

从价值量来看，2000～2013年，甘肃省农业总产值由323.0亿元增加到1517.7亿元，扣除价格因素年均增幅为8.28%，增幅较同期全国总体水平高 1.55 个百分点；农业增加值由 193.3 亿元增加到 879.9 亿元，扣除价格因素，年均增幅为 8.02%，增幅较同期全国总体水平高 1.29 个百分点。农业增加值构成中，种植业、畜牧业、林业、渔业增加值在 2013 年分别达到 657.8 亿元、174.9 亿元、10.6 亿元和 1.4 亿元，扣除价格因素分别为 2000 年的 2.85 倍、2.2 倍、0.96 倍和 0.84 倍。林业、渔业对农业增加值的贡献进一步降低，种植业和畜牧业的优势地位更趋明显。

从实物量来看，主要农产品产量增长较快。其中，粮食产量在结束了 20 世纪 90 年代的连年波动之后，进入了近十年稳步提高的阶段。2014 年全省粮食产量 1158.7 万吨，实现了自 2006 年以来的"八连增"，粮食生产多年不稳的局面得到了根本扭转。主要经济作物中，棉花受种植结构调整影响，产量略有下降，2014 年产量 6.44 万吨，比上年减产 8.6%；油料产量 72.42 万吨，比上年增产 3.9%，比 2000 年增产 73.75%。近年来，甘肃林果、蔬菜、中药材、草食畜等特色优势产业发展强劲，产量增长迅速。2014 年，全省水果产量 425.23 万吨，比上年增产 8.7%；蔬菜产量 1705.19 万吨，比上年增产 8.0%。其中，设施蔬菜产量 513.44 万吨，比上年增产 13.4%；中药材产量 99.37 万吨，比上年增产 14.7%；肉类总产量 99.73 万吨，比上年增产 4.9%。与 2000 年相比，2014 年全省水果、蔬菜、中药材、肉类产量分别增长了 2.5 倍、2.4 倍、5.2 倍和 0.7 倍。

（2）种植结构不断优化

近年来，甘肃依据自身农业生产状况和气候条件，在充分保障粮食生产的前提下，积极实施"压夏扩秋、压粮扩经"等农业产业结构调整措施，同时做大做强蔬菜、瓜果、中药材等优势产业，使种植结构更趋优化合理。2013 年，全省粮食作物播种面积 4288.07 万亩，占总播种面积比重为 68.33%，比 2000 年的水平降低 6.48 个百分点。粮食播种面积中，夏粮与秋粮面积之比由 2000 年的 1.05∶1 调整到 2013

年的0.49∶1。随着旱作农业技术的普及应用，主要作物中，小麦种植面积持续减少，玉米、马铃薯以及蔬菜、瓜类、中药材等特色经济作物种植面积大幅增加。小麦种植面积占总播种面积的比重由2000的31.88%降低到2013年的19.60%；玉米种植面积比重则由2000的12.42%提高到2013年的23.10%，玉米面积超过了小麦面积；马铃薯种植面积比重由2000的11.15%提高到2013年的16.61%；蔬菜、瓜类及中药材种植面积比重由2000年的7.90%提高到2013年的18.36%。通过压缩小麦种植、扩大玉米和马铃薯种植，更好地适应了旱作区的水土资源特点，提高了用水效率和土地生产率，同时增加了玉米秸秆产量，为发展养殖业和农产品加工业创造了条件。

（3）特色农业发展形成突出优势

为了克服气候干旱、生态脆弱等不利因素对农业生产的制约，近年来，甘肃省立足于本省资源禀赋状况，积极引导和扶持各地发展比较优势大、生产效益高、市场前景广阔的特色农业，取得了良好效果。目前，全省特色农业已形成以马铃薯、中药材、草食畜牧业、优质林果、蔬菜、现代制种和酿酒原料为支柱的发展格局，并在全国范围内形成了较突出的优势。2014年，甘肃省特色农产品种植面积2900多万亩，占全省农作物播种面积的一半以上。其中，马铃薯种植面积1062万亩，居全国第一位；苹果种植面积480万亩，居全国第二位。2014年全省马铃薯鲜薯产量1600多万吨，居全国第一位；玉米种子产种4.78亿公斤，占全国总产量的48%；啤酒大麦产量占全国总产量的40%。甘肃已成为全国最佳的马铃薯种薯繁育基地，最大的杂交玉米种子生产基地和重要的瓜菜、花卉制种基地。以苹果为代表的优质林果市场认可度不断提高，目前已形成“花牛苹果”、“平凉金果”、“静宁苹果”等多个在国内外市场上具有较强竞争力的主打品牌；草食畜牧业发展迅速。2014年全省牛羊肉产量达到38.8万吨，占肉类总产量的38%，其中外调牛羊肉超过13万吨，使甘肃成为西北地区重要的牛羊肉生产供应基地。发展特色农业已成为甘肃省优化农业结构、促进农业增效和农民增收的重要途径。

（4）旱作农业地位不断增强

甘肃省70%以上的耕地和人口分布在旱作农业区，旱作农业的丰歉很大程度上决定了全省农业生产水平的高低，但降水不足和水热不同期的矛盾极大制约了旱作农业的生产。近十年来，随着全膜双垄沟播等一批节水抗旱技术的推广应用，旱作农业生产能力开始有了质的提升。2007～2014年，全省旱作农区全膜双垄沟播玉米、马铃薯推广面积由49.01万亩增加到1528.70万亩，8年累计推广面积7294.39万亩，累计增产粮食894万吨。2014年，全膜双垄沟播技术推广面积1528.70万亩，占全省粮食播种面积的35.9%，粮食产量916.03万吨，占全省粮食总产量的78.2%。目前，陇中、陇东黄土高原旱作农业区已逐渐成为全省粮食生产新的增长点和粮食主产区。旱作农业在保障全省粮食安全、增强农业的稳定性和可控性、加快农民脱贫致富步伐方面正发挥越来越重要的作用。

（5）农业产业化特征渐趋明显

近年来，甘肃省将产业化作为调整农业结构、优化区域布局、推进现代农业发展的重要途径，产业组织不断壮大，产业化经营水平明显提升。2013年，全省各类农业产业化经营组织6890个，比上年增加1787个，比2005年增加4620个；龙头企业2470个，比上年增加183个，比2005年增加1283个；农民专业合作社25540个，比上年增长84%；农产品加工转化率为49.6%，比上年提高2个百分点。在产业化经营组织的带动下，农业生产布局进一步优化。目前，全省已建成一批规模化发展、区域化布局、专业化生产和产业化经营的生产基地。

2. 甘肃省各地区主要农作物生产比较优势分析

以甘肃省14个市（州）为评价单元，利用比较优势指数法对各市（州）主要农作物生产比较优势进行分析。经计算，得到甘肃省14个市（州）主要农作物的规模优势指数、效率优势指数和综合优势指数。14个市（州）中，小麦综合优势指数居前三位的为金昌（1.810）、张掖（1.418）、临夏（1.210）。其中，金昌的规模优势指数和效率优势指数均比较高，分别达到1.601和2.045，表明金昌的小麦种植无论是在专业化程度还是在土地生产率方面均具有明显优势。张掖和临夏的小麦规模优势并不明显（规模优势指数分别为0.944和0.961），其较强的综合优势主要体现在较高的土地生产率方面，两地的小麦效率优势指数分别达到2.131和1.524。此外，嘉峪关和酒泉的小麦种植虽具有明显的生产率优势（效率优势指数分别达到2.333和2.393），但由于规模程度较低，因此不具备综合比较优势。

玉米综合优势指数居前三位的是武威（1.443）、临夏（1.420）和张掖（1.305），这三个地区玉米生产的规模优势和效率优势都比较明显。除甘南外，全省各地的玉米综合优势指数相差不大，均在0.75以上，其中嘉峪关、金昌、白银、庆阳的综合优势指数均大于1，这一特征也反映出甘肃省整体玉米生产的条件比较优越。甘南的玉米综合优势指数最低（0.338），且远低于其他市（州），表明其玉米生产在全省处于明显劣势。

马铃薯综合优势指数居前三位的是定西（1.424）、张掖（1.229）和临夏（1.219），之后是武威（1.076），其余地区均小于1。定西虽然马铃薯单产优势并不突出（效率优势指数0.917），但凭借较高的专业化程度（规模优势指数2.213），也形成较强的综合比较优势。与此相反，张掖马铃薯具有很强的生产率优势（效率优势指数2.289），而专业化优势则比较低（规模优势指数0.660）。

油料作物综合优势指数居前三位的是武威（1.614）、临夏（1.460）和金昌（1.428）。此外，武威、庆阳、张掖、天水也具有比较优势。

蔬菜生产的地区差异性比较明显。全省蔬菜种植具有综合比较优势的区域主要分布在河西走廊及沿黄灌区一带，包括嘉峪关、兰州、酒泉、武威、金昌、张掖、天水和白银等。这些地区建有全省重要的高原夏菜东调基地，蔬菜生产形成较强的规模优势，其中，嘉峪关的综合优势指数达到3.435，规模优势指数和效率优势指数也分别达到3.869和3.050，远高于其他地区，可谓一枝独秀。与此相对，陇东、陇南各市（州）则不具备蔬菜综合比较优势。

中药材生产具有综合优势的是酒泉、甘南、定西、陇南、张掖、武威和金昌。其中酒泉的规模优势和效率优势均比较显著，甘南、定西和陇南则主要表现为较强的规模优势。庆阳虽然效率优势显著（指数2.399），但由于没有形成专业化生产（规模优势指数仅0.292），因此总体不具有综合优势。

总体来看，河西地区由于灌溉条件较好，主要农作物生产的效率优势非常明显。除油料和中药材，小麦、玉米、马铃薯和蔬菜4种作物效率优势指数的前三位均被河西5市（嘉峪关、金昌、武威、张掖、酒泉）占据。此外，金昌、武威、酒泉在6种作物生产上全部具有效率优势；嘉峪关和张掖在5种作物生产上具有效率优势；嘉峪关和金昌各有三种作物的效率优势指数大于2；张掖和酒泉各有两种作物的效率优势指数大于2。

依据综合优势指数，对甘肃省14个市（州）主要作物生产的相对比较优势进行排序：

兰州：蔬菜 > 小麦 > 马铃薯 > 油料 > 玉米 > 中药材

嘉峪关：蔬菜 > 玉米 > 小麦 > 马铃薯 > 油料 > 中药材

金昌：小麦 > 蔬菜 > 油料 > 玉米 > 中药材 > 马铃薯

白银：蔬菜 > 玉米 > 马铃薯 > 小麦 > 油料 > 中药材

天水：蔬菜 > 小麦 > 油料 > 玉米 > 马铃薯 > 中药材

武威：油料 > 蔬菜 > 玉米 > 马铃薯 > 中药材 > 小麦

张掖：小麦 > 玉米 > 马铃薯 > 蔬菜 > 中药材 > 油料

平凉：小麦 > 油料 > 玉米 > 蔬菜 > 马铃薯 > 中药材

酒泉：中药材 > 蔬菜 > 小麦 > 玉米 > 油料 > 马铃薯

庆阳：油料 > 玉米 > 小麦 > 中药材 > 马铃薯 > 蔬菜

定西：马铃薯 > 中药材 > 玉米 > 小麦 > 油料 > 蔬菜

陇南：小麦 > 中药材 > 马铃薯 > 玉米 > 油料 > 蔬菜

临夏：油料 > 玉米 > 马铃薯 > 小麦 > 中药材 > 蔬菜

甘南：中药材 > 油料 > 小麦 > 马铃薯 > 玉米 > 蔬菜

3. 甘肃省农业产出与投入要素关系分析

采用构建 Cobb-Douglas 生产函数的方法定量分析甘肃省农业产出与各投入要素之间的关系。鉴于种植业在甘肃省农林牧渔业中占有绝对优势，同时考虑到数据的可获得性，利用种植业代替整个农业进行分析。通过构建种植业 C－D 生产函数，测算农业各投入要素对产出的弹性及贡献度，以此为基础进行分析。

（1）1990～2013 年，在影响甘肃省种植业产出的各投入要素中，农作物播种面积、单位面积折纯化肥施用量、单位面积农业机械动力三者的影响作用最为显著。其中，农作物播种面积的产出—投入弹性最大，为 4.6165，表明农作物播种面积每增加 1%，种植业产值将增加 4.6165%。同理，化肥施用量和农业机械动力的产出—投入弹性分别为 0.4780 和 0.3843，表明两者每增加 1%，种植业产值将分别增加 0.4780% 和 0.3843%。

（2）最终模型中不包含“农业劳动力数量”这一解释变量，可见劳动力投入对种植业产出无显著影响。这表明在 1990～2013 年，农业劳动力投入已不再成为影响产出的主要因素。这也比较符合甘肃省的实际情况：近年来随着劳动生产率的大幅提高，大量农业劳动力过剩，追加单位劳动力投入的农业边际产出实际已非常低，甚至接近于零。

（3）各要素对种植业产出的贡献率方面，农作物播种面积、单位面积折纯化肥施用量、单位面积农业机械动力的贡献率分别为43.20%、23.97%和32.70%，剩余要素贡献率为0.13%。技术进步是影响农业产出的一个重要因素，但由于农业中的技术进步作用本身就已物化在农业的各种物质要素投入中，如增加播种面积、提高农药及机械设备的使用水平等，因此上述三种要素对产出的贡献率在很大程度上包含了农业技术进步的贡献率。

（五）甘肃省农村消费结构与变化

在日益显著的区域发展不均衡的背景下，甘肃农村居民消费发展迟缓，既不能满足日益增长的农村群众的消费需求，也影响了农村经济社会的全面发展。进一步搞活农村流通，大力开发农村消费市场，加快形成流通成本低、运行效率高的消费品营销网络，对保持农业和农村经济又快又好发展具有重要意义。

1. 地域消费结构比较

从我国东、中、西部地区及甘肃地区消费结构来看，西部地区农村居民人均消费支出较东、中部地区低，其中，甘肃省农村居民人均消费支出又比西部地区的平均水平低551.4元，仅为中部地区平均水平的77.0%，是东部地区的54.2%；而同期甘肃省农村居民人均纯收入分别是东、中、西部地区农村居民人均纯收入平均水平的42.4%、61%、74.7%。虽然甘肃地区农村居民人均纯收入及消费支出都较低，但相比收入水平，甘肃地区农村居民消费活跃。

在人均消费各支出项中，西部地区农村居民各项消费支出比东、中部地区都低，甘肃地区农村居民除对文教娱乐和医疗保健的支出要高于西部地区的平均水平外，其余各项消费支出均低于西部地区的平均水平。在各项消费支出中，农村居民食品消费支出最多，但恩格尔系数东、中、西部地区以及甘肃地区分别为37.3%、37%、37.7%以及37%，说明全国农村地区的食品消费支出水平差别不大。在各地区消费总支出中对服务性的消费，甘肃地区农村居民消费支出要低于西部地区的平均水平，分别是东、中部地区的53.3%、74.2%，甘肃农村居民受消费环境和收入水平的限制，对服务性消费支出较低（见表7）。

表7　2013年东部、中部、西部、甘肃地区农村居民人均消费支出情况

单位：元/人

地区	消费总支出	服务性消费	食品	衣着	居住	家庭设备用品	交通通信	文教娱乐	医疗保健	其他
东部地区	8955.4	2511.1	3343.9	590.4	1565.3	496.9	1161.2	719.0	802.3	276.3
中部地区	6296.6	1803.7	2332.2	435.0	1160.1	360.2	714.8	476.9	655.3	162.1
西部地区	5401.0	1374.6	2035.9	381.0	1060.7	316.9	653.2	313.2	505.1	135.1
甘肃地区	4849.6	1338.2	1798.5	352.7	794.0	302.6	598.4	366.5	513.3	123.5

资料来源：《2014年中国统计年鉴》。

2. 城乡居民的消费结构比较

2013年甘肃省农村居民生活消费支出构成排序依次为：食品→居住→交通通信→医疗保健→文教娱乐用品及服务→衣着→家庭设备用品及服务和其他支出。而城镇居民生活消费支出按比重排序为：食品→衣着→居住→文教娱乐用品及服务→交通通信→医疗保健→家庭设备用品及服务和其他支出。其中，食品、居住、医疗保健和交通通信四项消费支出，农村居民要高于城镇居民，最高的是居住支出较城镇居民消费水平高4.99个百分点，其次是医疗保健消费支出高出2.61个百分点，交通通信高出1.62个百分点，食品高出0.29个百分点。另外四项消费支出低于城镇居民消费水平，其中衣着支出较城镇居民消费水平低5.19个百分点，其次是文教娱乐用品及服务消费支出低3.48个百分点，家庭设备用品及服务消费支出低0.46个百分分点，其他类消费支出低0.36个百分点（见图3）。

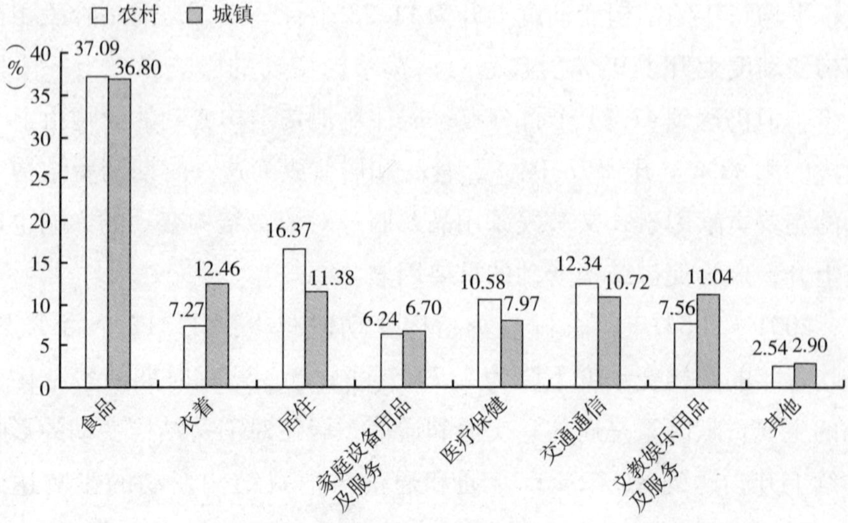

图 3 2013 年甘肃省农村与城镇居民消费支出构成对比

资料来源：《2014 年甘肃发展年鉴》。

收入的巨大差距是造成消费差异的首要原因，加之城乡消费观念和习惯的不同，形成了城镇居民更加注重膳食的营养搭配与衣着消费，而农村居民对饮食、住房的消费需求较强。城乡消费环境的差异以及甘肃农村普遍存在交通、通信等公共服务设施不健全等问题，也使农村居民的交通通信消费支出高于城镇。相比城镇居民，农村居民发展型和享受型消费不足，但 2013 年，城乡居民对家庭设备用品及服务的消费支出差距不大，说明国家实施的“家电下乡”等惠农政策，对改善居民生活质量、拉动居民消费起到了积极作用。

3. 消费结构变动度分析

1993 ~ 1996 年，农村居民消费结构变动值为 17. 24 个百分点，平均每年的结构变动度为 5. 75 个百分点。这一时期消费结构变动的主要贡献因素是食品，对消费结构变动的影响高达 72. 53% 。

1997 ~ 2000 年，农村居民消费结构变动值提高到 44. 93 个百分点，平均每年的结构变动度上升为11.23个百分点，与前一阶段相比结构变动度上升了95%。食品对消费结构变动的影响虽较上一阶段减少，但仍达到43.21个百分点；居住对消费结构变动的影响由上一阶段的4.88%上升到28.04%，食品和居住成为这一时期消费结构变动的主要贡献因素；文教娱乐用品及服务对消费结构变动的影响也迅速上升，成为促进结构变动的重要因素。

2001～2004年，农村消费结构变动值减少到11.17个百分点，平均每年的结构变动度下降为2.79个百分点。这一时期消费结构变动的主要贡献因素是居住、交通和通信，居住对消费结构变动的影响继续上升，达到31.42%；交通和通信对消费结构变动的影响达到43.42%。

2005～2008年，农村消费结构变动值为11.57个百分点，平均每年的结构变动度为2.89个百分点。这一时期消费结构变动的主要贡献因素是居住和文教娱消费，居住对消费结构变动的影响持续上升，达到33.45%；文教娱乐支出对消费结构变动的影响达到40.45%。

2009～2013年，农村消费结构变动值为23.36个百分点，平均每年的结构变动度为4.67个百分点。这一时期消费结构变动的主要贡献因素是食品，对消费结构变动的影响为43.15%，其次是医疗保健，消费贡献率为15.92%，接着是交通通信、家庭设备用品及服务、衣着、文教娱乐用品及服务等。

总之，这段时间的年均结构变动度先增加再减少，后逐渐上升，对消费结构变动的影响因素由单一的食品类到居住、交通通信类，再到文教娱乐用品及服务、医疗保健、家庭设备用品及服务类，影响因素多元化，表明甘肃省农村居民消费热点的变化：除了传统的食品、居住和交通，近些年，文教娱、医疗保健和衣着也逐渐成为消费热点，农村居民生活消费需求开始多元化发展（见表8）。

表8　1993～2013年甘肃省农村居民消费结构变动度及各项消费的贡献率

单位：%

项目	1993～1996年	1997～2000年	2001～2004年	2005～2008年	2009～2013年
结构变动值	17.24	44.93	11.17	11.57	23.36
年均结构变动度	5.75	11.23	2.79	2.89	4.67
食品	72.53	43.21	3.67	7.52	43.15
衣着	8.97	0.50	0.36	0.09	7.11
居住	4.88	28.04	31.42	33.45	0.94
家庭设备用品及服务	7.66	0.20	1.07	0.35	9.67
交通和通信	0.59	5.62	43.42	7.61	11.0
文教娱乐用品及服务	4.54	14.4	5.10	40.45	6.85
医疗保健	0.17	5.63	6.09	8.9	15.92
其他	0.68	2.39	8.86	1.64	5.35

资料来源：1994～2005年《甘肃统计年鉴》、2006～2009年《甘肃年鉴》、2010～2014年《甘肃发展年鉴》。

（六）甘肃城乡一体化发展

1. 城镇化水平缓慢上升，但与全国的差距不断拉大

从城镇化水平看，甘肃省的城镇化水平缓慢上升。从与全国的差距看，由1978年的相差3.51个百分点，拉大到2009年的相差15.69个百分点；但近年速度较快，与全国的差距又缩小到2014年的13.06个百分点。从城乡一体化的实现程度看，2014年甘肃省城镇化率为41.68%，处于30%≤U<50%的城乡一体化第二阶段；全国城镇化率为54.77%，处于城乡一体化第三阶段。甘肃城市化水平超过30%，城市文明普及率呈加速增长趋势（见图4）。

2013年，嘉峪关市城镇化率93.39%、兰州市79.71%、金昌市65.58%、酒泉市53.64%、白银市43.23%、张掖市38.71%、平凉市

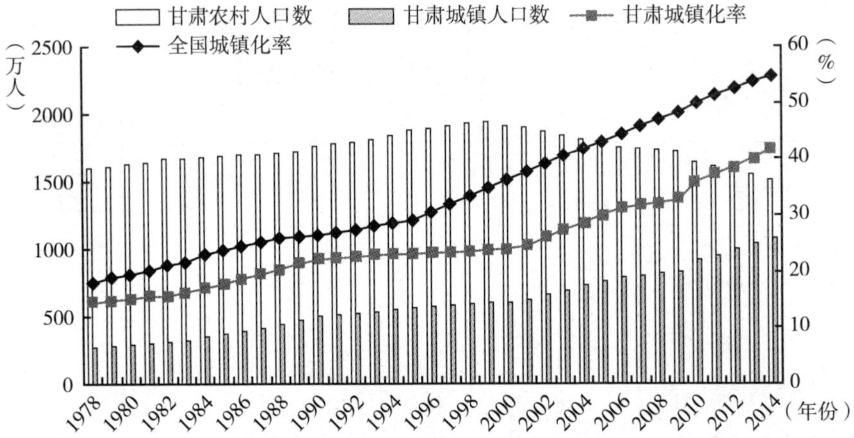

图4　甘肃城镇人口增长和城镇化发展趋势

33.04%、天水市32.42%、武威市32.34%、庆阳市29.59%、临夏州28.01%、甘南州27.39%、定西市27.16%、陇南市24.69%。全省14个市（州）城乡一体化实现程度分处四个阶段。嘉峪关市和兰州市已处于U≥80%的城乡一体化第五阶段，基本实现了城乡现代化和城乡一体化发展；金昌市和酒泉市，处于50%≤U<70%的城乡一体化第三阶段，城市文明普及率达到70%左右，城乡差别明显缩小，城乡融合步伐加快；白银市、张掖市、平凉市、天水市和武威市，处于30%≤U<50%的城乡一体化第二阶段，城市文明开始向农村渗透和传播，城市文明普及率呈加速增长趋势；庆阳市、临夏州、甘南州、定西市和陇南市，还处于U<30%的城乡一体化第一阶段，城乡分离严重（见表9）。

2. 二元对比系数小，城乡一体化处于初始阶段

甘肃省的二元对比系数整体小于全国平均水平，表明甘肃农业和非农业部门的劳动生产率差距大于全国。2013年甘肃（10.71%）和全国（24.28%）均处于R<30%的城乡一体化第一阶段，处于二元结构状态。甘肃农业和非农业部门的劳动生产率差距大，二元经济结构明显（见图5）。

表9　2013年甘肃省14个市（州）城乡一体化

城乡一体化阶段	第一阶段	第二阶段	第三阶段	第四阶段	第五阶段
城镇化水平	U<30%	30%≤U<50%	50%≤U<70%	70%≤U<80%	U≥80%
市(州)	庆阳市(29.59%)、临夏州(28.01%)、甘南州(27.39%)、定西市(27.16%)、陇南市(24.69%)	白银市(43.23%)、张掖市(38.71%)、平凉市(33.04%)、天水市(32.42%)、武威市(32.34%)	金昌市(65.58%)、酒泉市(53.64%)	—	嘉峪关(93.39%)、兰州市(79.71%)

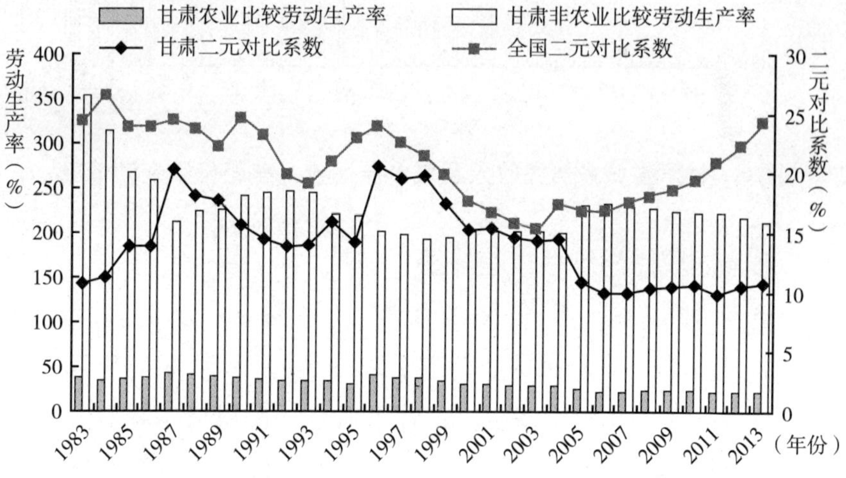

图5　甘肃省农业与非农业产业劳动生产率及二元对比系数变动趋势

3. 城乡居民收入差距大，高于全国平均水平

甘肃城乡居民收入差距大于全国平均差距。2014年甘肃（27.57%）和全国（36.36%）均处于I<50%的城乡一体化第一阶段，处于二元结构状态。甘肃城乡居民收入差距指数比全国低

8.79%，表明甘肃城乡居民收入差距和生活水平差异均大于全国平均差距，城乡二元经济结构比全国明显。从国际比较来看，当人均GDP为800～1000美元时，城乡居民收入差距为1.7。而甘肃为3.71，全国为3.03，均高于平均值，到2020年实现全面小康指标的目标任重而道远（见图6）。

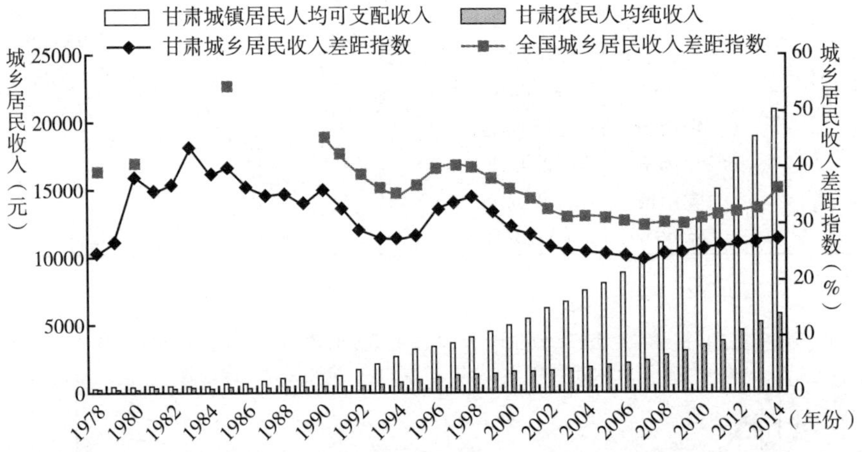

图6　甘肃省城乡居民收入及城乡居民收入差距指数变动情况

4. 城乡居民恩格尔系数差异度

2013年甘肃城、乡居民的恩格尔系数EI分别为36.82%、37.08%，全国城、乡居民的恩格尔系数分别为35.00%、39.30%，均处于30%～40%的相对富裕阶段；甘肃城乡居民恩格尔系数的差异度（0.26%）处于E<2.5%的城乡一体化第五阶段——城乡一体化完成阶段，全国（4.30%）处于2.5%≤E<5%的城乡一体化第四阶段——城乡一体化基本完成阶段。但是，甘肃城乡居民收入均排全国倒数第一，加之恩格尔系数是一个逆向指标，其结果要根据实际情况予以修正。因此，我们认为甘肃的E<2.5%，处于城乡一体化第五阶段——城乡一体化完成阶段，只是一种数据结果，是城乡居民生活水

平与生活质量双低情况下的差距不大。这一指标代表的实际实现程度应该是：甘肃处于城乡一体化的第二阶段，全国处于第三阶段（见图7）。

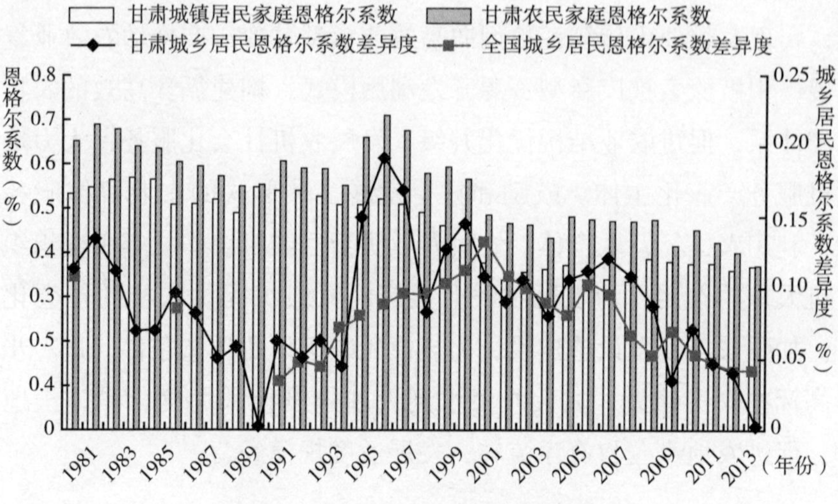

图7 甘肃城乡居民恩格尔系数差异度的变化

三 甘肃省农业与农村发展的对策与建议

（一）围绕特色农业开发，全面提升农业整体发展水平

通过龙头企业和产业化经营的带动，加快发展设施农业，支持发展循环农业。要立足各地实际，扶持一批龙头企业，采用先进的管理手段和现代化的方式进行农业生产，采用产、供、销一体化的经营模式，形成农业生产的分工，促进现代农业的发展。要创新绿色发展模式，鼓励发展休闲观光农业、生态农业。依托本地特色资源，延伸农产品产业链，在陇东南地区以发展薯类、中药材、林果业为重点的产业链；在河西地区重点发展制种、棉花及沙产业产品的产业链；在民族地区及城市郊区重点发展家庭农场，以民族特色来发展以农家乐为主的乡村旅游业。

（二）调整农业产业结构，提高农业综合生产能力

充分挖掘全省饲草资源潜力，继续加大对草食畜牧业的扶持力度，实现畜牧业由传统耗粮型向高效节粮型转变。要推动农牧业复合发展，积极探索推广新型资源开发利用模式，构建循环高效的农牧业生产体系，促进农业结构优化升级。发展农机社会化服务，大力培育农机服务产业化主体。鼓励和扶持发展多种形式的农业机械服务组织，利用农机经营联合体、农机专业协会、农机合作社等中介组织和农机大户的作用，为农民和农业生产经营组织提供农机的社会化服务。加强农田基础设施建设，为规模化农机作业创造条件。进一步加强高标准农田建设，加大农田水利设施建设投入力度，实施土地整理，促进农地经营权有序流转，发展适度规模经营。

（三）因地制宜、分类指导，寻找增收新路子

河西地区收入结构的优化要以家庭经营收入的一产收入为主；陇东南地区以工资性收入为主，主要以外出打工的方式来实现结构的优化；民族地区主要以保护生态，重点发展农村第三产业以提高家庭经营收入中第三产业收入及转移性收入为主来优化收入结构。要努力改变甘肃农民收入中二、三产业比重低的状况，开展大规模农民劳动就业技能培训，从更大范围内引导和组织农民开展劳务创收。坚持就近转移与跨区转移、常年转移与季节性转移相结合，促进农民工在城乡地区和产业间有序流动。完善对农民的补贴政策，调整补贴方式，提高补贴标准。

（四）加快推进城镇化，逐步实现城乡基本公共服务的均等化

建立城乡一体化的公共财政体制，增加农村的公共财政支出，加

强农村教育、医疗等社会事业的建设。通过加大农村教育的投入力度，增强农村学校的师资力量，完善教学设施，缩小直至消除城乡教育差距。建立城乡一体化的公共卫生服务体系，合理配置城乡公共卫生技术、人才、设备、信息等要素，形成城乡基本公共卫生服务、基本医疗服务、基本医疗保障广泛融合的新格局，使城乡居民都能平等分享基本公共卫生服务。建立城乡一体的社会保障体系，通过对城乡社会保障的优化设计、实施和管理，使城乡居民都能平等享受与经济社会发展相适应的社会福利保障。

（五）培育新型农业经营主体，完善农村社会化服务体系

培育新型职业农民，培育种养大户、家庭农场、农民专业合作社、龙头企业等新型经营主体。鼓励发展多种形式的农民合作组织，鼓励农户通过共同使用农机农具，开展联合营销等方式发展联户经营；鼓励农业产业化龙头企业等涉农企业重点从事农产品加工流通和农业社会化服务，带动农户和农民合作社发展规模经营。建立有效的土地流转机制，制定土地流转、土地规模化经营方面的优惠政策，引导农民以承包地入股组建土地股份合作组织。强化社会化服务体系，发展公益性农技服务和经营性农事服务，努力提高经营水平，促进经营主体向专业化、企业化、规模化、现代化方向发展。激励保险企业积极开发适宜当地特点的农业保险产品，同时进一步扩大政策性农业保险实施范围，创新完善农业保险制度，提高防范自然风险的能力。提升农业防灾减灾水平，加强灾害监测预警，及时发布预警信息，适时启动应急响应。改善金融资源对农村商品流通领域的供给，主要发挥专业合作社的纽带作用，支持专业合作社发展的信贷需求，建立符合现代商品流动的物流模式，推动传统零售连锁行业与电子商务的融合。发挥农村新型金融机构、小额贷款公司对贸易流通企业的金融支持作用，通过信息、技术和资金管理的金融业务，促进农村市场生产与生活资料的供给。

B.2
甘肃县域竞争力评价报告

潘从银*　王建兵　贾　琼

摘　要：本文主要通过构建甘肃省县域竞争力指标体系，利用一定的数理分析方法，对2014年甘肃省77个县（市、区）经济社会发展数据进行处理分析，得出2014年甘肃省县域竞争力发展特征：一是甘肃省县域竞争力整体水平相对较低；二是甘肃省县域竞争力各市（州）及各市（州）所辖县域之间差异较大，县域竞争力发展很不均衡；三是甘肃省县域竞争力各市（州）及各市（州）所辖县域之间要素配置差异较大，县域竞争力要素配置很不均衡；四是甘肃省各市（州）及各市（州）所辖县域之间县域竞争力具有一定的行政区域、地理位置、经济发展、经济结构等因素制约下的分布特征；五是甘肃省贫困地区县域竞争力上升趋势较为明显。

关键词：甘肃省　县域　竞争力　要素配置

一　甘肃省县域竞争力评价指标体系构建

（一）甘肃省县域竞争力评价指标体系构建

1. 甘肃省县域竞争力评价指标体系构建思路

县域竞争力由于涉及县域社会、经济、环境等多方面影响因素，

* 潘从银，甘肃省社会科学院助理研究员，区域经济学硕士，主要从事农村经济发展研究。

涉及面较广，指标选择十分复杂，课题组在全面分析国家有关县域发展政策文件，充分吸收借鉴国内外学者有关县域竞争力研究成果的前提下，以准确、客观反映甘肃省县域竞争力为原则，综合了学术界、各级管理层、统计系统等相关人员的意见和建议，设计和构建了甘肃省县域竞争力评价指标体系。

2. 甘肃省县域竞争力评价指标体系构建说明

2014 年甘肃省县域竞争力评价指标体系共包括宏观经济竞争力、产业发展竞争力、基础设施竞争力、社会保障竞争力、公共服务竞争力、生活环境竞争力、社会结构竞争力、科学教育竞争力 8 个一级指标。二级指标为 21 个，其中：宏观经济竞争力包含经济均量、经济总量、金融资本 3 个二级指标；产业发展竞争力包含产业总量、产业结构、产业效率 3 个二级指标；基础设施竞争力包含居住条件、交通通信 2 个二级指标；社会保障竞争力包含医疗保险、养老保险、基本生活保障 3 个二级指标；公共服务竞争力包含科技服务、文化娱乐、医疗卫生 3 个二级指标；生活环境竞争力包含生活环境、环境保护、农业环境 3 个二级指标；社会结构竞争力包含人口结构、城乡结构 2 个二级指标；科学教育竞争力包含科教支出、科教资源 2 个二级指标。与二级指标相对应的三级指标 64 个（见表 1）。

表 1　2014 年甘肃省县域竞争力评价指标体系

一级指标(8 个)	二级指标(21 个)	三级指标(64 个)
宏观经济竞争力	经济均量	①人均国内生产总值(元/人)
		②人均地方财政收入(元/人)
		③人均固定资产完成额(元/人)
		④城镇居民人均可支配收入(元/人)
		⑤农村居民人均纯收入(元/人)
		⑥人均社会消费品零售额(元/人)

续表

一级指标(8个)	二级指标(21个)	三级指标(64个)
宏观经济竞争力	经济总量	⑦国内生产总值GDP(万元)
		⑧地方财政收入(万元)
		⑨社会消费品零售总额(万元)
	金融资本	⑩金融机构存款余额(万元)
		⑪金融机构贷款余额(万元)
		⑫城镇固定资产投资完成额(万元)
		⑬城镇新增固定资产(万元)
产业发展竞争力	产业总量	①第二产业增加值(万元)
		②第三产业增加值(万元)
		③规模以上工业总产值(万元)
	产业结构	④第二产业占GDP的比重(%)
		⑤第三产业占GDP的比重(%)
	产业效率	⑥第二产业近5年平均增长速度(%)
		⑦第三产业近5年平均增长速度(%)
基础设施竞争力	居住条件	①城乡住房砖木结构以上比重(%)
		②自来水受益村比重(%)
		③农村有线电视普及村庄比例(%)
	交通通信	④每百人公共汽车营运车辆数
		⑤国际互联网用户占总户数比重(%)
		⑥固定电话用户占总户数比重(%)
		⑦移动电话用户占总人口比重(%)
		⑧境内公路密度(公路里程数/百平方公里)
社会保障竞争力	医疗保险	①参加城镇基本医疗保险参保人数占城镇人口比重(%)
		②参加农村合作医疗的人数占农村人口的比重(%)
	养老保险	③参加城镇基本养老保险参保人数占城镇人口比重(%)
		④参加农村养老保险人数占农村人口比重(%)
	基本生活保障	⑤城镇最低生活保障人口占城镇人口比重(逆指标)(%)
		⑥农村最低生活保障人口占农村人口比重(逆指标)(%)

续表

一级指标(8个)	二级指标(21个)	三级指标(64个)
公共服务竞争力	科技服务	①每万人人口拥有专业技术人员数(人/万人)
		②每万人专利授权数(个/万人)
	文化娱乐	③每十万人拥有体育场馆个数(个/十万人)
		④每十万人拥有剧场、影剧院数(个/十万人)
		⑤人均拥有公共图书馆图书数(册/人)
	医疗卫生	⑥每万人拥有医疗卫生机构专业技术人员数(人/万人)
		⑦每万人的医院、卫生院床位数(张/万人)
		⑧每万人拥有执业(助理)医师数(人/万人)
		⑨医院总卫生技术人员数(人)
		⑩医院总床位数(张)
生活环境竞争力	生活环境	①森林覆盖率(%)
		②每十万人口拥有垃圾处理站数(个/十万人)
		③污水处理厂集中处理率
	环境保护	④每万元GDP工业二氧化硫排放量(吨/万元)(逆指标)
		⑤每万元GDP氮氧化物排放量(吨/万元)(逆指标)
		⑥每万元GDP烟(粉)尘排放量(吨/万元)(逆指标)
	农业环境	⑦单位第一产业增加值使用化肥量(吨/万元)(逆指标)
		⑧单位第一产业增加值使用农药量(吨/万元)(逆指标)
		⑨单位第一产业增加值使用地膜量(吨/万元)(逆指标)
社会结构竞争力	人口结构	①非农人口占总人口的比重(%)
		②县域人口占全省人口比重(%)
	城乡结构	③农村从事非农产业的劳动力占农村总劳动力的比重(%)

续表

一级指标(8个)	二级指标(21个)	三级指标(64个)
科学教育竞争力	科教支出	①科技支出(万元)
		②教育支出(万元)
		③科技支出占 GDP 的比重(%)
		④在校学生人均教育经费(元/人)
	科教资源	⑤每万人普通中学在校生拥有专任中学教师数(人/万人)
		⑥每万人小学在校生拥有专任小学教师数(人/万人)
		⑦每千户居民拥有普通中学数(所/千户)
		⑧每千户居民拥有小学数(所/千户)

（二）甘肃省县域竞争力评价方法及评价标准

1. 甘肃省县域竞争力评价时间与地域范围

第一，甘肃省县域竞争力评价时段以甘肃省统计局提供的各县域2014年度统计数据为依据，评价基准年份为2014年。

第二，课题组对甘肃省除兰州市城关区、七里河区、西固区、安宁区、红古区、嘉峪关市、金川区、白银区、平川区、秦州区之外的77个县（市、区）进行了县域竞争力的评价与分析。

2. 甘肃省县域竞争力评价方法

第一，数据的处理。在认真核对原始数据无误的情况下，对每一指标列数据进行标准化处理，使得各指标列数据形成无差异的标准化矩阵；在对数据进行标准化处理的基础上，分别以三级指标列为单位进行分值赋值，再进行加权加总得到各级指标分值。

第二，指标权重的确定。课题组是在专家打分的基础上运用层次分析法（Analytical Hierarchy Process，AHP）确定指标权重。

3. 甘肃省县域竞争力评价标准

甘肃省县域竞争力评价标准划分为5级，即绝对优势、一般优势、中势、一般劣势和绝对劣势，其评价的方法是根据77个县（市、区）对应指标的分值进行评价（见表2）。其中，80≤分值≤85为绝对优势，75≤分值<80为一般优势，70≤分值<75为中势，65≤分值<70为一般劣势，60≤分值<65为绝对劣势。

表2　2014年甘肃省县域竞争力评价标准

评价标准	分值	评价标准	分值
绝对优势	≥80，≤85	一般劣势	≥65，<70
一般优势	≥75，<80	绝对劣势	≥60，<65
中　　势	≥70，<75		

二　甘肃省县域竞争力综合评价

（一）甘肃省县域竞争力综合评价结果

1. 评价结果

通过对宏观经济竞争力、产业发展竞争力、基础设施竞争力、社会保障竞争力、公共服务竞争力、生活环境竞争力、社会结构竞争力、科学教育竞争力8个一级指标进行计算和分析，2014年甘肃省77个县（市、区）县域竞争力综合评价情况如表3所示。

根据2014年甘肃省县域竞争力综合得分，甘肃省77个县（市、区）处于绝对优势的县（市、区）为0个；处于一般优势的县（市、区）也为0个；处于中势的县（市、区）有11个，包括：凉州区、肃州区、西峰区、甘州区、肃北县、敦煌市、阿克塞、麦积区、崆峒区、玉门市、临夏市；处于一般劣势的县（市、区）有66个，包括：肃南县、高台县、山丹县、永登县、成县、临泽县、武都区、华亭县、民勤县、环县、皋兰县、永昌县、华池县、金塔县、宁县、泾川县、镇原县、民乐县、陇西县、崇信县、瓜州县、徽县、天祝县、庄浪县、庆城县、榆中县、两当县、景泰县、甘谷县、安定区、靖远县、康县、灵台县、永靖县、迭部县、静宁县、合水县、正宁县、清水县、临夏县、会宁县、临洮县、合作市、文县、武山县、临潭县、碌曲县、通渭县、广河县、舟曲县、秦安县、渭源县、和政县、宕昌县、礼县、卓尼县、张家川、康乐县、岷县、古浪县、西和县、漳县、夏河县、积石山、玛曲县、东乡县；处于绝对劣势的县（市、区）也为0个（见表4）。

2. 结果分析

第一，从2014年甘肃省县域竞争力综合得分来看（见表3），均值为68.81，县域竞争力整体处于一般劣势；极差为7.54，在最大赋值范围内偏离30.16%，反映出研究县域范围内县域竞争力得分最高县域与得分最低县域存在较大差异，发展相对不均衡；同时，方差为2.24，标准差为1.50，反映出研究县域范围内县域竞争力整体差异不大。结合均值、极差、方差及标准差，2014年甘肃省县域竞争力整体而言在较低水平存在一定不均衡性。

第二，从2014年甘肃省县域竞争力水平归类分布来看（见表4），绝对优势、一般优势、绝对劣势均为0个，中势11个，一般劣势66个。其中相对竞争力水平较好的11个县（市、区），除肃北县、阿克塞两个县，敦煌市、玉门市两个县级市，其余7个均为市（州）所在地（其中麦积区、崆峒区、临夏市为贫困县），武都区、安定区、合作市及其余55个贫困县县域竞争力均处在一般劣势。所以，2014年甘肃省县域竞争力分布与行政区域分布有较大相关性；随着这几年扶贫开发力度加大，贫困县县域竞争力有上升趋势。

第三，就2014年甘肃省县域竞争力8个一级指标而言（见表3），从均值来看，生活环境竞争力均值为76.88，处于一般优势；社会保障竞争力均值为71.73、基础设施竞争力均值为71.40、社会结构竞争力均值为70.73，处于中势；科学教育竞争力均值为66.94、产业发展竞争力均值为66.80，处于一般劣势；公共服务竞争力均值为64.58、宏观经济竞争力均值为64.29，处于绝对劣势。从极差、方差、标准差来看，所研究县域内，社会结构、公共服务、宏观经济、基础设施、产业发展均存在较大差异，科学教育、生活环境、社会保障存在一定差异。所以2014年甘肃省县域竞争力研究区域内各县域要素投入方面存在较大差异。

表3　2014年甘肃省县域竞争力评价

县(市、区)	综合排序	综合得分	2014年县域竞争力							
			宏观经济得分	产业发展得分	基础设施得分	社会保障得分	公共服务得分	生活环境得分	社会结构得分	科学教育得分
凉州区	1	73.64	74.3	75.54	74.73	73.71	65.37	76.97	79.11	69.55
肃州区	2	73.13	74.63	74.45	76.94	73.11	70.25	75.5	75.81	65.07
西峰区	3	72.85	71.79	73.77	78.70	72.82	66.57	79.54	73.97	66.10
甘州区	4	71.88	69.93	70.90	75.74	74.11	68.07	77.96	75.45	65.56
肃北县	5	71.79	70.56	70.06	74.15	73	74.84	75.86	68.03	69.33
敦煌市	6	70.78	70.07	69.11	74.88	74.16	63.93	78.81	72.13	65.12
阿克塞	7	70.73	67.74	66.50	76.10	69.83	75.33	76.75	70.72	66.11
麦积区	8	70.54	68.05	72.60	70.43	72.68	64.45	76.4	75.15	66.72
崆峒区	9	70.54	68.96	68.83	73.30	73.5	66.81	74.98	76.45	64.68
玉门市	10	70.5	70.46	71.63	74.46	70.23	64.85	76.9	71.14	64.73
临夏市	11	70.38	64.86	69.84	76.69	67.04	65.18	78.55	79.64	64.21
肃南县	12	69.97	65.35	65.24	73.80	73.69	67.78	79.44	68.71	68.98
高台县	13	69.86	64.16	68.02	75.63	74.2	66.47	78.47	72.2	63.66
山丹县	14	69.84	63.44	67.78	75.97	76.02	65.87	73.73	76.99	63.37

续表

县(市、区)	综合排序	综合得分	2014年县域竞争力							
			宏观经济得分	产业发展得分	基础设施得分	社会保障得分	公共服务得分	生活环境得分	社会结构得分	科学教育得分
永登县	15	69.77	64.45	71.59	70.98	72.47	64.49	75.55	73.64	67.38
成　县	16	69.73	63.34	70.04	72.86	73.47	65.8	77.74	72.01	65.96
临泽县	17	69.63	64.21	67.64	76.30	71.26	65.4	77.61	71.63	65.45
武都区	18	69.61	65.84	69.67	70.70	72.04	62.76	77.12	76.57	65.53
华亭县	19	69.57	66.11	66.00	73.82	70.69	67.4	75.08	75.31	65.57
民勤县	20	69.55	65.92	65.91	72.17	75.4	65.81	78.53	67.52	68.18
环　县	21	69.48	64.86	67.25	67.46	71.42	64.66	75.03	72.97	74.23
皋兰县	22	69.46	63.53	68.72	74.40	72.62	64.38	73.67	71.62	68.22
永昌县	23	69.41	67.79	68.19	72.94	73.39	64.19	76.39	71.07	63.79
华池县	24	69.3	65.53	69.94	70.42	72.49	64.79	81.42	64.23	67.49
金塔县	25	69.16	65.8	69.38	72.47	74.34	64.45	75.74	69.49	64.05
宁　县	26	69.09	64.72	65.77	71.65	73.61	61.96	76.74	72.84	68.38
泾川县	27	68.98	63.39	64.71	72.47	72.51	64.15	79.68	71.64	67.26
镇原县	28	68.95	64.33	65.32	70.63	72.01	63.01	75.15	72.56	70.88
民乐县	29	68.91	62.89	66.37	75.88	72.96	64.1	76.62	68.31	66.30
陇西县	30	68.9	64.74	66.35	68.39	71.32	64.92	78.07	71.39	69.40
崇信县	31	68.89	63.4	64.13	74.76	74.19	63.95	73.54	72.79	67.32
瓜州县	32	68.88	68.19	67.78	73.95	71.87	64.57	74.23	67.69	63.73
徽　县	33	68.84	63	64.86	72.59	73.46	64.17	77.34	73.89	65.94
天祝县	34	68.82	64.77	66.94	69.83	72.97	66.36	74.24	67.8	69.66
庄浪县	35	68.82	62.76	65.42	72.17	72.61	65.96	75.19	73.24	67.14
庆城县	36	68.82	65.87	69.20	69.72	71.97	63.53	77.31	69.63	65.75
榆中县	37	68.81	64.88	70.40	70.38	73.27	63.82	70.65	71.27	67.06
两当县	38	68.74	61.29	62.75	73.07	72.67	66.16	79.24	68.76	69.95
景泰县	39	68.73	63.86	66.29	73.75	72.92	63.95	75.46	68.82	66.84
甘谷县	40	68.66	63.95	64.90	71.54	72.06	63.37	75.17	74.62	67.21
安定区	41	68.66	66.01	67.34	66.31	69.18	62.75	77.92	71.41	70.59
靖远县	42	68.56	63.86	66.70	69.85	72.59	64.12	75.25	68.22	69.88

续表

县(市、区)	综合排序	综合得分	2014年县域竞争力							
			宏观经济得分	产业发展得分	基础设施得分	社会保障得分	公共服务得分	生活环境得分	社会结构得分	科学教育得分
康　县	43	68.56	62.09	67.19	70.06	72.84	65.51	79.86	67.8	67.05
灵台县	44	68.54	62.54	64.56	72.20	73.61	65.07	76.51	70.8	66.98
永靖县	45	68.51	62.4	65.81	72.11	71.65	64.94	76.01	70.26	67.83
迭部县	46	68.44	61.82	64.25	73.37	69.52	64.9	80.09	68.83	67.96
静宁县	47	68.43	63.47	64.68	71.83	72.33	64.39	75.41	69	68.79
合水县	48	68.42	63.94	67.79	71.35	71.96	64.91	74.89	69.14	65.79
正宁县	49	68.31	63.92	63.20	71.99	72.28	62.75	79.12	69.78	66.99
清水县	50	68.27	62.35	65.31	72.17	71.02	62.34	77.57	68.68	68.89
临夏县	51	68.26	61.29	66.13	72.39	70.36	63.21	75.86	73.82	66.42
会宁县	52	68.22	63.18	67.88	65.88	70.73	64.27	78.77	69.24	69.18
临洮县	53	68.2	64.08	65.78	70.02	72.02	63.7	76.34	70.86	66.19
合作市	54	68.14	63.7	68.10	70.26	70.84	62.15	80.04	68.37	64.58
文　县	55	68.07	62.55	65.05	70.13	69.89	60.68	78.52	70.12	69.94
武山县	56	67.92	63.33	64.47	69.53	72.37	63.04	76.1	72.86	65.89
临潭县	57	67.92	61.37	66.05	69.60	70.42	64.69	78.58	67.79	68.12
碌曲县	58	67.86	61.59	64.43	69.30	71.82	70.23	80.37	62.96	66.86
通渭县	59	67.65	61.85	64.96	65.98	71.45	64.44	74.9	71.28	70.15
广河县	60	67.64	61.23	64.57	77.04	68.01	61.52	78.62	68.07	63.92
舟曲县	61	67.57	61.41	63.62	68.71	70.97	64.1	80.5	72.36	64.75
秦安县	62	67.49	63.67	64.89	67.55	71.86	62.73	75.83	69.72	67.06
渭源县	63	67.41	61.72	63.32	69.18	71.14	63.39	79.18	67.22	67.92
和政县	64	67.41	60.9	63.60	70.98	68.59	63.67	78.29	71.88	65.62
宕昌县	65	67.39	61.85	67.22	69.22	71.03	62.28	75.89	68.34	65.93
礼　县	66	67.26	62.15	63.78	65.15	72.64	62.49	78.15	71.76	67.32
卓尼县	67	67.26	61.51	64.10	69.06	69.8	64.45	77.3	64.26	69.86
张家川	68	67.23	61.85	64.53	69.66	70.53	63.41	75.45	70.11	65.83
康乐县	69	67.13	60.94	64.75	69.74	70.21	62.56	79.34	66.89	66.07
岷　县	70	67.11	62.65	64.29	66.94	69.56	62.94	76.68	68.67	68.32

续表

县(市、区)	综合排序	综合得分	2014年县域竞争力							
			宏观经济得分	产业发展得分	基础设施得分	社会保障得分	公共服务得分	生活环境得分	社会结构得分	科学教育得分
古浪县	71	67.1	62.9	65.90	69.24	70.66	63.29	71.72	69.44	65.90
西和县	72	67.07	61.88	67.47	69.12	69.77	61.67	74.91	69.53	64.75
漳　县	73	66.8	61.51	64.80	67.49	69.75	61.42	74.82	73.12	65.46
夏河县	74	66.58	61.61	64.61	66.14	70.24	62.19	78.96	66.39	66.31
积石山	75	66.42	60.74	64.19	68.20	66.91	62.14	74.6	69.86	67.33
玛曲县	76	66.2	62.22	64.52	65.15	69.62	65.4	80.34	61.99	64.55
东乡县	77	66.1	60.53	64.31	68.02	66.99	60.86	74.7	68.37	67.18
均　值		68.81	64.29	66.80	71.40	71.73	64.58	76.88	70.73	66.94
极　差		7.54	14.10	12.79	13.55	9.11	14.65	10.77	17.65	10.86
方　差		2.24	9.31	7.58	9.61	3.41	6.30	4.53	11.09	4.13
标准差		1.50	3.05	2.75	3.10	1.85	2.51	2.13	3.33	2.03

资料来源：根据《甘肃发展年鉴》(2014) 和甘肃省统计局提供的数据处理而来。

表4　2014年甘肃省县域竞争力水平归类分布一览

评价标准	县域名称(个数)
绝对优势	(0个)
一般优势	(0个)
中势	凉州区、肃州区、西峰区、甘州区、肃北县、敦煌市、阿克塞、麦积区、崆峒区、玉门市、临夏市(11个)
一般劣势	肃南县、高台县、山丹县、永登县、成县、临泽县、武都区、华亭县、民勤县、环县、皋兰县、永昌县、华池县、金塔县、宁县、泾川县、镇原县、民乐县、陇西县、崇信县、瓜州县、徽县、天祝县、庄浪县、庆城县、榆中县、两当县、景泰县、甘谷县、安定区、靖远县、康县、灵台县、永靖县、迭部县、静宁县、合水县、正宁县、清水县、临夏县、会宁县、临洮县、合作市、文县、武山县、临潭县、碌曲县、通渭县、广河县、舟曲县、秦安县、渭源县、和政县、宕昌县、礼县、卓尼县、张家川、康乐县、岷县、古浪县、西和县、漳县、夏河县、积石山、玛曲县、东乡县(66个)
绝对劣势	(0个)

（二）甘肃省市（州）县域竞争力综合评价结果

1. 评价结果

2014 年甘肃省 13 个市（州）（不含嘉峪关市）县域竞争力综合评价情况如表 5 所示。2014 年甘肃省 13 个市（州）（不含嘉峪关市）县域竞争力综合得分：酒泉市 70. 71、张掖市 70. 02，处于中势；武威市 69. 78、金昌市（不含金川区）69. 41、庆阳市 69. 40、兰州市（不含 5 区）69. 35、平凉市 69. 11、白银市（不含白银区、平川区）68. 50、陇南市 68. 36、天水市（不含秦州区）68. 35、定西市 67. 82、临夏州 67. 73、甘南州 67. 50，处于一般劣势；13 个市（州）（不含嘉峪关市）县域竞争力综合得分均无处于绝对优势、一般优势、绝对劣势的情况（见表 6）。

2. 结果分析

第一，从 13 个市（州）（不含嘉峪关市）总体来看，均值为 68. 93，与 77 个县（市、区）结果一致，均处在一般劣势；极差、方差、标准差明显缩小，说明 13 个市（州）（不含嘉峪关市）之间总体差异不大，77 个县（市、区）的评价结果反映出各市州所辖县域之间存在较大差异，各市（州）所辖县域之间发展不均衡（见表 5）。

表 5　2014 年甘肃省 13 个市（州）县域竞争力评价

市(州)	综合排序	综合得分	2014 年县域竞争力							
			宏观经济得分	产业发展得分	基础设施得分	社会保障得分	公共服务得分	生活环境得分	社会结构得分	科学教育得分
酒泉市	1	70. 71	69. 64	69. 84	74. 71	72. 36	68. 32	76. 26	70. 72	65. 45
张掖市	2	70. 02	65. 00	67. 66	75. 55	73. 70	66. 28	77. 31	72. 21	65. 55
武威市	3	69. 78	66. 97	68. 57	71. 49	73. 19	65. 21	75. 36	70. 97	68. 32

续表

市(州)	综合排序	综合得分	2014 年县域竞争力							
			宏观经济得分	产业发展得分	基础设施得分	社会保障得分	公共服务得分	生活环境得分	社会结构得分	科学教育得分
金昌市(不含金川区)	4	69.41	67.79	68.19	72.94	73.39	64.19	76.39	71.07	63.79
庆阳市	5	69.40	65.62	67.78	71.49	72.32	64.02	77.40	70.64	68.20
兰州市(不含 5 区)	6	69.35	64.29	70.24	71.92	72.79	64.23	73.29	72.18	67.55
平凉市	7	69.11	64.38	65.48	72.94	72.78	65.39	75.77	72.75	66.82
白银市(不含白银区、平川区)	8	68.50	63.63	66.96	69.82	72.08	64.11	76.49	68.76	68.63
陇南市	9	68.36	62.67	66.45	70.32	71.98	63.50	77.64	70.98	66.93
天水市(不含秦州区)	10	68.35	63.87	66.12	70.15	71.76	63.22	76.09	71.86	66.93
定西市	11	67.82	63.22	65.26	67.76	70.63	63.36	76.84	70.56	68.29
临夏州	12	67.73	61.61	65.40	71.90	68.72	63.01	77.00	71.10	66.07
甘南州	13	67.50	61.90	64.96	68.95	70.40	64.77	79.52	66.62	66.62
均值		68.93	64.66	67.15	71.53	72.01	64.59	76.57	70.80	66.86
极差		3.21	8.02	5.27	7.79	4.99	5.31	6.23	6.13	4.85
方差		0.94	5.48	3.03	4.81	1.91	2.14	2.05	2.56	1.95
标准差		0.97	2.34	1.74	2.19	1.38	1.46	1.43	1.60	1.40

注：不包含嘉峪关市。
资料来源：根据《甘肃发展年鉴》(2014) 和甘肃省统计局提供的数据处理而来。

第二，从 13 个市（州）（不含嘉峪关市）县域竞争力 8 个一级指标的极差、方差、标准差来看，与 77 个县（市、区）相较明显缩小，但仍然存在一定差异，要素配置不均衡；同时 77 个县（市、区）评价结果也说明各市州所辖县域之间存在较大差异，各市（州）所辖县域之间要素配置不均衡（见表 5）。

表6 2014年甘肃省13个市（州）县域竞争力水平归类分布一览

评价标准	市(州)名称(个数)
绝对优势	(0个)
一般优势	(0个)
中势	酒泉市、张掖市(2个)
一般劣势	武威市、金昌市(不含金川区)、庆阳市、兰州市(不含5区)、平凉市、白银市(不含白银区、平川区)、陇南市、天水市(不含秦州区)、定西市、临夏州、甘南州(11个)
绝对劣势	(0个)

注：不包含嘉峪关市。

三　甘肃省县域竞争力子系统评价分析

（一）甘肃省县域宏观经济竞争力子系统评价分析

1. 甘肃省县域宏观经济竞争力子系统评价结果

（1）评价结果

通过对经济均量、经济总量、金融资本3个二级指标进行计算和分析，2014年甘肃省77个县（市、区）县域宏观经济竞争力评价情况如表7所示。

根据2014年甘肃省县域宏观经济竞争力得分，甘肃省77个县（市、区）处于绝对优势的县（市、区）为0个；处于一般优势的县（市、区）也为0个；处于中势的县（市、区）有6个，包括肃州区、凉州区、西峰区、肃北县、玉门市、敦煌市；处于一般劣势的县（市、区）有14个，包括甘州区、崆峒区、瓜州县、麦积区、永昌县、阿克塞、华亭县、安定区、民勤县、庆城县、武都区、金塔县、华池县、肃南县；处于绝对劣势的县（市、区）有57个，包括榆中县、环县、临夏市、天祝县、陇西县、宁县、永登县、镇原县、临泽县、高台县、临洮县、甘谷县、合水县、正宁县、靖远县、景泰县、合作市、秦安县、皋兰县、静宁县、山丹县、崇信县、泾川县、成县、武山县、会宁县、徽县、古浪县、民乐县、庄浪县、岷县、文县、灵台县、永靖县、清水县、玛曲县、礼县、康县、西和县、张家川、通渭县、宕昌县、迭部县、渭源县、夏河县、碌曲县、漳县、卓尼县、舟曲县、临潭县、两当县、临夏县、广河县、康乐县、和政县、积石山、东乡县（见表8）。

（2）结果分析

2014年甘肃省县域宏观经济竞争力77个县（市、区）得分均值为64.29，处于绝对劣势，其极差、方差、标准差均相对较大，差异性较大，77个县（市、区）之间发展很不均衡；经济均量均值为64.44、经济总量均值为64.27、金融资本均值为64.12，均处于绝对劣势；3个二级指标的极差、方差、标准差都存在较大差异，在77个县（市、区）之间，3个要素配置严重失衡（见表7）。

从77个县（市、区）宏观经济竞争力水平归类分布来看，行政区域分布特征明显；市（州）所在贫困县域宏观经济竞争力提升较快，其他贫困县宏观经济竞争力提升相对较慢（见表8）。

表7 2014年甘肃省县域宏观经济竞争力评价

县(市、区)	排序	得分	宏观经济竞争力		
			经济均量	经济总量	金融资本
肃州区	1	74.63	70.17	75.69	79.52
凉州区	2	74.30	65.94	80.68	79.07
西峰区	3	71.79	67.63	73.91	75.23
肃北县	4	70.56	83.00	61.99	62.54
玉门市	5	70.46	71.74	68.38	70.83
敦煌市	6	70.07	71.94	68.49	69.16

续表

县(市、区)	排序	得分	宏观经济竞争力		
			经济均量	经济总量	金融资本
甘州区	7	69. 93	66. 57	74. 85	69. 49
崆峒区	8	68. 96	65. 52	71. 71	70. 80
瓜州县	9	68. 19	69. 88	65. 34	68. 77
麦积区	10	68. 05	65. 11	73. 68	66. 32
永昌县	11	67. 79	67. 29	71. 81	64. 44
阿克塞	12	67. 74	78. 54	60. 51	60. 58
华亭县	13	66. 11	66. 89	65. 22	65. 94
安定区	14	66. 01	63. 76	66. 33	68. 69
民勤县	15	65. 92	65. 05	64. 84	68. 16
庆城县	16	65. 87	66. 58	67. 66	63. 14
武都区	17	65. 84	62. 94	66. 96	68. 59
金塔县	18	65. 80	68. 55	63. 87	64. 05
华池县	19	65. 53	67. 25	65. 31	63. 44
肃南县	20	65. 35	70. 40	62. 17	61. 79
榆中县	21	64. 88	62. 01	66. 70	66. 90
环　县	22	64. 86	64. 93	66. 19	63. 45
临夏市	23	64. 86	64. 66	67. 66	62. 33
天祝县	24	64. 77	65. 98	64. 36	63. 58
陇西县	25	64. 74	63. 02	65. 46	66. 31
宁　县	26	64. 72	64. 09	65. 47	64. 80
永登县	27	64. 45	62. 92	66. 20	64. 74
镇原县	28	64. 33	63. 84	65. 12	64. 20
临泽县	29	64. 21	65. 88	64. 00	62. 20
高台县	30	64. 16	65. 51	64. 49	62. 04
临洮县	31	64. 08	62. 56	64. 72	65. 45
甘谷县	32	63. 95	62. 96	65. 34	63. 87
合水县	33	63. 94	65. 10	63. 16	63. 18
正宁县	34	63. 92	64. 73	62. 10	64. 67
靖远县	35	63. 86	63. 34	64. 92	63. 47

续表

县(市、区)	排序	得分	宏观经济竞争力		
			经济均量	经济总量	金融资本
景泰县	36	63.86	63.72	63.75	64.15
合作市	37	63.70	65.53	62.42	62.54
秦安县	38	63.67	62.91	65.08	63.27
皋兰县	39	63.53	64.17	63.25	62.95
静宁县	40	63.47	62.97	63.69	63.91
山丹县	41	63.44	64.72	63.04	62.13
崇信县	42	63.40	65.64	62.10	61.71
泾川县	43	63.39	63.47	63.72	62.96
成　县	44	63.34	63.19	63.49	63.40
武山县	45	63.33	62.73	63.71	63.75
会宁县	46	63.18	61.50	64.52	64.07
徽　县	47	63.00	63.04	62.68	63.26
古浪县	48	62.90	61.83	63.14	64.09
民乐县	49	62.89	63.53	62.98	61.93
庄浪县	50	62.76	62.91	62.64	62.68
岷　县	51	62.65	61.96	62.31	63.90
文　县	52	62.55	62.20	61.79	63.77
灵台县	53	62.54	62.98	62.12	62.37
永靖县	54	62.40	61.63	62.52	63.29
清水县	55	62.35	62.30	62.00	62.78
玛曲县	56	62.22	64.45	60.79	60.68
礼　县	57	62.15	61.44	61.93	63.32
康　县	58	62.09	62.18	61.04	63.02
西和县	59	61.88	61.44	61.89	62.45
张家川	60	61.85	61.75	61.44	62.39
通渭县	61	61.85	61.78	61.85	61.95
宕昌县	62	61.85	61.59	61.36	62.69
迭部县	63	61.82	63.39	60.40	61.16
渭源县	64	61.72	61.97	61.50	61.60
夏河县	65	61.61	62.91	60.85	60.63
碌曲县	66	61.59	63.70	60.16	60.20
漳　县	67	61.51	62.03	60.95	61.38

续表

县(市、区)	排序	得分	宏观经济竞争力		
			经济均量	经济总量	金融资本
卓尼县	68	61.51	62.22	60.70	61.37
舟曲县	69	61.41	62.12	60.65	61.23
临潭县	70	61.37	61.86	60.73	61.36
两当县	71	61.29	62.89	60.03	60.40
临夏县	72	61.29	60.88	61.72	61.40
广河县	73	61.23	61.08	60.98	61.66
康乐县	74	60.94	60.92	61.18	60.73
和政县	75	60.90	60.81	60.64	61.28
积石山	76	60.74	60.67	60.98	60.60
东乡县	77	60.53	60.30	60.63	60.74
均值		64.29	64.44	64.27	64.12
极差		14.10	22.70	20.65	19.31
方差		9.31	13.96	15.91	14.03
标准差		3.05	3.74	3.99	3.75

资料来源：根据《甘肃发展年鉴》（2014）和甘肃省统计局提供的数据处理而来。

表8　2014年甘肃省县域宏观经济竞争力水平归类分布一览

评价标准	县域名称(个数)
绝对优势	(0个)
一般优势	(0个)
中势	肃州区、凉州区、西峰区、肃北县、玉门市、敦煌市(6个)
一般劣势	甘州区、崆峒区、瓜州县、麦积区、永昌县、阿克塞、华亭县、安定区、民勤县、庆城县、武都区、金塔县、华池县、肃南县(14个)
绝对劣势	榆中县、环县、临夏市、天祝县、陇西县、宁县、永登县、镇原县、临泽县、高台县、临洮县、甘谷县、合水县、正宁县、靖远县、景泰县、合作市、秦安县、皋兰县、静宁县、山丹县、崇信县、泾川县、成县、武山县、会宁县、徽县、古浪县、民乐县、庄浪县、岷县、文县、灵台县、永靖县、清水县、玛曲县、礼县、康县、西和县、张家川、通渭县、宕昌县、迭部县、渭源县、夏河县、碌曲县、漳县、卓尼县、舟曲县、临潭县、两当县、临夏县、广河县、康乐县、和政县、积石山、东乡县(57个)

2. 甘肃省市（州）县域宏观经济竞争力子系统评价分析

（1）评价结果

2014年甘肃省13个市（州）（不含嘉峪关市）县域宏观经济竞争力综合评价情况如表9所示。2014年甘肃省13个市（州）（不含嘉峪关市）县域宏观经济竞争力得分：酒泉市69.64、金昌市（不含金川区）67.79、武威市66.97、庆阳市65.62、张掖市65.00，处于一般劣势；平凉市64.38、兰州市（不含5区）64.29、天水市（不含秦州区）63.87、白银市（不含白银区、平川区）63.63、定西市63.22、陇南市62.67、甘南州61.90、临夏州61.61，处于绝对劣势；13个市（州）（不含嘉峪关市）县域宏观经济竞争力得分均无处于绝对优势、一般优势、中势的情况（见表10）。

（2）结果分析

从13个市（州）（不含嘉峪关市）宏观经济竞争力总体来看，均值为64.66，与77个县（市、区）结果一致，均处在绝对劣势；经济总量均值为65.06，处于一般劣势、经济均量和金融资本均值分别为64.58和64.36，处于绝对劣势；极差、方差、标准差明显缩小，仍然相对较大，说明在13个市（州）（不含嘉峪关市）之间存在一定差异，77个县（市、区）的评价结果反映出各市州所辖县域之间存在较大差异，各市（州）所辖县域之间发展不均衡（见表9）。

从13个市（州）（不含嘉峪关市）县域宏观经济竞争力3个二级指标极差、方差、标准差来看，与77个县（市、区）相比较明显缩小，但仍然存在较大差异，要素配置很不均衡；同时77个县（市、区）的评价结果也说明各市州所辖县域之间存在较大差异，各市（州）所辖县域之间要素配置很不均衡（见表9）。

表9　2014年甘肃省13个市（州）县域宏观经济竞争力评价

市(州)	排序	得分	宏观经济竞争力		
			经济均量	经济总量	金融资本
酒泉市	1	69.64	73.40	66.32	67.92
金昌市(不含金川区)	2	67.79	67.29	71.81	64.44
武威市	3	66.97	64.70	68.26	68.73
庆阳市	4	65.62	65.52	66.11	65.26
张掖市	5	65.00	66.10	65.26	63.26
平凉市	6	64.38	64.34	64.46	64.34
兰州市(不含5区)	7	64.29	63.03	65.38	64.86
天水市(不含秦州区)	8	63.87	62.96	65.21	63.73
白银市(不含白银区、平川区)	9	63.63	62.85	64.40	63.90
定西市	10	63.22	62.44	63.30	64.18
陇南市	11	62.67	62.32	62.35	63.43
甘南州	12	61.90	63.27	60.84	61.15
临夏州	13	61.61	61.37	62.04	61.50
均　值		64.66	64.58	65.06	64.36
极　差		8.02	12.03	10.98	7.58
方　差		5.48	9.85	8.07	4.50
标准差		2.34	3.14	2.84	2.12

资料来源：根据《甘肃发展年鉴》（2014）和甘肃省统计局提供的数据处理而来。

表10　2014年甘肃省13个市（州）县域宏观经济竞争力水平归类分布一览

评价标准	市(州)名称(个数)
绝对优势	(0个)
一般优势	(0个)
中势	(0个)
一般劣势	酒泉市、金昌市(不含金川区)、武威市、庆阳市、张掖市(5个)
绝对劣势	平凉市、兰州市(不含5区)、天水市(不含秦州区)、白银市(不含白银区、平川区)、定西市、陇南市、甘南州、临夏州(8个)

注：不含嘉峪关市。

（二）甘肃省县域产业发展竞争力子系统评价分析

1. 甘肃省县域产业发展竞争力子系统评价结果

（1）评价结果

通过对产业总量、产业结构、产业效率3个二级指标进行计算和分析，2014年甘肃省77个县（市、区）县域产业发展争力评价情况如表11所示。

根据2014年甘肃省县域产业发展竞争力得分，甘肃省77个县（市、区）处于绝对优势的县（市、区）为0个；处于一般优势的县（市、区）有1个，凉州区；处于中势的县（市、区）有9个，包括肃州区、西峰区、麦积区、玉门市、永登县、甘州区、榆中县、肃北县、成县；处于一般劣势的县（市、区）有40个，包括华池县、临夏市、武都区、金塔县、庆城县、敦煌市、崆峒区、皋兰县、永昌县、合作市、高台县、会宁县、合水县、山丹县、瓜州县、临泽县、西和县、安定区、环县、宕昌县、康县、天祝县、靖远县、阿克塞、民乐县、陇西县、景泰县、临夏县、临潭县、华亭县、民勤县、古浪县、永靖县、临洮县、宁县、庄浪县、镇原县、清水县、肃南县、文县；处于绝对劣势的县（市、区）有27个，包括通渭县、甘谷县、秦安县、徽县、漳县、康乐县、泾川县、静宁县、夏河县、广河县、灵台县、张家川、玛曲县、武山县、碌曲县、东乡县、岷县、迭部县、积石山、崇信县、卓尼县、礼县、舟曲县、和政县、渭源县、正宁县、两当县（见表12）。

（2）结果分析

2014年甘肃省县域产业发展竞争力77个县（市、区）得分均值为66.80，处于一般劣势，其极差、方差、标准差均相对较大，差异性较大，77个县（市、区）之间发展很不均衡；产业结构均值为70.40，处于中势，产业效率均值为66.45，处于一般劣势，产业总量均值为64.37，处于绝对劣势；从3个二级指标的极差、方差、标准差来看，产业总量和产业效率都存在较大差异，在77个县（市、区）之间，这2个要素配置严重失衡，产业结构配置相对均衡（见表11）。

从77个县（市、区）产业发展竞争力水平归类分布来看，行政区域分布特征明显；市（州）所在贫困县域产业发展竞争力提升较快，其他贫困县宏观经济竞争力提升相对较慢，处于绝对劣势的27个县（市、区）均为贫困县。其中在一般劣势县域中有两个特例：一是阿克塞，根据课题组初步分析主要是由于产业结构单一；二是民勤县，根据课题组初步分析主要是由于水资源严重制约产业发展所造成的结果（见表12）。

表11　2014年甘肃省县域产业发展竞争力评价

县(市、区)	排序	得分	产业发展竞争力		
			产业总量	产业结构	产业效率
凉州区	1	75.54	84.95	70.45	68.10
肃州区	2	74.45	81.81	72.15	66.93
西峰区	3	73.77	79.55	73.17	66.67
麦积区	4	72.60	73.81	72.85	70.72
玉门市	5	71.63	74.53	72.64	66.75
永登县	6	71.59	74.52	72.50	66.75
甘州区	7	70.90	71.46	70.46	70.59
榆中县	8	70.40	71.72	71.64	67.41
肃北县	9	70.06	64.01	73.35	74.85
成　县	10	70.04	63.75	70.96	77.53
华池县	11	69.94	66.18	72.47	72.45
临夏市	12	69.84	64.57	73.93	72.79
武都区	13	69.67	65.56	71.82	72.99
金塔县	14	69.38	64.97	70.34	74.29
庆城县	15	69.20	67.14	72.09	69.04
敦煌市	16	69.11	68.59	72.20	66.72

续表

县(市、区)	排序	得分	产业发展竞争力		
			产业总量	产业结构	产业效率
崆峒区	17	68.83	69.48	71.99	64.80
皋兰县	18	68.72	66.12	71.80	69.10
永昌县	19	68.19	70.24	70.54	63.09
合作市	20	68.10	62.50	73.81	69.87
高台县	21	68.02	63.31	68.58	73.73
会宁县	22	67.88	63.81	69.26	71.91
合水县	23	67.79	63.17	71.36	70.38
山丹县	24	67.78	62.86	70.72	71.40
瓜州县	25	67.78	66.07	71.87	65.97
临泽县	26	67.64	63.72	69.45	71.04
西和县	27	67.47	61.81	70.61	71.89
安定区	28	67.34	65.14	71.28	66.34
环　县	29	67.25	65.29	71.93	65.18
宕昌县	30	67.22	60.93	70.22	72.61
康　县	31	67.19	61.05	70.00	72.56
天祝县	32	66.94	64.00	71.65	66.16
靖远县	33	66.70	63.57	68.29	69.28
阿克塞	34	66.50	61.54	73.24	66.38
民乐县	35	66.37	63.30	68.76	68.07
陇西县	36	66.35	64.15	70.43	65.19
景泰县	37	66.29	64.55	70.72	64.19
临夏县	38	66.13	61.75	70.84	67.26
临潭县	39	66.05	60.76	71.58	67.59
华亭县	40	66.00	65.06	71.19	62.04
民勤县	41	65.91	64.31	68.03	65.93
古浪县	42	65.90	63.31	69.00	66.24
永靖县	43	65.81	63.16	71.25	63.91
临洮县	44	65.78	63.84	70.12	64.01
宁　县	45	65.77	63.96	70.30	63.65

续表

县(市、区)	排序	得分	产业发展竞争力		
			产业总量	产业结构	产业效率
庄浪县	46	65.42	61.79	68.24	67.45
镇原县	47	65.32	63.68	69.82	62.98
清水县	48	65.31	61.99	69.64	65.41
肃南县	49	65.24	62.93	71.09	62.47
文　县	50	65.05	61.45	70.37	64.53
通渭县	51	64.96	61.68	69.15	65.16
甘谷县	52	64.90	63.41	69.20	62.61
秦安县	53	64.89	62.56	68.65	64.24
徽　县	54	64.86	62.61	69.35	63.36
漳　县	55	64.80	60.89	69.17	65.65
康乐县	56	64.75	60.80	70.08	64.69
泾川县	57	64.71	62.57	68.02	64.26
静宁县	58	64.68	62.43	68.21	64.15
夏河县	59	64.61	60.62	69.79	64.76
广河县	60	64.57	61.00	71.64	62.26
灵台县	61	64.56	61.36	68.12	65.27
张家川	62	64.53	61.33	70.34	62.98
玛曲县	63	64.52	60.47	68.40	66.04
武山县	64	64.47	62.53	67.87	63.67
碌曲县	65	64.43	60.20	69.13	65.37
东乡县	66	64.31	60.73	69.83	63.55
岷　县	67	64.29	61.65	69.16	62.95
迭部县	68	64.25	60.20	70.09	63.83
积石山	69	64.19	60.50	70.46	62.86
崇信县	70	64.13	62.29	69.78	60.92
卓尼县	71	64.10	60.54	69.92	63.03
礼　县	72	63.78	61.50	68.89	61.71
舟曲县	73	63.62	60.45	70.06	61.42
和政县	74	63.60	60.54	69.84	61.42

续表

县(市、区)	排序	得分	产业发展竞争力		
			产业总量	产业结构	产业效率
渭源县	75	63.32	60.91	67.60	62.26
正宁县	76	63.20	60.99	68.32	61.02
两当县	77	62.75	59.97	68.95	60.26
均　值		66.80	64.37	70.40	66.45
极　差		12.79	24.99	6.33	17.27
方　差		7.58	24.10	2.39	14.80
标准差		2.75	4.91	1.54	3.85

资料来源：根据《甘肃发展年鉴》（2014）和甘肃省统计局提供的数据处理而来。

表 12　2014 年甘肃省县域产业发展竞争力水平归类分布一览

评价标准	县域名称(个数)
绝对优势	(0个)
一般优势	凉州区(1个)
中势	肃州区、西峰区、麦积区、玉门市、永登县、甘州区、榆中县、肃北县、成县(9个)
一般劣势	华池县、临夏市、武都区、金塔县、庆城县、敦煌市、崆峒区、皋兰县、永昌县、合作市、高台县、会宁县、合水县、山丹县、瓜州县、临泽县、西和县、安定区、环县、宕昌县、康县、天祝县、靖远县、阿克塞、民乐县、陇西县、景泰县、临夏县、临潭县、华亭县、民勤县、古浪县、永靖县、临洮县、宁县、庄浪县、镇原县、清水县、肃南县、文县(40个)
绝对劣势	通渭县、甘谷县、秦安县、徽县、漳县、康乐县、泾川县、静宁县、夏河县、广河县、灵台县、张家川、玛曲县、武山县、碌曲县、东乡县、岷县、迭部县、积石山、崇信县、卓尼县、礼县、舟曲县、和政县、渭源县、正宁县、两当县(27个)

2. 甘肃省市（州）县域产业发展竞争力子系统评价分析

（1）评价结果

2014 年甘肃省 13 个市（州）（不含嘉峪关市）县域产业发展竞争力综合评价情况如表 13 所示。2014 年甘肃省 13 个市（州）（不含嘉峪关市）县域产业发展竞争力得分：兰州市（不含5区）70.24，处于中势；酒泉市69.84、武威市68.57、金昌市（不含金川区）68.19、庆阳市67.78、张掖市67.66、白银市（不含白银区、平川区）66.96、陇南市66.45、天水市（不含秦州区）66.12、平凉市65.48、临夏州65.40、定西市65.26，处于一般劣势；甘南州64.96，处于绝对劣势；13个市（州）（不含嘉峪关市）县域产业发展竞争力得分均无处于绝对优势、一般优势的情况（见表14）。

（2）结果分析

从13个市（州）（不含嘉峪关市）产业发展竞争力总体来看，均值为67.15，与77个县（市、区）结果一致，均处在一般劣势；产业结构均值为70.40处于中势，产业效率和产业总量均值分别为66.38和65.28处于一般劣势；极差、方差、标准差明显缩小，但仍然相对较大，说明13个市（州）（不含嘉峪关市）之间存在一定差异，77个县（市、区）的评价结果反映出各市州所辖县域之间存在较大差异，各市（州）所辖县域之间发展不均衡（见表13）。

13个市（州）（不含嘉峪关市）县域产业发展竞争力3个二级指标极差、方差、标准差与77个县（市、区）相较明显缩小，但产业总量仍然存在较大差异，要素配置很不均衡，产业结构相对差异性较小，相对均衡；同时77个县（市、区）的评价结果也说明各市州所辖县域之间存在较大差异，各市（州）所辖县域之间要素配置很不均衡（见表13）。

表13　2014年甘肃省13个市（州）县域产业发展竞争力评价

市(州)	排序	得分	产业发展竞争力		
			产业总量	产业结构	产业效率
兰州市(不含5区)	1	70.24	70.79	71.98	67.75
酒泉市	2	69.84	68.79	72.26	68.84

续表

市(州)	排序	得分	产业发展竞争力		
			产业总量	产业结构	产业效率
武威市	3	68.57	69.14	69.78	66.61
金昌市(不含金川区)	4	68.19	70.24	70.54	63.09
庆阳市	5	67.78	66.25	71.18	66.42
张掖市	6	67.66	64.60	69.84	69.55
白银市(不含白银区、平川区)	7	66.96	63.98	69.42	68.46
陇南市	8	66.45	62.07	70.13	68.60
天水市(不含秦州区)	9	66.12	64.27	69.76	64.94
平凉市	10	65.48	63.57	69.37	64.13
临夏州	11	65.40	61.63	70.98	64.84
定西市	12	65.26	62.61	69.56	64.51
甘南州	13	64.96	60.72	70.35	65.24
均　值		67.15	65.28	70.40	66.38
极　差		5.27	10.07	2.89	6.46
方　差		3.03	11.73	0.90	4.37
标准差		1.74	3.43	0.95	2.09

资料来源：根据《甘肃发展年鉴》(2014) 和甘肃省统计局提供的数据处理而来。

表 14　2014 年甘肃省 13 个市（州）县域产业发展竞争力水平归类分布一览

评价标准	市(州)名称(个数)
绝对优势	(0 个)
一般优势	(0 个)
中势	兰州市(不含 5 区)(1 个)
一般劣势	酒泉市、武威市、金昌市(不含金川区)、庆阳市、张掖市、白银市(不含白银区、平川区)、陇南市、天水市(不含秦州区)、平凉市、临夏州、定西市(11 个)
绝对劣势	甘南州(1 个)

注：不含嘉峪关市。

（三）甘肃省县域基础设施竞争力子系统评价分析

1. 甘肃省县域基础设施竞争力子系统评价结果

（1）评价结果

通过对居住条件、交通通信2个二级指标进行计算和分析，2014年甘肃省77个县（市、区）县域基础设施争力评价情况如表15所示。

根据2014年甘肃省县域基础设施竞争力得分，甘肃省77个县（市、区）处于绝对优势的县（市、区）为0个；处于一般优势的县（市、区）有10个，包括西峰区、广河县、肃州区、临夏市、临泽县、阿克塞、山丹县、民乐县、甘州区、高台县；处于中势的县（市、区）有40个，包括敦煌市、崇信县、凉州区、玉门市、皋兰县、肃北县、瓜州县、华亭县、肃南县、景泰县、迭部县、崆峒区、两当县、永昌县、成县、徽县、泾川县、金塔县、临夏县、灵台县、庄浪县、民勤县、清水县、永靖县、正宁县、静宁县、宁县、甘谷县、合水县、和政县、永登县、武都区、镇原县、麦积区、华池县、榆中县、合作市、文县、康县、临洮县；处于一般劣势的县（市、区）有27个，包括靖远县、天祝县、康乐县、庆城县、张家川、临潭县、武山县、碌曲县、古浪县、宕昌县、渭源县、西和县、卓尼县、舟曲县、陇西县、积石山、东乡县、秦安县、漳县、环县、岷县、安定区、夏河县、通渭县、会宁县、玛曲县、礼县；处于绝对劣势的县（市、区）为0个（见表16）。

（2）结果分析

2014年甘肃省县域基础设施竞争力77个县（市、区）得分均值为71.40，处于中势，其极差、方差、标准差均相对较大，差异性较大，77个县（市、区）之间发展很不均衡；居住条件均值为75.93，处于一般优势，交通通信均值为67.69，处于一般劣势；2个二级指标的极差、方差、标准差均存在较大差异，在77个县（市、区）之间，居住条件配置存在严重失衡，交通通信配置存在较大失衡（见表15）。

从77个县（市、区）基础设施竞争力水平归类分布来看，行政区域分布特征、地理位置特征及贫困特征均不太明显（见表16）。

表15　2014年甘肃省县域基础设施竞争力评价

县(市、区)	排序	得分	基础设施竞争力	
			居住条件	交通通信
西峰区	1	78.70	84.54	73.91
广河县	2	77.04	78.54	75.81
肃州区	3	76.94	82.03	72.77
临夏市	4	76.69	83.00	71.53
临泽县	5	76.30	83.35	70.54
阿克塞	6	76.10	80.59	72.42
山丹县	7	75.97	83.76	69.59
民乐县	8	75.88	82.94	70.09
甘州区	9	75.74	82.76	69.99
高台县	10	75.63	81.40	70.91
敦煌市	11	74.88	81.57	69.40
崇信县	12	74.76	80.43	70.13
凉州区	13	74.73	79.46	70.86
玉门市	14	74.46	82.95	67.50
皋兰县	15	74.40	80.12	69.72
肃北县	16	74.15	79.50	69.76
瓜州县	17	73.95	80.20	68.85
华亭县	18	73.82	78.88	69.67
肃南县	19	73.80	81.25	67.71
景泰县	20	73.75	79.36	69.15
迭部县	21	73.37	82.19	66.14
崆峒区	22	73.30	78.42	69.11

续表

县(市、区)	排序	得分	基础设施竞争力	
			居住条件	交通通信
两当县	23	73.07	79.97	67.42
永昌县	24	72.94	79.61	67.48
成　县	25	72.86	76.05	70.25
徽　县	26	72.59	76.60	69.32
泾川县	27	72.47	77.54	68.33
金塔县	28	72.47	78.07	67.89
临夏县	29	72.39	78.61	67.30
灵台县	30	72.20	77.64	67.76
庄浪县	31	72.17	76.60	68.54
民勤县	32	72.17	78.97	66.61
清水县	33	72.17	77.06	68.16
永靖县	34	72.11	76.81	68.26
正宁县	35	71.99	78.44	66.72
静宁县	36	71.83	74.99	69.25
宁　县	37	71.65	79.03	65.62
甘谷县	38	71.54	70.95	72.02
合水县	39	71.35	78.23	65.73
和政县	40	70.98	71.66	70.43
永登县	41	70.98	76.53	66.44
武都区	42	70.70	75.65	66.64
镇原县	43	70.63	75.34	66.78
麦积区	44	70.43	76.28	65.65
华池县	45	70.42	70.36	70.47
榆中县	46	70.38	72.69	68.49
合作市	47	70.26	75.06	66.33
文　县	48	70.13	75.59	65.65
康　县	49	70.06	75.29	65.77
临洮县	50	70.02	72.94	67.63
靖远县	51	69.85	73.80	66.62

续表

县(市、区)	排序	得分	基础设施竞争力	
			居住条件	交通通信
天祝县	52	69.83	75.05	65.55
康乐县	53	69.74	75.35	65.15
庆城县	54	69.72	73.67	66.48
张家川	55	69.66	73.34	66.64
临潭县	56	69.60	72.91	66.89
武山县	57	69.53	70.32	68.87
碌曲县	58	69.30	73.40	65.95
古浪县	59	69.24	72.37	66.68
宕昌县	60	69.22	77.61	62.34
渭源县	61	69.18	74.95	64.46
西和县	62	69.12	74.17	64.98
卓尼县	63	69.06	77.54	62.12
舟曲县	64	68.71	71.12	66.74
陇西县	65	68.39	69.13	67.79
积石山	66	68.20	72.08	65.03
东乡县	67	68.02	73.45	63.57
秦安县	68	67.55	69.29	66.13
漳　县	69	67.49	70.91	64.70
环　县	70	67.46	66.12	68.55
岷　县	71	66.94	72.31	62.55
安定区	72	66.31	65.33	67.11
夏河县	73	66.14	70.30	62.74
通渭县	74	65.98	66.08	65.90
会宁县	75	65.88	64.20	67.24
玛曲县	76	65.15	66.84	63.76
礼　县	77	65.15	64.92	65.33
均　值		71.40	75.93	67.69
极　差		13.55	20.34	13.69
方　差		9.61	23.73	6.93
标准差		3.10	4.87	2.63

资料来源：根据《甘肃发展年鉴》（2014）和甘肃省统计局提供的数据处理而来。

表16　2014年甘肃省县域基础设施竞争力水平归类分布一览

评价标准	县域名称(个数)
绝对优势	(0个)
一般优势	西峰区、广河县、肃州区、临夏市、临泽县、阿克塞、山丹县、民乐县、甘州区、高台县(10个)
中势	敦煌市、崇信县、凉州区、玉门市、皋兰县、肃北县、瓜州县、华亭县、肃南县、景泰县、迭部县、崆峒区、两当县、永昌县、成县、徽县、泾川县、金塔县、临夏县、灵台县、庄浪县、民勤县、清水县、永靖县、正宁县、静宁县、宁县、甘谷县、合水县、和政县、永登县、武都区、镇原县、麦积区、华池县、榆中县、合作市、文县、康县、临洮县(40个)
一般劣势	靖远县、天祝县、康乐县、庆城县、张家川、临潭县、武山县、碌曲县、古浪县、宕昌县、渭源县、西和县、卓尼县、舟曲县、陇西县、积石山、东乡县、秦安县、漳县、环县、岷县、安定区、夏河县、通渭县、会宁县、玛曲县、礼县(27个)
绝对劣势	(0个)

2. 甘肃省市（州）县域基础设施竞争力子系统评价分析

（1）评价结果

2014年甘肃省13个市（州）（不含嘉峪关市）县域基础设施竞争力综合评价情况如表17所示。2014年甘肃省13个市（州）（不含嘉峪关市）县域基础设施竞争力得分：张掖市75.55，处于一般优势；酒泉市74.71、金昌市（不含金川区）72.94、平凉市72.94、兰州市（不含5区）71.92、临夏州71.90、武威市71.49、庆阳市71.49、陇南市70.32、天水市（不含秦州区）70.15，处于中势；白银市（不含白银区、平川区）69.82、甘南州68.95、定西市67.76，处于一般劣势；13个市（州）（不含嘉峪关市）县域基础设施竞争力得分均无处于绝对优势、绝对劣势的情况（见表18）。

（2）结果分析

从13个市（州）（不含嘉峪关市）基础设施竞争力总体来看，均值为71.53，与77个县（市、区）结果一致，均处在中势；居住条件均值为76.14，处于一般优势，交通通信均值为67.76，处于一般劣势；极差、方差、标准差明显缩小，但仍然相对较大，说明在13个市（州）（不含嘉峪关市）之间存在一定差异，77个县（市、区）的评价结果反映出各市州所辖县域之间存在较大差异，各市（州）所辖县域之间发展不均衡（见表17）。

13个市（州）（不含嘉峪关市）县域基础设施竞争力2个二级指标极差、方差、标准差与77个县（市、区）相较明显缩小，但居住条件仍然存在较大差异，要素配置很不均衡，交通通信相对差异性较小，相对均衡；同时77个县（市、区）评价结果也说明各市州所辖县域之间存在一定差异，各市（州）所辖县域之间要素配置不均衡（见表17）。

表17　2014年甘肃省13个市（州）县域基础设施竞争力评价

市(州)	排序	得分	基础设施竞争力	
			居住条件	交通通信
张掖市	1	75.55	82.58	69.81
酒泉市	2	74.71	80.70	69.80
金昌市(不含金川区)	3	72.94	79.61	67.48
平凉市	4	72.94	77.79	68.97
兰州市(不含5区)	5	71.92	76.45	68.22
临夏州	6	71.90	76.19	68.39
武威市	7	71.49	76.46	67.42
庆阳市	8	71.49	75.72	68.03
陇南市	9	70.32	75.10	66.41
天水市(不含秦州区)	10	70.15	72.88	67.91
白银市(不含白银区、平川区)	11	69.82	72.45	67.67
甘南州	12	68.95	73.67	65.08
定西市	13	67.76	70.24	65.73
均　值		71.53	76.14	67.76
极　差		7.79	12.34	4.72
方　差		4.81	11.97	1.98
标准差		2.19	3.46	1.41

资料来源：根据《甘肃发展年鉴》（2014）和甘肃省统计局提供的数据处理而来。

表18　2014 年甘肃省 13 个市（州）县域基础设施竞争力水平归类分布一览

评价标准	市(州)名称(个数)
绝对优势	(0个)
一般优势	张掖市(1个)
中势	酒泉市、金昌市(不含金川区)、平凉市、兰州市(不含5区)、临夏州、武威市、庆阳市、陇南市、天水市(不含秦州区)(9个)
一般劣势	白银市(不含白银区、平川区)、甘南州、定西市(3个)
绝对劣势	(0个)

注：不含嘉峪关市。

（四）甘肃省县域社会保障竞争力子系统评价分析

1. 甘肃省县域社会保障竞争力子系统评价结果

（1）评价结果

通过对医疗保险、养老保险、基本生活保障 3 个二级指标进行计算和分析，2014 年甘肃省 77 个县（市、区）县域社会保障竞争力评价情况如表 19 所示。

根据 2014 年甘肃省县域社会保障竞争力得分，甘肃省 77 个县（市、区）处于绝对优势的县（市、区）为 0 个；处于一般优势的县（市、区）有 2 个，包括山丹县、民勤县；处于中势的县（市、区）有 61 个，包括金塔县、高台县、崇信县、敦煌市、甘州区、凉州区、肃南县、宁县、灵台县、崆峒区、成县、徽县、永昌县、榆中县、肃州区、肃北县、天祝县、民乐县、景泰县、康县、西峰区、麦积区、两当县、礼县、皋兰县、庄浪县、靖远县、泾川县、华池县、永登县、武山县、静宁县、正宁县、甘谷县、武都区、临洮县、镇原县、庆城县、合水县、瓜州县、秦安县、碌曲县、永靖县、通渭县、环县、陇西县、临泽县、渭源县、宕昌县、清水县、舟曲县、合作市、会宁县、华亭县、古浪县、张家川、临潭县、临夏县、夏河县、玉门市、乐县；处于一般劣势的县（市、区）有14个，包括文县、阿克塞、卓尼县、西和县、漳县、玛曲县、岷县、迭部县、安定区、和政县、广河县、临夏市、东乡县、积石山；处于绝对劣势的县（市、区）为0个（见表20）。

（2）结果分析

2014年甘肃省县域社会保障竞争力77个县（市、区）得分均值为71.73，处于中势，其极差、方差、标准差均相对较大，差异性较大，77个县（市、区）之间发展很不均衡；基本生活保障均值为78.94，处于一般优势，医疗保险和养老保险均值分别为69.31和67.75，处于一般劣势；3个二级指标的极差、方差、标准差都存在较大差异，在77个县（市、区）之间，3个要素配置较大失衡（见表19）。

从77个县（市、区）社会保障竞争力水平归类分布来看，行政区域分布特征、地理位置特征及贫困特征均不太明显（见表20）。

表19　2014年甘肃省县域社会保障竞争力评价

县(市、区)	排序	得分	社会保障竞争力		
			医疗保险	养老保险	基本生活保障
山丹县	1	76.02	74.68	72.70	81.11
民勤县	2	75.40	68.27	79.37	80.95
金塔县	3	74.34	70.68	69.60	83.95
高台县	4	74.20	69.13	71.88	83.29
崇信县	5	74.19	70.85	70.41	82.44
敦煌市	6	74.16	70.85	70.01	82.72
甘州区	7	74.11	71.48	68.46	83.25
凉州区	8	73.71	71.29	67.16	83.48
肃南县	9	73.69	69.53	71.79	81.14
宁　县	10	73.61	70.34	69.41	82.16

续表

县(市、区)	排序	得分	社会保障竞争力		
			医疗保险	养老保险	基本生活保障
灵台县	11	73.61	71.07	68.46	82.14
崆峒区	12	73.50	69.96	68.83	82.89
成　县	13	73.47	70.25	69.46	81.79
徽　县	14	73.46	71.52	68.89	80.61
永昌县	15	73.39	68.83	69.60	83.25
榆中县	16	73.27	69.88	68.58	82.49
肃州区	17	73.11	67.97	69.62	83.44
肃北县	18	73.00	70.76	66.23	82.77
天祝县	19	72.97	80.30	72.64	63.51
民乐县	20	72.96	68.79	69.91	81.55
景泰县	21	72.92	69.15	68.96	81.92
康　县	22	72.84	70.16	70.68	78.56
西峰区	23	72.82	67.36	68.78	84.14
麦积区	24	72.68	69.58	66.60	82.91
两当县	25	72.67	69.16	70.78	79.24
礼　县	26	72.64	71.19	65.22	81.99
皋兰县	27	72.62	69.32	66.57	83.09
庄浪县	28	72.61	70.11	67.26	81.30
靖远县	29	72.59	71.39	66.31	80.46
泾川县	30	72.51	67.92	68.15	82.98
华池县	31	72.49	70.00	68.84	79.48
永登县	32	72.47	68.61	65.99	84.11
武山县	33	72.37	68.66	68.16	81.53
静宁县	34	72.33	69.19	67.86	80.99
正宁县	35	72.28	68.96	68.59	80.41
甘谷县	36	72.06	69.66	66.17	81.16
武都区	37	72.04	70.86	66.35	79.29
临洮县	38	72.02	67.97	67.92	81.51
镇原县	39	72.01	70.11	66.08	80.48

续表

县(市、区)	排序	得分	社会保障竞争力		
			医疗保险	养老保险	基本生活保障
庆城县	40	71.97	68.69	67.26	81.05
合水县	41	71.96	68.61	68.95	79.46
瓜州县	42	71.87	69.33	75.15	71.96
秦安县	43	71.86	72.95	66.26	76.02
碌曲县	44	71.82	71.76	67.08	76.63
永靖县	45	71.65	70.53	67.67	77.11
通渭县	46	71.45	68.83	67.46	78.91
环　县	47	71.42	69.41	68.23	77.28
陇西县	48	71.32	67.20	66.80	81.32
临泽县	49	71.26	71.08	69.80	72.95
渭源县	50	71.14	68.84	68.31	77.03
宕昌县	51	71.03	68.37	68.67	76.94
清水县	52	71.02	69.02	64.78	79.94
舟曲县	53	70.97	70.65	68.78	73.61
合作市	54	70.84	70.46	66.61	75.57
会宁县	55	70.73	69.16	65.72	77.82
华亭县	56	70.69	64.43	68.14	81.60
古浪县	57	70.66	67.15	66.18	79.82
张家川	58	70.53	71.28	62.53	77.52
临潭县	59	70.42	68.60	69.49	73.79
临夏县	60	70.36	68.46	68.82	74.43
夏河县	61	70.24	68.46	68.45	74.39
玉门市	62	70.23	67.14	69.62	74.96
康乐县	63	70.21	68.24	65.32	77.74
文　县	64	69.89	67.76	65.26	77.35
阿克塞	65	69.83	65.41	64.56	81.00
卓尼县	66	69.80	69.44	65.78	74.29
西和县	67	69.77	74.14	61.96	71.77
漳　县	68	69.75	67.09	67.03	76.03

续表

县(市、区)	排序	得分	社会保障竞争力		
			医疗保险	养老保险	基本生活保障
玛曲县	69	69.62	68.82	63.18	77.12
岷　县	70	69.56	66.72	65.01	77.88
迭部县	71	69.52	69.07	64.43	75.20
安定区	72	69.18	65.35	63.60	79.85
和政县	73	68.59	67.23	65.69	73.29
广河县	74	68.01	65.14	62.60	77.23
临夏市	75	67.04	61.07	65.14	76.89
东乡县	76	66.99	70.53	65.64	63.64
积石山	77	66.91	64.38	62.66	74.53
均　值		71.73	69.31	67.75	78.94
极　差		9.11	19.23	17.41	20.63
方　差		3.41	6.06	7.95	17.07
标准差		1.85	2.46	2.82	4.13

资料来源：根据《甘肃发展年鉴》（2014）和甘肃省统计局提供的数据处理而来。

表20　2014年甘肃省县域社会保障竞争力水平归类分布一览

评价标准	县域名称(个数)
绝对优势	(0个)
一般优势	山丹县、民勤县(2个)
中势	金塔县、高台县、崇信县、敦煌市、甘州区、凉州区、肃南县、宁县、灵台县、崆峒区、成县、徽县、永昌县、榆中县、肃州区、肃北县、天祝县、民乐县、景泰县、康县、西峰区、麦积区、两当县、礼县、皋兰县、庄浪县、靖远县、泾川县、华池县、永登县、武山县、静宁县、正宁县、甘谷县、武都区、临洮县、镇原县、庆城县、合水县、瓜州县、秦安县、碌曲县、永靖县、通渭县、环县、陇西县、临泽县、渭源县、宕昌县、清水县、舟曲县、合作市、会宁县、华亭县、古浪县、张家川、临潭县、临夏县、夏河县、玉门市、乐县(61个)
一般劣势	文县、阿克塞、卓尼县、西和县、漳县、玛曲县、岷县、迭部县、安定区、和政县、广河县、临夏市、东乡县、积石山(14个)
绝对劣势	(0个)

2. 甘肃省市（州）县域社会保障竞争力子系统评价分析

（1）评价结果

2014 年甘肃省 13 个市（州）（不含嘉峪关市）县域社会保障竞争力综合评价情况如表 21 所示。2014 年甘肃省 13 个市（州）（不含嘉峪关市）县域社会保障竞争力得分：张掖市 73.70、金昌市（不含金川区）73.39、武威市 73.19、兰州市（不含 5 区）72.79、平凉市 72.78、酒泉市 72.36、庆阳市 72.32、白银市（不含白银区、平川区）72.08、陇南市 71.98、天水市（不含秦州区）71.76、定西市 70.63、甘南州 70.40，处于中势；临夏州 68.72，处于一般劣势；13 个市（州）（不含嘉峪关市）县域社会保障竞争力得分均无处于绝对优势、一般优势、绝对劣势的情况（见表 22）。

（2）结果分析

从 13 个市（州）（不含嘉峪关市）社会保障竞争力总体来看，均值为 72.01，与 77 个县（市、区）结果一致，均处在中势；基本生活保障均值为 79.51，处于一般优势，医疗保险和养老保险均值分别为 69.41 和 67.98，处于一般劣势；极差、方差、标准差明显缩小，且相对较小，说明在 13 个市（州）（不含嘉峪关市）之间差异不大，各市（州）之间相对均衡，77 个县（市、区）的评价结果反映出各市州所辖县域之间存在较大差异，各市（州）所辖县域之间发展不均衡（见表 21）。

13 个市（州）（不含嘉峪关市）县域社会保障竞争力 3 个二级指标极差、方差、标准差与 77 个县（市、区）相较明显缩小，但基本生活保障和养老保险仍然存在一定差异，要素配置不均衡；同时 77 个县（市、区）的评价结果也说明各市州所辖县域之间存在一定差异，各市（州）所辖县域之间要素配置不均衡（见表 21）。

表21　2014年甘肃省13个市（州）县域社会保障竞争力评价

市(州)	排序	得分	社会保障竞争力		
			医疗保险	养老保险	基本生活保障
张掖市	1	73.70	70.78	70.76	80.55
金昌市(不含金川区)	2	73.39	68.83	69.60	83.25
武威市	3	73.19	71.75	71.34	76.94
兰州市(不含5区)	4	72.79	69.27	67.05	83.23
平凉市	5	72.78	69.07	68.44	82.05
酒泉市	6	72.36	68.88	69.25	80.11
庆阳市	7	72.32	69.18	68.27	80.56
白银市(不含白银区、平川区)	8	72.08	69.90	67.00	80.07
陇南市	9	71.98	70.38	67.47	78.62
天水市(不含秦州区)	10	71.76	70.19	65.75	79.85
定西市	11	70.63	67.43	66.59	78.93
甘南州	12	70.40	69.66	66.72	75.08
临夏州	13	68.72	66.95	65.44	74.36
均　值		72.01	69.41	67.98	79.51
极　差		4.99	4.80	5.90	8.90
方　差		1.91	1.67	3.38	7.60
标准差		1.38	1.29	1.84	2.76

资料来源：根据《甘肃发展年鉴》（2014）和甘肃省统计局提供的数据处理而来。

表22　2014年甘肃省13个市（州）县域社会保障竞争力水平归类分布一览

评价标准	市(州)名称(个数)
绝对优势	(0个)
一般优势	(0个)
中势	张掖市、金昌市(不含金川区)、武威市、兰州市(不含5区)、平凉市、酒泉市、庆阳市、白银市(不含白银区、平川区)、陇南市、天水市(不含秦州区)、定西市、甘南州(12个)
一般劣势	临夏州(1个)
绝对劣势	(0个)

注：不含嘉峪关市。

（五）甘肃省县域公共服务竞争力子系统评价分析

1. 甘肃省县域公共服务竞争力子系统评价结果

（1）评价结果

通过对科技服务、文化娱乐、医疗卫生3个二级指标进行计算和分析，2014年甘肃省77个县（市、区）县域公共服务竞争力评价情况如表23所示。

根据2014年甘肃省县域公共服务竞争力得分，甘肃省77个县（市、区）处于绝对优势的县（市、区）为0个；处于一般优势的县（市、区）有1个，阿克塞；处于中势的县（市、区）有3个，包括肃北县、肃州区、碌曲县；处于一般劣势的县（市、区）有18个，包括甘州区、肃南县、华亭县、崆峒区、西峰区、高台县、天祝县、两当县、庄浪县、山丹县、民勤县、成县、康县、玛曲县、临泽县、凉州区、临夏市、灵台县；处于绝对劣势的县（市、区）有55个，包括永靖县、陇西县、合水县、迭部县、玉门市、华池县、临潭县、环县、瓜州县、永登县、金塔县、麦积区、卓尼县、通渭县、静宁县、皋兰县、会宁县、永昌县、徽县、泾川县、靖远县、舟曲县、民乐县、景泰县、崇信县、敦煌市、榆中县、临洮县、和政县、庆城县、张家川、渭源县、甘谷县、古浪县、临夏县、武山县、镇原县、岷县、武都区、正宁县、安定区、秦安县、康乐县、礼县、清水县、宕昌县、夏河县、合作市、积石山、宁县、西和县、广河县、漳县、东乡县、文县（见表24）。

（2）结果分析

2014年甘肃省县域公共服务竞争力77个县（市、区）得分均值为64.58，处于绝对劣势，其极差、方差、标准差均相对较大，差异性较大，77个县（市、区）之间发展很不均衡；医疗卫生均值为67.25，处于一般劣势，科技服务和文化娱乐均值分别为64.53和

61.45，处于绝对劣势；3个二级指标的极差、方差、标准差都存在较大差异，在77个县（市、区）之间，3个要素配置较大失衡（见表23）。

从77个县（市、区）公共服务竞争力水平归类分布来看，地理位置特征及贫困特征均较为明显，河西地区、经济发展较好的地区公共服务竞争力相对较好，而贫困地区公共服务竞争力水平相对较低（见表24）。

表23 2014年甘肃省县域公共服务竞争力评价

县(市、区)	排序	得分	社会保障竞争力		
			科技服务	文化娱乐	医疗卫生
阿克塞	1	75.33	80.42	70.57	71.66
肃北县	2	74.84	75.81	77.60	71.09
肃州区	3	70.25	74.52	60.53	71.96
碌曲县	4	70.23	72.46	62.97	72.94
甘州区	5	68.07	65.81	60.76	77.55
肃南县	6	67.78	67.44	65.18	70.46
华亭县	7	67.40	68.69	60.85	70.94
崆峒区	8	66.81	65.70	60.44	73.77
西峰区	9	66.57	62.49	63.12	75.57
高台县	10	66.47	65.63	63.32	70.35
天祝县	11	66.36	68.71	60.72	67.54
两当县	12	66.16	69.06	62.48	64.89
庄浪县	13	65.96	66.37	60.32	70.04
山丹县	14	65.87	64.71	61.08	71.59
民勤县	15	65.81	67.81	60.47	67.28
成　县	16	65.80	66.83	60.57	68.62
康　县	17	65.51	68.25	61.28	64.92
玛曲县	18	65.40	64.82	62.01	69.11
临泽县	19	65.40	66.16	60.85	68.06
凉州区	20	65.37	61.35	60.77	75.24

续表

县(市、区)	排序	得分	社会保障竞争力		
			科技服务	文化娱乐	医疗卫生
临夏市	21	65.18	62.02	60.39	73.91
灵台县	22	65.07	65.28	64.32	65.37
永靖县	23	64.94	63.85	60.50	70.28
陇西县	24	64.92	64.95	60.47	68.57
合水县	25	64.91	67.14	61.10	64.74
迭部县	26	64.90	65.81	60.98	66.79
玉门市	27	64.85	64.71	61.37	67.94
华池县	28	64.79	66.06	60.90	66.11
临潭县	29	64.69	66.74	60.80	64.87
环　县	30	64.66	65.18	64.06	64.36
瓜州县	31	64.57	65.46	61.54	65.78
永登县	32	64.49	63.75	62.58	67.20
金塔县	33	64.45	64.53	60.42	67.69
麦积区	34	64.45	63.02	60.31	70.05
卓尼县	35	64.45	66.88	60.57	64.03
通渭县	36	64.44	64.53	60.54	67.55
静宁县	37	64.39	64.19	60.39	68.04
皋兰县	38	64.38	65.93	60.50	65.30
会宁县	39	64.27	64.60	60.31	67.08
永昌县	40	64.19	64.06	61.26	66.83
徽　县	41	64.17	65.28	60.60	65.48
泾川县	42	64.15	64.06	60.35	67.45
靖远县	43	64.12	65.66	60.02	65.22
舟曲县	44	64.10	65.55	60.03	65.33
民乐县	45	64.10	64.21	61.53	66.09
景泰县	46	63.95	64.98	60.69	65.12
崇信县	47	63.95	65.01	61.54	64.37
敦煌市	48	63.93	63.84	60.95	66.55
榆中县	49	63.82	63.99	60.26	66.52

续表

县(市、区)	排序	得分	社会保障竞争力		
			科技服务	文化娱乐	医疗卫生
临洮县	50	63.70	60.97	60.23	70.69
和政县	51	63.67	60.23	67.50	65.62
庆城县	52	63.53	63.35	62.19	64.92
张家川	53	63.41	62.63	60.84	66.73
渭源县	54	63.39	63.68	60.03	65.76
甘谷县	55	63.37	63.40	60.50	65.72
古浪县	56	63.29	63.60	60.28	65.34
临夏县	57	63.21	63.29	60.01	65.77
武山县	58	63.04	63.23	60.26	65.07
镇原县	59	63.01	60.83	62.59	66.64
岷　县	60	62.94	62.87	60.13	65.37
武都区	61	62.76	60.91	60.38	67.52
正宁县	62	62.75	60.42	62.65	66.35
安定区	63	62.75	61.73	60.55	66.14
秦安县	64	62.73	60.72	60.21	67.84
康乐县	65	62.56	63.19	60.02	63.75
礼　县	66	62.49	62.60	60.26	64.18
清水县	67	62.34	61.48	60.42	65.24
宕昌县	68	62.28	60.72	60.39	66.20
夏河县	69	62.19	60.32	61.27	65.77
合作市	70	62.15	60.03	61.19	66.12
积石山	71	62.14	62.04	60.41	63.72
宁　县	72	61.96	60.37	61.93	64.36
西和县	73	61.67	60.90	60.57	63.73
广河县	74	61.52	60.07	60.21	64.77
漳　县	75	61.42	60.82	60.61	62.99
东乡县	76	60.86	60.05	60.35	62.50
文　县	77	60.68	60.29	60.51	61.41
均　值		64.58	64.53	61.45	67.25
极　差		14.65	20.39	17.59	16.14
方　差		6.30	12.99	6.29	10.08
标准差		2.51	3.60	2.51	3.18

资料来源：根据《甘肃发展年鉴》（2014）和甘肃省统计局提供的数据处理而来。

表24　2014年甘肃省县域公共服务竞争力水平归类分布一览

评价标准	县域名称(个数)
绝对优势	(0个)
一般优势	阿克塞(1个)
中势	肃北县、肃州区、碌曲县(3个)
一般劣势	甘州区、肃南县、华亭县、崆峒区、西峰区、高台县、天祝县、两当县、庄浪县、山丹县、民勤县、成县、康县、玛曲县、临泽县、凉州区、临夏市、灵台县(18个)
绝对劣势	永靖县、陇西县、合水县、迭部县、玉门市、华池县、临潭县、环县、瓜州县、永登县、金塔县、麦积区、卓尼县、通渭县、静宁县、皋兰县、会宁县、永昌县、徽县、泾川县、靖远县、舟曲县、民乐县、景泰县、崇信县、敦煌市、榆中县、临洮县、和政县、庆城县、张家川、渭源县、甘谷县、古浪县、临夏县、武山县、镇原县、岷县、武都区、正宁县、安定区、秦安县、康乐县、礼县、清水县、宕昌县、夏河县、合作市、积石山、宁县、西和县、广河县、漳县、东乡县、文县(55个)

2. 甘肃省市（州）县域公共服务竞争力子系统评价分析

（1）评价结果

2014年甘肃省13个市（州）（不含嘉峪关市）县域公共服务竞争力综合评价情况如表25所示。2014年甘肃省13个市（州）（不含嘉峪关市）县域公共服务竞争力得分：酒泉市68.32、张掖市66.28、平凉市65.39、武威市65.21，处于一般劣势；甘南州64.77、兰州市（不含5区）64.23、金昌市（不含金川区）64.19、白银市（不含白银区、平川区）64.11、庆阳市64.02、陇南市63.50、定西市63.36、天水市（不含秦州区）63.22、临夏州63.01，处于绝对劣势；13个市（州）（不含嘉峪关市）县域公共服务竞争力得分均无处于绝对优势、一般优势、中势的情况（见表26）。

（2）结果分析

从13个市（州）（不含嘉峪关市）公共服务竞争力总体来看，均值为64.59，与77个县（市、区）结果一致，均处在绝对劣势；医疗卫生均值为67.27，处于一般劣势，科技服务和文化娱乐均值分别为64.59和

61.35，处于绝对劣势；极差、方差、标准差明显缩小，但仍相对较大，说明13个市（州）（不含嘉峪关市）之间差异较大，各市（州）之间相对不均衡，77个县（市、区）的评价结果反映出各市州所辖县域之间存在较大差异，各市（州）所辖县域之间发展不均衡（见表25）。

13个市（州）（不含嘉峪关市）县域社会保障竞争力3个二级指标极差、方差、标准差与77个县（市、区）相较明显缩小，但科技服务仍存在较大差异，文化娱乐和医疗卫生仍存在一定差异，要素配置不均衡；同时77个县（市、区）评价结果也说明各市（州）所辖县域之间存在一定差异，各市（州）所辖县域之间要素配置不均衡（见表25）。

表25　2014年甘肃省13个市（州）县域公共服务竞争力评价

市(州)	排序	得分	社会保障竞争力		
			科技服务	文化娱乐	医疗卫生
酒泉市	1	68.32	69.90	64.71	68.95
张掖市	2	66.28	65.66	62.12	70.68
平凉市	3	65.39	65.61	61.17	68.57
武威市	4	65.21	65.37	60.56	68.85
甘南州	5	64.77	65.33	61.23	66.87
兰州市(不含5区)	6	64.23	64.55	61.12	66.34
金昌市(不含金川区)	7	64.19	64.06	61.26	66.83
白银市(不含白银区、平川区)	8	64.11	65.08	60.34	65.81
庆阳市	9	64.02	63.23	62.32	66.63
陇南市	10	63.50	63.87	60.78	65.22
定西市	11	63.36	62.79	60.37	66.72
天水市(不含秦州区)	12	63.22	62.41	60.42	66.77
临夏州	13	63.01	61.84	61.17	66.29
均　值		64.59	64.59	61.35	67.27
极　差		5.31	8.06	4.37	5.47
方　差		2.14	4.16	1.40	2.35
标准差		1.46	2.04	1.18	1.53

资料来源：根据《甘肃发展年鉴》（2014）和甘肃省统计局提供的数据处理而来。

表 26　2014 年甘肃省 13 个市（州）县域公共服务竞争力水平归类分布一览

评价标准	市(州)名称(个数)
绝对优势	(0 个)
一般优势	(0 个)
中势	(0 个)
一般劣势	酒泉市、张掖市、平凉市、武威市(4 个)
绝对劣势	甘南州、兰州市(不含 5 区)、金昌市(不含金川区)、白银市(不含白银区、平川区)、庆阳市、陇南市、定西市、天水市(不含秦州区)、临夏州(9 个)

注：不含嘉峪关市。

（六）甘肃省县域生活环境竞争力子系统评价分析

1. 甘肃省县域生活环境竞争力子系统评价结果

（1）评价结果

通过对生活环境、环境保护、农业环境 3 个二级指标进行计算和分析，2014 年甘肃省 77 个县（市、区）县域生活环境竞争力评价情况如表 27 所示。

根据 2014 年甘肃省县域生活环境竞争力得分，甘肃省 77 个县（市、区）处于绝对优势的县（市、区）有 6 个，包括华池县、舟曲县、碌曲县、玛曲县、迭部县、合作市；处于一般优势的县（市、区）有 57 个，包括康县、泾川县、西峰区、肃南县、康乐县、两当县、渭源县、正宁县、夏河县、敦煌市、会宁县、广河县、临潭县、临夏市、民勤县、文县、高台县、和政县、礼县、陇西县、甘州区、安定区、成县、临泽县、清水县、徽县、庆城县、卓尼县、武都区、凉州区、玉门市、阿克塞、宁县、岷县、民乐县、灵台县、麦积区、永昌县、临洮县、武山县、永靖县、宕昌县、临夏县、肃北县、秦安县、金塔县、永登县、肃州区、景泰县、张家川、静宁县、靖远县、庄浪县、甘谷县、镇原县、华亭县、环县；处于中势的县（市、区）有14个，包括崆峒区、西和县、通渭县、合水县、漳县、东乡县、积石山、天祝县、瓜州县、山丹县、皋兰县、崇信县、古浪县、榆中县；处于一般劣势和绝对劣势的县（市、区）为0个（见表28）。

（2）结果分析

2014年甘肃省县域生活环境竞争力77个县（市、区）得分均值为76.88，处于一般优势，其极差、方差、标准差均相对较大，差异性较大，77个县（市、区）之间发展很不均衡；环境保护均值为82.12，处于绝对优势，农业环境均值为78.48，处于一般优势，生活环境均值为68.29，处于一般劣势；3个二级指标的极差、方差、标准差都存在较大差异，在77个县（市、区）之间，3个要素配置较大失衡（见表27）。

从77个县（市、区）生活环境竞争力水平归类分布来看，经济结构特征均较为明显，工业化发展较快的地区生活环境竞争力水平相对较低，而产业单一或以农业发展为主的地区生活环境竞争力水平相对较高；甘肃省整体而言，县域经济社会发展工业化程度较低，因此，生活环境竞争力整体水平相对较高（见表28）。

表27　2014年甘肃省县域生活环境竞争力评价

县(市、区)	排序	得分	生活环境竞争力		
			生活环境	环境保护	农业环境
华池县	1	81.42	79.54	84.65	78.99
舟曲县	2	80.50	72.64	84.94	82.44
碌曲县	3	80.37	70.40	84.39	84.98
玛曲县	4	80.34	70.79	84.02	85.00
迭部县	5	80.09	69.02	84.92	84.70
合作市	6	80.04	69.36	84.57	84.68
康　县	7	79.86	74.49	84.08	79.60

续表

县(市、区)	排序	得分	生活环境竞争力		
			生活环境	环境保护	农业环境
泾川县	8	79.68	73.12	84.25	80.17
西峰区	9	79.54	72.74	84.27	80.04
肃南县	10	79.44	73.55	81.31	82.85
康乐县	11	79.34	72.09	84.16	80.16
两当县	12	79.24	78.99	84.68	72.25
渭源县	13	79.18	70.31	84.33	81.17
正宁县	14	79.12	71.99	84.14	79.55
夏河县	15	78.96	71.15	80.34	84.93
敦煌市	16	78.81	70.59	83.44	80.86
会宁县	17	78.77	69.83	84.88	79.56
广河县	18	78.62	71.44	84.73	77.66
临潭县	19	78.58	67.70	83.94	82.32
临夏市	20	78.55	68.54	83.06	82.53
民勤县	21	78.53	70.71	84.38	78.55
文　县	22	78.52	75.08	80.24	79.66
高台县	23	78.47	70.91	82.76	80.31
和政县	24	78.29	68.52	84.36	79.98
礼　县	25	78.15	70.40	84.20	77.83
陇西县	26	78.07	70.10	83.03	79.42
甘州区	27	77.96	71.26	81.03	80.58
安定区	28	77.92	71.69	84.04	75.99
成　县	29	77.74	68.21	82.57	80.81
临泽县	30	77.61	71.92	80.77	79.10
清水县	31	77.57	71.71	83.85	75.05
徽　县	32	77.34	64.53	84.79	80.22
庆城县	33	77.31	67.06	84.35	78.17
卓尼县	34	77.30	61.27	83.99	84.39
武都区	35	77.12	71.57	84.22	73.20
凉州区	36	76.97	70.88	82.28	75.98

续表

县(市、区)	排序	得分	生活环境竞争力		
			生活环境	环境保护	农业环境
玉门市	37	76.90	70.50	80.50	78.50
阿克塞	38	76.75	65.88	81.32	81.53
宁　县	39	76.74	69.94	84.67	72.97
岷　县	40	76.68	60.74	84.64	82.00
民乐县	41	76.62	72.08	79.71	77.04
灵台县	42	76.51	63.44	83.54	80.21
麦积区	43	76.40	72.10	83.92	70.67
永昌县	44	76.39	71.03	81.17	75.39
临洮县	45	76.34	66.84	83.34	76.53
武山县	46	76.10	71.28	83.38	71.21
永靖县	47	76.01	69.76	79.32	77.84
宕昌县	48	75.89	61.62	84.31	78.93
临夏县	49	75.86	61.90	84.33	78.51
肃北县	50	75.86	60.30	84.39	80.03
秦安县	51	75.83	65.32	84.25	75.11
金塔县	52	75.74	60.75	83.72	80.09
永登县	53	75.55	67.82	77.95	80.06
肃州区	54	75.50	61.12	82.75	80.19
景泰县	55	75.46	67.34	78.26	79.86
张家川	56	75.45	62.97	83.78	76.83
静宁县	57	75.41	67.43	82.99	73.29
靖远县	58	75.25	69.44	79.34	75.62
庄浪县	59	75.19	68.57	80.28	75.02
甘谷县	60	75.17	69.14	80.91	73.56
镇原县	61	75.15	61.56	84.01	76.93
华亭县	62	75.08	73.15	71.73	81.49
环　县	63	75.03	70.78	83.13	68.47
崆峒区	64	74.98	71.58	75.11	78.20
西和县	65	74.91	64.48	80.26	78.20

续表

县(市、区)	排序	得分	生活环境竞争力		
			生活环境	环境保护	农业环境
通渭县	66	74.90	61.88	84.48	75.14
合水县	67	74.89	66.59	84.20	70.78
漳　县	68	74.82	63.14	79.11	80.78
东乡县	69	74.70	61.08	80.59	80.47
积石山	70	74.60	62.01	82.73	76.34
天祝县	71	74.24	71.93	72.60	78.73
瓜州县	72	74.23	60.47	81.77	77.95
山丹县	73	73.73	60.53	79.95	78.64
皋兰县	74	73.67	66.30	74.09	80.48
崇信县	75	73.54	65.03	75.92	78.89
古浪县	76	71.72	61.51	79.81	71.13
榆中县	77	70.65	64.68	71.15	75.96
均　值		76.88	68.29	82.12	78.48
极　差		10.77	19.23	13.79	16.53
方　差		4.53	20.35	10.05	12.98
标准差		2.13	4.51	3.17	3.60

资料来源：根据《甘肃发展年鉴》（2014）和甘肃省统计局提供的数据处理而来。

表 28　2014 年甘肃省县域生活环境竞争力水平归类分布一览

评价标准	县域名称(个数)
绝对优势	华池县、舟曲县、碌曲县、玛曲县、迭部县、合作市(6个)
一般优势	康县、泾川县、西峰区、肃南县、康乐县、两当县、渭源县、正宁县、夏河县、敦煌市、会宁县、广河县、临潭县、临夏市、民勤县、文县、高台县、和政县、礼县、陇西县、甘州区、安定区、成县、临泽县、清水县、徽县、庆城县、卓尼县、武都区、凉州区、玉门市、阿克塞、宁县、岷县、民乐县、灵台县、麦积区、永昌县、临洮县、武山县、永靖县、宕昌县、临夏县、肃北县、秦安县、金塔县、永登县、肃州区、景泰县、张家川、静宁县、靖远县、庄浪县、甘谷县、镇原县、华亭县、环县(57个)
中势	崆峒区、西和县、通渭县、合水县、漳县、东乡县、积石山、天祝县、瓜州县、山丹县、皋兰县、崇信县、古浪县、榆中县(14个)
一般劣势	(0个)
绝对劣势	(0个)

2. 甘肃省市（州）县域生活环境竞争力子系统评价分析

（1）评价结果

2014 年甘肃省 13 个市（州）（不含嘉峪关市）县域生活环境竞争力综合评价情况如表 29 所示。2014 年甘肃省 13 个市（州）（不含嘉峪关市）县域公共服务竞争力得分：甘南州 79.52、陇南市 77.64、庆阳市 77.40、张掖市 77.31、临夏州 77.00、定西市 76.84、白银市（不含白银区、平川区）76.49、金昌市（不含金川区）76.39、酒泉市 76.26、天水市（不含秦州区）76.09、平凉市 75.77、武威市 75.36，处于一般优势；兰州市（不含 5 区）73.29，处于中势；13 个市（州）（不含嘉峪关市）县域生活环境竞争力得分均无处于一般劣势、绝对劣势的情况（见表 30）。

（2）结果分析

从 13 个市（州）（不含嘉峪关市）生活环境竞争力总体来看，均值为 76.57，与 77 个县（市、区）结果一致，均处在一般优势；环境保护均值为 81.51，处于绝对优势，农业环境均值为 78.15，处于一般优势，生活环境均值为 68.40，处于一般劣势；极差、方差、标准差明显缩小，但仍相对较大，说明 13 个市（州）（不含嘉峪关市）之间差异较大，各市（州）之间相对不均衡，77 个县（市、区）的评价结果反映出各市（州）所辖县域之间存在较大差异，各市（州）所辖县域之间发展不均衡（见表 29）。

13 个市（州）（不含嘉峪关市）县域社会保障竞争力 3 个二级指标极差、方差、标准差与 77 个县（市、区）相较明显缩小，但环境保护和农业环境仍存在较大差异，生活环境仍存在一定差异，要素配置不均衡；同时 77 个县（市、区）评价结果也说明各市（州）所辖县域之间存在一定差异，各市（州）所辖县域之间要素配置不均衡（见表 29）。

表 29　2014 年甘肃省 13 个市（州）县域生活环境竞争力评价

市(州)	排序	得分	生活环境竞争力		
			生活环境	环境保护	农业环境
甘南州	1	79.52	69.04	83.89	84.18
陇南市	2	77.64	69.93	83.26	77.86
庆阳市	3	77.40	70.02	84.18	75.74
张掖市	4	77.31	70.04	80.92	79.75
临夏州	5	77.00	66.92	82.91	79.19
定西市	6	76.84	66.39	83.28	78.72
白银市(不含白银区、平川区)	7	76.49	68.87	80.83	78.34
金昌市(不含金川区)	8	76.39	71.03	81.17	75.39
酒泉市	9	76.26	64.23	82.56	79.88
天水市(不含秦州区)	10	76.09	68.75	83.35	73.74
平凉市	11	75.77	68.90	79.12	78.18
武威市	12	75.36	68.76	79.77	76.10
兰州市(不含 5 区)	13	73.29	66.27	74.40	78.83
均　值		76.57	68.40	81.51	78.15
极　差		6.23	6.80	9.78	10.44
方　差		2.05	3.66	7.14	6.76
标准差		1.43	1.91	2.67	2.60

资料来源：根据《甘肃发展年鉴》（2014）和甘肃省统计局提供的数据处理而来。

表 30　2014 年甘肃省 13 个市（州）县域生活环境竞争力水平归类分布一览

评价标准	市(州)名称(个数)
绝对优势	(0 个)
一般优势	甘南州、陇南市、庆阳市、张掖市、临夏州、定西市、白银市(不含白银区、平川区)、金昌市(不含金川区)、酒泉市、天水市(不含秦州区)、平凉市、武威市(12 个)
中势	兰州市(不含 5 区)(1 个)
一般劣势	(0 个)
绝对劣势	(0 个)

注：不含嘉峪关市。

（七）甘肃省县域社会结构竞争力子系统评价分析

1. 甘肃省县域社会结构竞争力子系统评价结果

（1）评价结果

通过对人口结构和城乡结构2个二级指标进行计算和分析，2014年甘肃省77个县（市、区）县域社会结构竞争力评价情况如表31所示。

根据2014年甘肃省县域社会结构竞争力得分，甘肃省77个县（市、区）处于绝对优势的县（市、区）为0个；处于一般优势的县（市、区）有9个，包括临夏市、凉州区、山丹县、武都区、崆峒区、肃州区、甘州区、华亭县、麦积区；处于中势的县（市、区）有33个，包括甘谷县、西峰区、徽县、临夏县、永登县、庄浪县、漳县、环县、武山县、宁县、崇信县、镇原县、舟曲县、高台县、敦煌市、成县、和政县、礼县、泾川县、临泽县、皋兰县、安定区、陇西县、通渭县、榆中县、玉门市、永昌县、临洮县、灵台县、阿克塞、永靖县、文县、张家川；处于一般劣势的县（市、区）有31个，包括积石山、正宁县、秦安县、庆城县、西和县、金塔县、古浪县、会宁县、合水县、静宁县、迭部县、景泰县、两当县、肃南县、清水县、岷县、合作市、东乡县、宕昌县、民乐县、靖远县、广河县、肃北县、康县、天祝县、临潭县、瓜州县、民勤县、渭源县、康乐县、夏河县；处于绝对劣势的县（市、区）有4个，包括卓尼县、华池县、碌曲县、玛曲县（见表32）。

（2）结果分析

2014年甘肃省县域社会结构竞争力77个县（市、区）得分均值为70.73，处于中势，其极差、方差、标准差均相对较大，差异性较大，77个县（市、区）之间发展很不均衡；城乡结构均值为74.52，处于中势，人口结构均值为66.93，处于一般劣势；2个二级指标的极差、方差、标准差均存在较大差异，在77个县（市、区）之间，城乡结构配置存在严重失衡，人口结构配置存在较大失衡（见表31）。

从77个县（市、区）社会结构竞争力水平归类分布来看，行政区域分布特征、地理位置特征及贫困特征均不太明显（见表32）。

表31　2014年甘肃省县域社会结构竞争力评价

县(市、区)	排序	得分	社会结构竞争力	
			人口结构	城乡结构
临夏市	1	79.64	74.97	84.30
凉州区	2	79.11	77.35	80.87
山丹县	3	76.99	68.87	85.10
武都区	4	76.57	69.34	83.80
崆峒区	5	76.45	72.94	79.96
肃州区	6	75.81	73.29	78.32
甘州区	7	75.45	72.03	78.87
华亭县	8	75.31	67.31	83.32
麦积区	9	75.15	73.03	77.27
甘谷县	10	74.62	69.65	79.58
西峰区	11	73.97	70.09	77.85
徽　县	12	73.89	64.99	82.78
临夏县	13	73.82	66.69	80.96
永登县	14	73.64	68.17	79.11
庄浪县	15	73.24	66.81	79.68
漳　县	16	73.12	64.19	82.05
环　县	17	72.97	65.47	80.48
武山县	18	72.86	68.18	77.53
宁　县	19	72.84	67.89	77.79
崇信县	20	72.79	64.22	81.37
镇原县	21	72.56	67.50	77.62
舟曲县	22	72.36	64.28	80.44
高台县	23	72.20	64.86	79.54

续表

县(市、区)	排序	得分	社会结构竞争力	
			人口结构	城乡结构
敦煌市	24	72.13	66.91	77.35
成　县	25	72.01	66.54	77.49
和政县	26	71.88	66.29	77.47
礼　县	27	71.76	68.58	74.94
泾川县	28	71.64	65.91	77.38
临泽县	29	71.63	61.91	81.36
皋兰县	30	71.62	65.49	77.76
安定区	31	71.41	69.33	73.50
陇西县	32	71.39	69.19	73.60
通渭县	33	71.28	67.22	75.33
榆中县	34	71.27	67.18	75.37
玉门市	35	71.14	68.17	74.12
永昌县	36	71.07	67.46	74.69
临洮县	37	70.86	68.24	73.48
灵台县	38	70.80	64.34	77.26
阿克塞	39	70.72	72.54	68.90
永靖县	40	70.26	66.47	74.05
文　县	41	70.12	65.71	74.52
张家川	42	70.11	65.29	74.92
积石山	43	69.86	64.77	74.95
正宁县	44	69.78	64.87	74.69
秦安县	45	69.72	67.28	72.16
庆城县	46	69.63	65.87	73.38
西和县	47	69.53	64.93	74.13
金塔县	48	69.49	65.47	73.50
古浪县	49	69.44	66.08	72.80
会宁县	50	69.24	68.64	69.84
合水县	51	69.14	64.25	74.03
静宁县	52	69.00	68.00	69.99

续表

县(市、区)	排序	得分	社会结构竞争力	
			人口结构	城乡结构
迭部县	53	68.83	65.66	72.01
景泰县	54	68.82	66.64	71.00
两当县	55	68.76	64.54	72.97
肃南县	56	68.71	66.38	71.05
清水县	57	68.68	65.16	72.21
岷　县	58	68.67	67.24	70.09
合作市	59	68.37	72.83	63.91
东乡县	60	68.37	64.05	72.68
宕昌县	61	68.34	64.97	71.71
民乐县	62	68.31	65.80	70.81
靖远县	63	68.22	67.68	68.77
广河县	64	68.07	64.92	71.23
肃北县	65	68.03	69.34	66.71
康　县	66	67.80	64.64	70.97
天祝县	67	67.80	62.51	73.09
临潭县	68	67.79	64.20	71.38
瓜州县	69	67.69	65.73	69.66
民勤县	70	67.52	65.78	69.27
渭源县	71	67.22	65.07	69.37
康乐县	72	66.89	64.96	68.82
夏河县	73	66.39	64.81	67.96
卓尼县	74	64.26	63.61	64.91
华池县	75	64.23	63.94	64.51
碌曲县	76	62.96	64.51	61.41
玛曲县	77	61.99	63.77	60.21
均　值		70.73	66.93	74.52
极　差		17.64	15.45	24.89
方　差		11.09	8.50	28.17
标准差		3.33	2.91	5.31

资料来源：根据《甘肃发展年鉴》（2014）和甘肃省统计局提供的数据处理而来。

表 32　2014 年甘肃省县域社会结构竞争力水平归类分布一览

评价标准	县域名称(个数)
绝对优势	(0 个)
一般优势	临夏市、凉州区、山丹县、武都区、崆峒区、肃州区、甘州区、华亭县、麦积区(9 个)
中势	甘谷县、西峰区、徽县、临夏县、永登县、庄浪县、漳县、环县、武山县、宁县、崇信县、镇原县、舟曲县、高台县、敦煌市、成县、和政县、礼县、泾川县、临泽县、皋兰县、安定区、陇西县、通渭县、榆中县、玉门市、永昌县、临洮县、灵台县、阿克塞、永靖县、文县、张家川(33 个)
一般劣势	积石山、正宁县、秦安县、庆城县、西和县、金塔县、古浪县、会宁县、合水县、静宁县、迭部县、景泰县、两当县、肃南县、清水县、岷县、合作市、东乡县、宕昌县、民乐县、靖远县、广河县、肃北县、康县、天祝县、临潭县、瓜州县、民勤县、渭源县、康乐县、夏河县(31)
绝对劣势	卓尼县、华池县、碌曲县、玛曲县(4 个)

2. 甘肃省市（州）县域社会结构竞争力子系统评价分析

（1）评价结果

2014 年甘肃省 13 个市（州）（不含嘉峪关市）县域社会结构竞争力综合评价情况如表 33 所示。2014 年甘肃省 13 个市（州）（不含嘉峪关市）县域社会结构竞争力得分：平凉市 72.75、张掖市 72.21、兰州市（不含 5 区）72.18、天水市（不含秦州区）71.86、临夏州 71.10、金昌市（不含金川区）71.07、陇南市 70.98、武威市 70.97、酒泉市 70.72、庆阳市 70.64、定西市 70.56，处于中势；白银市（不含白银区、平川区）68.76、甘南州 66.62，处于一般劣势；13 个市（州）（不含嘉峪关市）县域社会结构竞争力得分均无处于绝对优势、一般优势、绝对劣势的情况（见表 34）。

（2）结果分析

从 13 个市（州）（不含嘉峪关市）社会结构竞争力总体来看，均值为 70.80，与 77 个县（市、区）结果一致，均处在中势；城乡结构均值为 74.51，处于中势，人口结构均值为 67.09，处于一般劣势；极差、方差、标准差明显缩小，但仍然相对较大，说明13个市（州）（不含嘉峪关市）之间存在一定差异，77个县（市、区）的评价结果反映出各市州所辖县域之间存在较大差异，各市（州）所辖县域之间发展不均衡（见表33）。

13个市（州）（不含嘉峪关市）县域社会结构竞争力2个二级指标极差、方差、标准差与77个县（市、区）相较明显缩小，但城乡结构仍然存在较大差异，要素配置很不均衡，人口结构相对差异性较小，相对均衡；同时77个县（市、区）评价结果也说明各市州所辖县域之间存在一定差异，各市（州）所辖县域之间要素配置不均衡（见表33）。

表33　2014年甘肃省13个市（州）县域社会结构竞争力评价

市(州)	排序	得分	社会结构竞争力	
			人口结构	城乡结构
平凉市	1	72.75	67.07	78.42
张掖市	2	72.21	66.64	77.79
兰州市(不含5区)	3	72.18	66.95	77.41
天水市(不含秦州区)	4	71.86	68.10	75.61
临夏州	5	71.10	66.64	75.56
金昌市(不含金川区)	6	71.07	67.46	74.69
陇南市	7	70.98	66.03	75.93
武威市	8	70.97	67.93	74.01
酒泉市	9	70.72	68.78	72.65
庆阳市	10	70.64	66.23	75.04
定西市	11	70.56	67.21	73.92
白银市(不含白银区、平川区)	12	68.76	67.65	69.87
甘南州	13	66.62	65.46	67.78
均　值		70.80	67.09	74.51
极　差		6.13	3.32	10.64
方　差		2.56	0.83	9.17
标准差		1.60	0.91	3.03

资料来源：根据《甘肃发展年鉴》（2014）和甘肃省统计局提供的数据处理而来。

表 34　2014 年甘肃省 13 个市（州）县域社会结构竞争力水平归类分布一览

评价标准	市(州)名称(个数)
绝对优势	(0 个)
一般优势	(0 个)
中势	平凉市、张掖市、兰州市(不含 5 区)、天水市(不含秦州区)、临夏州、金昌市(不含金川区)、陇南市、武威市、酒泉市、庆阳市、定西市(11 个)
一般劣势	白银市(不含白银区、平川区)、甘南州(2 个)
绝对劣势	(0 个)

注：不含嘉峪关市。

（八）甘肃省县域科学教育竞争力子系统评价分析

1. 甘肃省县域科学教育竞争力子系统评价结果

(1) 评价结果

通过对科教支出和科教资源 2 个二级指标进行计算和分析，2014 年甘肃省 77 个县（市、区）县域科学教育竞争力评价情况如表 35 所示。

根据 2014 年甘肃省县域科学教育竞争力得分，甘肃省 77 个县（市、区）处于绝对优势的县（市、区）为 0 个；处于一般优势的县（市、区）为 0 个：处于中势的县（市、区）有 4 个，包括环县、镇原县、安定区、通渭县；处于一般劣势的县（市、区）有 60 个，包括两当县、文县、靖远县、卓尼县、天祝县、凉州区、陇西县、肃北县、会宁县、肃南县、清水县、静宁县、宁县、岷县、皋兰县、民勤县、临潭县、迭部县、渭源县、永靖县、华池县、永登县、积石山、崇信县、礼县、泾川县、甘谷县、东乡县、庄浪县、秦安县、榆中县、康县、正宁县、灵台县、碌曲县、景泰县、麦积区、临夏县、夏河县、民乐县、临洮县、阿克塞、西峰区、康乐县、成县、徽县、宕昌县、古浪县、武山县、张家川、合水县、庆城县、和政县、华亭县、甘州区、武都区、漳县、临泽县、敦煌市、肃州区；处于绝对劣势的县（市、区）有13个，包括舟曲县、西和县、玉门市、崆峒区、合作市、玛曲县、临夏市、金塔县、广河县、永昌县、瓜州县、高台县、山丹县（见表36）。

（2）结果分析

2014年甘肃省县域社会结构竞争力77个县（市、区）得分均值为66.94，处于一般劣势，其极差、方差、标准差均相对较大，差异性较大，77个县（市、区）之间发展很不均衡；科教资源均值为68.76、科教支出均值为65.11，均处于一般劣势；2个二级指标的极差、方差、标准差均存在较大差异，在77个县（市、区）之间，科教支出和科教资源配置存在较大失衡（见表35）。

从77个县（市、区）科学教育竞争力水平归类分布来看，行政区域分布特征、地理位置特征及贫困特征均不太明显（见表36）。

表35　2014年甘肃省县域科学教育竞争力评价

县(市、区)	排序	得分	科学教育竞争力	
			科教支出	科教资源
环　县	1	74.23	77.11	71.34
镇原县	2	70.88	72.30	69.45
安定区	3	70.59	68.15	73.02
通渭县	4	70.15	66.23	74.07
两当县	5	69.95	66.04	73.85
文　县	6	69.94	67.10	72.77
靖远县	7	69.88	68.44	71.31
卓尼县	8	69.86	63.36	76.37
天祝县	9	69.66	64.13	75.18
凉州区	10	69.55	69.14	69.97
陇西县	11	69.40	68.81	69.99

续表

县(市、区)	排序	得分	科学教育竞争力	
			科教支出	科教资源
肃北县	12	69.33	66.35	72.31
会宁县	13	69.18	66.63	71.73
肃南县	14	68.98	64.24	73.72
清水县	15	68.89	65.61	72.17
静宁县	16	68.79	66.17	71.42
宁　县	17	68.38	67.26	69.51
岷　县	18	68.32	69.83	66.81
皋兰县	19	68.22	65.53	70.90
民勤县	20	68.18	68.32	68.04
临潭县	21	68.12	63.13	73.11
迭部县	22	67.96	62.37	73.55
渭源县	23	67.92	67.82	68.03
永靖县	24	67.83	62.88	72.77
华池县	25	67.49	64.82	70.16
永登县	26	67.38	65.54	69.22
积石山	27	67.33	62.05	72.61
崇信县	28	67.32	63.66	70.98
礼　县	29	67.32	65.90	68.73
泾川县	30	67.26	65.91	68.62
甘谷县	31	67.21	66.09	68.33
东乡县	32	67.18	66.25	68.11
庄浪县	33	67.14	65.04	69.23
秦安县	34	67.06	66.78	67.35
榆中县	35	67.06	65.68	68.44
康　县	36	67.05	63.51	70.60
正宁县	37	66.99	63.71	70.26
灵台县	38	66.98	63.22	70.74
碌曲县	39	66.86	62.91	70.80
景泰县	40	66.84	62.65	71.04

续表

县(市、区)	排序	得分	科学教育竞争力	
			科教支出	科教资源
麦积区	41	66.72	67.56	65.88
临夏县	42	66.42	64.47	68.37
夏河县	43	66.31	63.57	69.05
民乐县	44	66.30	65.35	67.25
临洮县	45	66.19	65.79	66.59
阿克塞	46	66.11	64.21	68.00
西峰区	47	66.10	65.50	66.70
康乐县	48	66.07	63.86	68.27
成　县	49	65.96	62.41	69.51
徽　县	50	65.94	62.42	69.46
宕昌县	51	65.93	64.05	67.81
古浪县	52	65.90	64.44	67.37
武山县	53	65.89	65.00	66.77
张家川	54	65.83	63.06	68.60
合水县	55	65.79	64.75	66.83
庆城县	56	65.75	64.48	67.01
和政县	57	65.62	64.02	67.22
华亭县	58	65.57	62.81	68.33
甘州区	59	65.56	65.75	65.38
武都区	60	65.53	64.68	66.38
漳　县	61	65.46	62.55	68.36
临泽县	62	65.45	64.19	66.72
敦煌市	63	65.12	65.71	64.54
肃州区	64	65.07	67.35	62.80
舟曲县	65	64.75	62.82	66.69
西和县	66	64.75	63.77	65.73
玉门市	67	64.73	64.70	64.75
崆峒区	68	64.68	63.98	65.38
合作市	69	64.58	61.07	68.09

续表

县(市、区)	排序	得分	科学教育竞争力	
			科教支出	科教资源
玛曲县	70	64.55	63.79	65.31
临夏市	71	64.21	66.32	62.10
金塔县	72	64.05	64.29	63.81
广河县	73	63.92	63.45	64.39
永昌县	74	63.79	63.56	64.01
瓜州县	75	63.73	61.54	65.92
高台县	76	63.66	62.89	64.44
山丹县	77	63.37	62.95	63.79
均　值		66.94	65.11	68.76
极　差		10.86	16.04	14.27
方　差		4.13	6.17	9.32
标准差		2.03	2.48	3.05

资料来源：根据《甘肃发展年鉴》（2014）和甘肃省统计局提供的数据处理而来。

表 36　2014 年甘肃省县域科学教育竞争力水平归类分布一览

评价标准	县域名称(个数)
绝对优势	(0 个)
一般优势	(0 个)
中势	环县、镇原县、安定区、通渭县(4 个)
一般劣势	两当县、文县、靖远县、卓尼县、天祝县、凉州区、陇西县、肃北县、会宁县、肃南县、清水县、静宁县、宁县、岷县、皋兰县、民勤县、临潭县、迭部县、渭源县、永靖县、华池县、永登县、积石山、崇信县、礼县、泾川县、甘谷县、东乡县、庄浪县、秦安县、榆中县、康县、正宁县、灵台县、碌曲县、景泰县、麦积区、临夏县、夏河县、民乐县、临洮县、阿克塞、西峰区、康乐县、成县、徽县、宕昌县、古浪县、武山县、张家川、合水县、庆城县、和政县、华亭县、甘州区、武都区、漳县、临泽县、敦煌市、肃州区(60 个)
绝对劣势	舟曲县、西和县、玉门市、崆峒区、合作市、玛曲县、临夏市、金塔县、广河县、永昌县、瓜州县、高台县、山丹县(13 个)

2. 甘肃省市（州）县域科学教育竞争力子系统评价分析

（1）评价结果

2014年甘肃省13个市（州）（不含嘉峪关市）县域科学教育竞争力综合评价情况如表37所示。2014年甘肃省13个市（州）（不含嘉峪关市）县域科学教育竞争力得分：白银市（不含白银区、平川区）68.63、武威市68.32、定西市68.29、庆阳市68.20、兰州市（不含5区）67.55、天水市（不含秦州区）66.93、陇南市66.93、平凉市66.82、甘南州66.62、临夏州66.07、张掖市65.55、酒泉市65.45，处于一般劣势；金昌市（不含金川区）63.79，处于绝对劣势；13个市（州）（不含嘉峪关市）县域科学教育竞争力得分均无处于绝对优势、一般优势、中势的情况（见表38）。

（2）结果分析

从13个市（州）（不含嘉峪关市）科学教育竞争力总体来看，均值为66.86，与77个县（市、区）结果一致，均处在中势；科教资源均值为68.58、科技支撑均值为65.13，均处于一般劣势；极差、方差、标准差明显缩小，且相对较小，说明13个市（州）（不含嘉峪关市）之间不存在太大差异，77个县（市、区）的评价结果反映出各市（州）所辖县域之间存在较大差异，各市（州）所辖县域之间发展不均衡（见表37）。

13个市（州）（不含嘉峪关市）县域科学教育竞争力2个二级指标极差、方差、标准差与77个县（市、区）相较明显缩小，但科教资源仍然存在较大差异，要素配置很不均衡，科教支出相对差异性较小，相对均衡；同时77个县（市、区）评价结果也说明各市州所辖县域之间存在一定差异，各市（州）所辖县域之间要素配置不均衡（见表37）。

表 37　2014 年甘肃省 13 个市（州）县域科学教育竞争力评价

市(州)	排序	得分	科学教育竞争力	
			科教支出	科教资源
白银市(不含白银区、平川区)	1	68.63	65.91	71.36
武威市	2	68.32	66.51	70.14
定西市	3	68.29	67.02	69.55
庆阳市	4	68.20	67.49	68.91
兰州市(不含 5 区)	5	67.55	65.58	69.52
天水市(不含秦州区)	6	66.93	65.68	68.18
陇南市	7	66.93	64.43	69.43
平凉市	8	66.82	64.40	69.24
甘南州	9	66.62	62.88	70.37
临夏州	10	66.07	64.16	67.98
张掖市	11	65.55	64.23	66.88
酒泉市	12	65.45	64.88	66.02
金昌市(不含金川区)	13	63.79	63.56	64.01
均　值		66.86	65.13	68.58
极　差		4.85	4.62	7.35
方　差		1.95	1.88	3.94
标准差		1.40	1.37	1.99

资料来源：根据《甘肃发展年鉴》（2014）和甘肃省统计局提供的数据处理而来。

表 38　2014 年甘肃省 13 个市（州）县域科学教育竞争力水平归类分布一览

评价标准	市(州)名称(个数)
绝对优势	(0 个)
一般优势	(0 个)
中势	(0 个)
一般劣势	白银市(不含白银区、平川区)、武威市、定西市、庆阳市、兰州市(不含 5 区)、天水市(不含秦州区)、陇南市、平凉市、甘南州、临夏州、张掖市、酒泉市(12 个)
绝对劣势	金昌市(不含金川区)(1 个)

注：不含嘉峪关市。

四 小结

通过以上分析，甘肃省县域竞争力具有以下明显特征。

第一，甘肃省县域竞争力整体水平相对较低。

第二，甘肃省县域竞争力各市（州）及各市（州）所辖县域之间差异性较大，县域竞争力发展很不均衡。

第三，甘肃省县域竞争力各市（州）及各市（州）所辖县域之间要素配置差异性较大，县域竞争力要素配置很不均衡。

第四，甘肃省各市（州）及各市（州）所辖县域之间县域竞争力具有一定的行政区域、地理位置、经济发展、经济结构等因素制约下的分布特征。

第五，甘肃省贫困地区县域竞争力上升趋势较为明显。

专题篇

Thematic Articles

B.3
甘肃县域发展水平空间布局分析

徐吉宏　王建兵*

摘　要：本文运用地理信息技术（GIS）空间分析方法，将2014年甘肃77个县（市、区）按一定的判定标准进行分类，利用GIS制图方法，制作甘肃县域发展水平以及评价指标体系的8个子系统（宏观经济、产业发展、基础设施、社会保障、公共服务、生活环境、社会结构、科学教育）空间分布图，以直观形象地反映甘肃县域发展水平空间分布状况，并简要对其进行分析。

关键词：GIS　县域社会　空间分布　甘肃

* 徐吉宏，甘肃社会科学院农村发展研究所助理研究员，硕士，主要研究方向为农村发展及地理信息技术；王建兵，甘肃社会科学院农村发展研究所所长、研究员，博士。

一　研究对象及标准

（一）研究区域

2015 年课题组对甘肃除兰州市 5 区（城关区、七里河区、安宁区、西固区、红古区）、白银市 2 区（平川区、白银区）、天水市 1 区（秦州区）、金昌市 1 区（金川区），以及嘉峪关市等县域之外的 77 个县域进行研究分析。

（二）地域分类

依照甘肃省委、省政府提出的省域发展战略思路（中心带动、两翼齐飞、组团发展、整体推进），参考 2015 年甘肃蓝皮书[①]地域划分标准，仍将甘肃按地域划分为中心区域、陇中区域、河西区域、陇东区域和两南区域五大区域（简称地域区）（见图 1 和图 2）

（三）判定标准

本书将县域社会与经济合二为一，将县域发展水平平均得分处于 1 ~ 25 位的县（市、区）划入上游区，平均得分处于 26 ~ 51 位的县（市、区）划入中游区，平均得分处于 52 ~ 77 的县（市、区）划入下游区；将县域发展水平平均得分处于 1 ~ 4 位的市（州）划入上游区，平均得分处于 5 ~ 9 位的市（州）划入中游区，平均得分处于 10 ~ 13 位的市（州）划入下游区。

① 刘进军、柳民、王建兵：《甘肃县域社会发展评价报告（2015）》，社会科学文献出版社，2015。

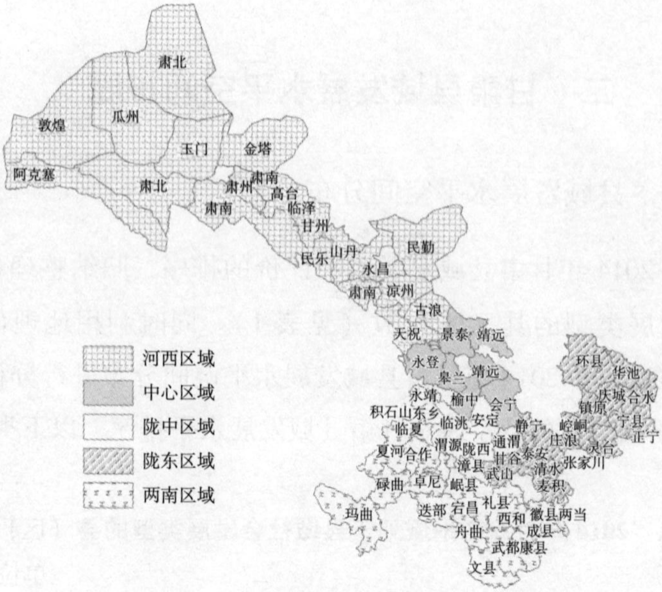

图1　甘肃地域区县域分布

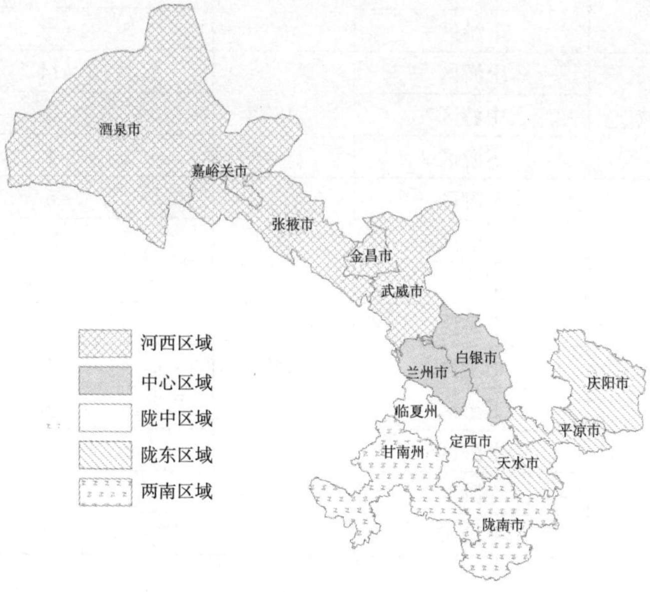

图2　甘肃市（州）地域区分布

二 甘肃县域发展水平空间布局[①]

（一）县域发展水平空间分布

根据2014年甘肃县域发展水平评价的排序，归纳整理各地域处于县域发展类型的县（区）数（见表1）。同时利用地理信息技术（GIS）方法，对2014年甘肃县域发展水平空间分布进行分析（见图3，图中县域对应的数字表示甘肃县域发展水平排序，以下类同）。

表1 2014年甘肃各地域处于县域社会发展类型的县（区）数

单位：个

经济区	区位	县数	2014年甘肃县域社会发展
中心区域	上游区	6	2
	中游区		3
	下游区		1
河西区域	上游区	18	14
	中游区		3
	下游区		1
陇东区域	上游区	21	6
	中游区		12
	下游区		3
陇中区域	上游区	15	1
	中游区		4
	下游区		10
两南区域	上游区	17	2
	中游区		4
	下游区		11

① 本文数据由2015年甘肃统计局统计数据计算整理而得。

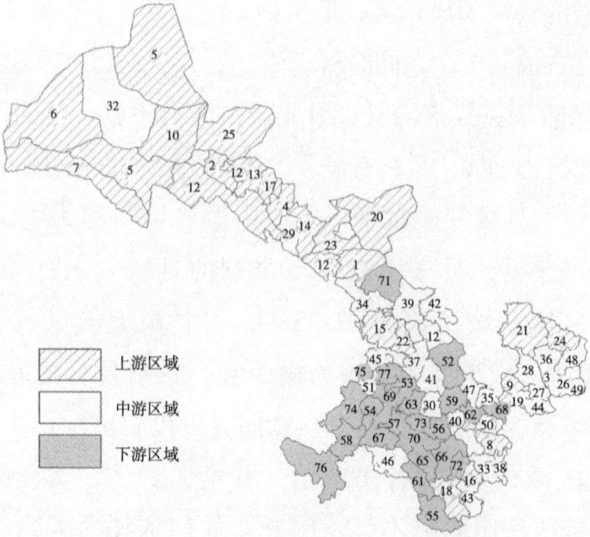

图 3　2014 年甘肃县域发展水平空间分布

注：1～77 为甘肃省 77 个县（市、区）县域发展水平排序，县（市、区）名称如图 1 所示。

1. 县域空间分布

从直观视觉来看，县域发展水平空间分布呈“西高东低”格局。具体来看，处于上游区域类型的县域主要聚集于河西区域，这些县域或社会经济发展水平相对较高，或工业化、城镇化水平相对较高，或基础设施相对比较完善，或农业发展条件较好。处于中游区域类型的县域分散于五大地域区间，这些县域受大中城市等辐射带动，县域发展水平相对较快。处于下游区域类型的县域主要聚集在两南区域，这些县域受地理环境、基础设施等条件限制，大多属于国家级贫困县，基础设施水平比较低，经济产业发展比较弱，城镇化发展水平较低，社会发展水平较低。

2. 各地域的空间分布

河西区域：县域发展水平总体处于甘肃县域发展水平的前位，主要以上游区域类型为主。2014 年河西区域处于上游区域类型的县域有 14 个，占河西县域总数的 77.78%，占甘肃上游区域类型总数的 56%；处于中游区域类型的县域为民乐县、瓜州县、天祝县3个；处于下游区域类型的县域仅有古浪县1个。同时可以看出，其上游区域类型的县域以敦煌市、阿克塞哈萨克族自治县、肃北蒙古族自治县、玉门市、肃州区、甘州区、凉州区为轴线，且具有显著优势的发展水平空间分布格局。

中心区域：县域发展水平以上、中游区域类型为主。从2014年县域发展水平来看，处于上游区域类型的县域为永登县、皋兰县2个，占中心区域县域总数的33.33%，占甘肃上游区域类型总数的8%；处于中游区域类型的县域为榆中县、景泰县、靖远县3个；处于下游区域类型的县域仅有会宁县。同时可以看出，作为甘肃中心区域的“兰白区域带”，属甘肃政治、社会、经济、文化等的中心地带，其引领示范作用明显不强。因此，如何依托“兰白带”和国家级新区——兰州新区的建设发展，带动中心区域县域快速、高效和“转型跨越”发展，将是现阶段面临的最大难点和挑战。

陇东区域：县域发展水平以中、上游区域类型为主。从2014年县域发展水平来看，其上、中、下游区域的县域分别为6个、12个、3个，其中，处于上游区域类型的县域占陇东区域县域总数的28.57%，占甘肃上游区域类型总数的24%。可以看出，处于上游区域类型的县域以城市中心区（崆峒区、西峰区、麦积区）及能源基地（环县、华池县、华亭县）为主。

陇中区域：县域发展水平以下游区域类型为主，从2014年县域发展水平来看，其上、中、下游区域的县域数分别为1个、4个和10个，其中，处于上游区域类型的县域占陇中区域县域总数的6.67%，占甘肃上游区域类型总数的4%。同时可以看出，仅临夏市处于上游区域类型；陇西县、安定区、永靖县和临夏县4个县域处于中游区域类型，分布相对分散；其余县域处于下游区域类型，分布聚集状态明显。

两南区域：县域发展水平以下游区域类型为主，属甘肃“低洼”地。从2014年县域发展水平来看，处于上游区域类型的县域为成县和武都区2个，占两南区域县域总数的11.76%，占甘肃上游区域类型总数的8%；处于中游区域类型的县域为徽县、两当县、康县和迭部县4个；其余11个县域处于下游区域类型。同时可以明显看出，两南区域的陇南地区县域发展水平相对高于甘南地区，也从侧面反映了其集中连片贫困区和少数民族聚集地区发展水平比较缓慢。因此，如何借助“双联”行动以及精准扶贫工作实现两南区域的快速“跨越”发展，将是实现甘肃同步小康的关键所在。

（二）13个市（州）县域发展水平空间分布

从2014年甘肃13个市（州）县域发展水平空间分布来看，河西区域4市县域发展水平均处于上游区域；两南区域和陇中区域的4市（州）县域发展水平均处下游区域；中心区域和陇东区域的5市县域发展水平均处于中游区域（见图4）。

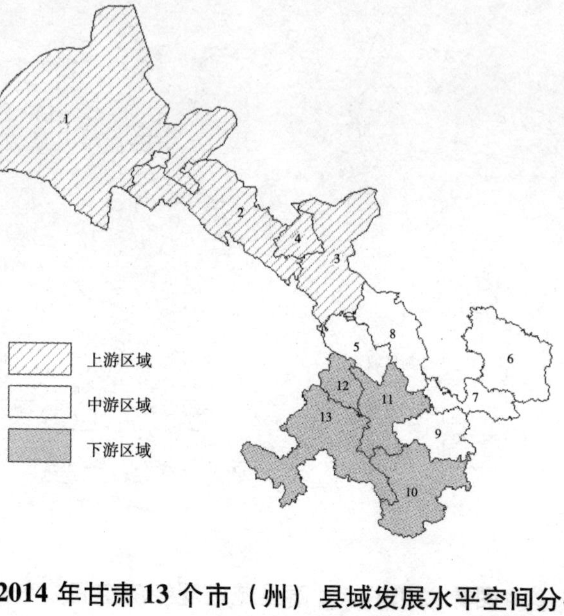

图4　2014年甘肃13个市（州）县域发展水平空间分布

注：1～13为甘肃省13个市（州）县域发展水平排序，市（州）名称如图2所示。

三　甘肃县域发展水平子系统空间布局

（一）甘肃县域宏观经济空间分布

从2014年甘肃县域宏观经济空间分布格局来看（见图5），河西区域县域宏观经济发展水平呈现以上游区域类型为主的空间分布，其中：高台县、临泽县、民乐县、山丹县和古浪县为中游区域类型，其他13个县域为上游区域类型，且聚集态势比较明显。同时可以明显看出，处于上游区域类型且具有显著优势的县域以瓜州县、肃北蒙古族自治县、玉门市、肃州区、甘州区、凉州区为轴线分布。中心区域县域宏观经济空间分布除榆中县为上游区域类型外，其他县域均为中游区域类型。陇中区域县域宏观经济空间分布以安定区和陇西县为上

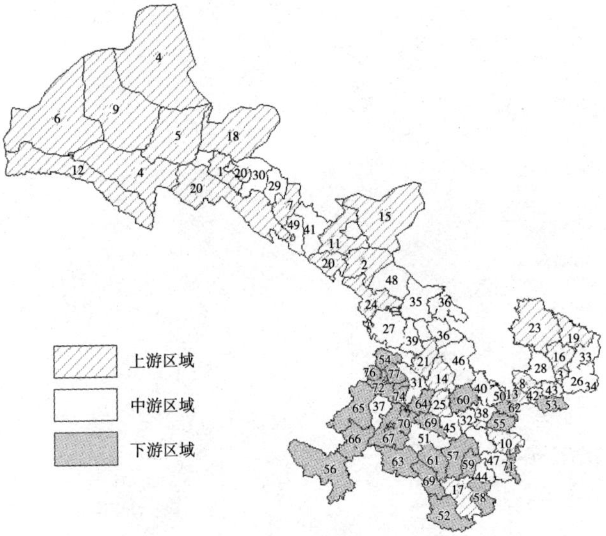

图5　2014年甘肃县域宏观经济空间分布

注：1～77为甘肃省77个县（市、区）县域宏观经济排序，县（市、区）名称如图1所示。

游区域类型，临洮县和岷县为中游区域类型，其他县域为下游区域类型。两南区域县域宏观经济空间分布主要以下游区域类型为主，其中：武都区为上游区域类型，徽县、成县和合作市为中游区域类型，其余县域均为下游区域类型。陇东区域县域宏观经济呈以上、中游区域类型为主的空间分布，其中：灵台县、清水县和张家川回族自治县为下游区域类型，环县、华池县、庆城县、西峰县、崆峒区、华亭县和麦积区为上游区域类型，其余县域为中游区域类型。

（二）甘肃县域产业发展空间分布

从2014年甘肃县域产业发展空间分布来看（见图6），处于上游区域的县域聚集在河西区域、中心区域和陇东区域的庆阳市，这些县域社会经济发展相对较快，产业结构相对比较合理。处于中游

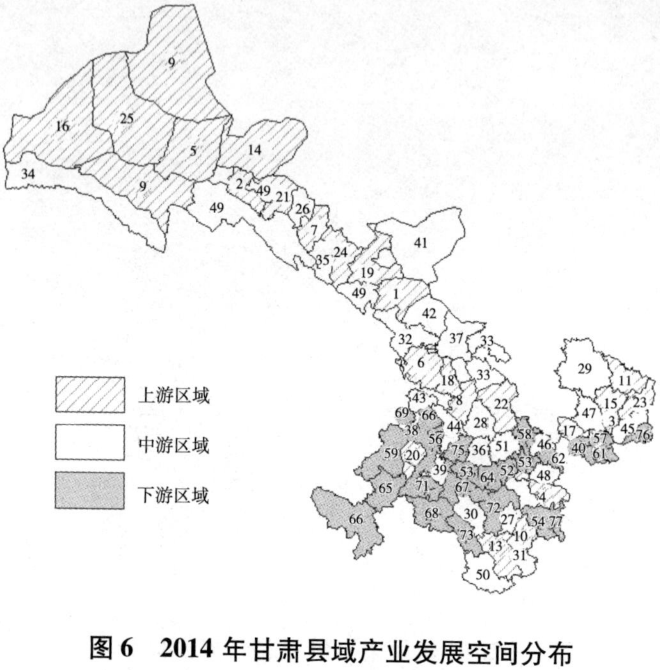

图6　2014年甘肃县域产业发展空间分布

注：1~77为甘肃省77个县（市、区）县域产业发展排序，县（市、区）名称如图1所示。

区域的县域主要分散在陇中区域、陇东区域、中心区域、两南区域。处于下游区域类型的县域主要聚集于两南区域，这些县域受地理环境等影响，社会经济发展水平比较低，产业结构严重失调。

（三）甘肃县域基础设施空间分布

从2014年甘肃县域基础设施空间分布来看（见图7），处于上游区域的县域主要集中于河西区域和中心区域。处于中游区域的县域分散在陇东区域、陇南地区的东部、中心区域及周边地区。处于下游区域的县域主要分散于两南地区、陇中区域、陇东区域。因此，在精准扶贫的大背景下，甘肃要在继续加大对上、中游区域基础设施建设支持力度的基础上，着力加强陇中区域、两南区域等县域的基础设施建设。

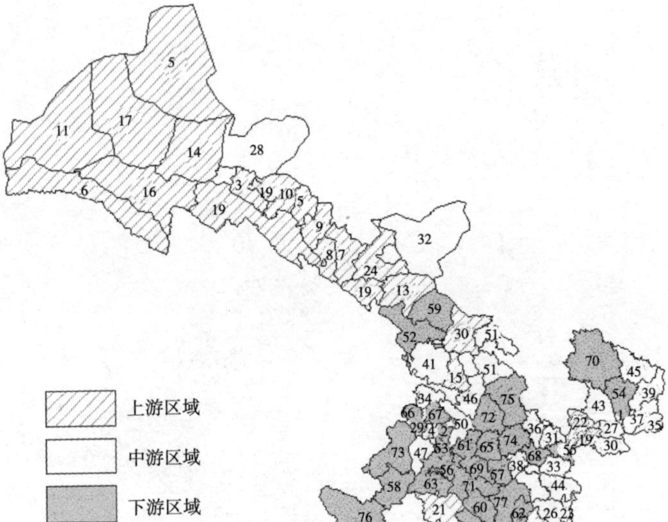

图7　2014年甘肃县域基础设施空间分布

注：1~77为甘肃省77个县（市、区）县域基础设施排序，县（市、区）名称如图1所示。

（四）甘肃县域社会保障空间分布

从2014年甘肃县域社会保障空间格局来看（见图8），河西区域除瓜州县和临泽县处于中游区域，阿克塞哈萨克族自治县、玉门市和古浪县处于下游区域外，其余县域均处于上游区域。中心区域除榆中县、景泰县处于上游区域，会宁县处于下游区域外，其他县域均处中游区域。陇中区域县域以中下游区域类型为主。陇东区域县域混合上中下游区域类型，且各层次类型分布相对集中。两南区域的陇南地区县域混合上中下游区域类型，而甘南地区县域主要以下游区域类型为主。

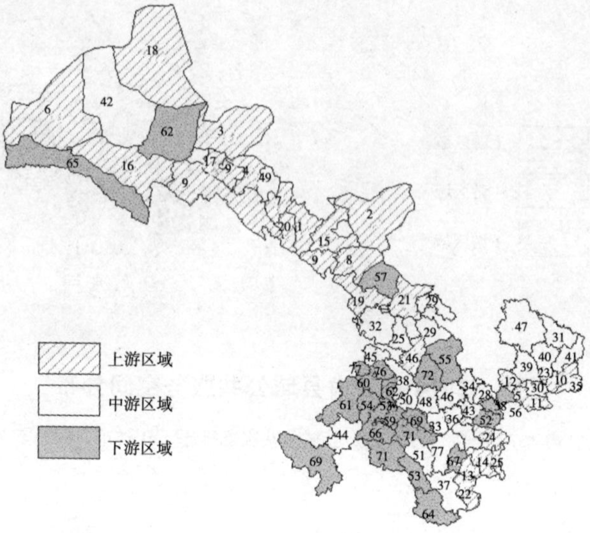

图8　2014年甘肃县域社会保障空间分布

注：1~77为甘肃省77个县（市、区）县域社会保障排序，县（市、区）名称如图1所示。

（五）甘肃县域公共服务空间分布

从2014年甘肃公共服务的空间分布来看（见图9），其公共服务各层次类型相对比较分散。河西区域县域主要以上中游区域类型为主，且其区域类型相对比较集中。中心区域县域以中游区域类型为主。其他各县域分散于上、中、下游区域。同时可以明显看出，处于下游区域的县域主要分布在陇东区域、陇中区域、两南与陇中区域交会附近县域，反映出其县域公共服务总体水平较差。

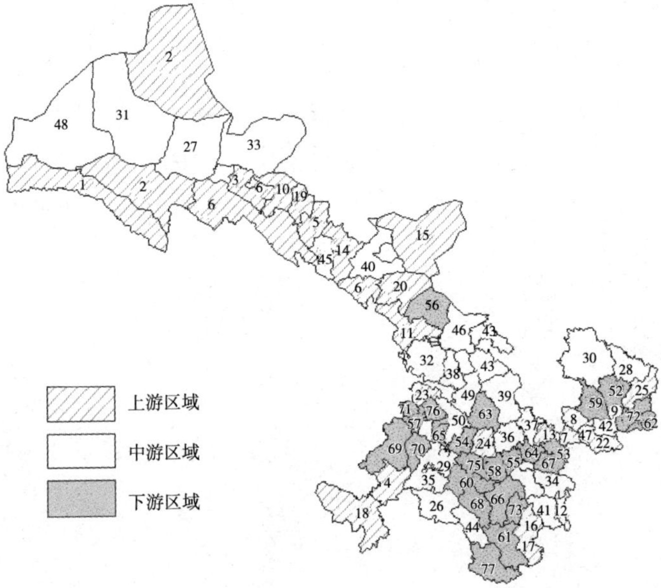

图9　2014 年甘肃县域公共服务空间分布

注：1～77 为甘肃省 77 个县（市、区）县域公共服务排序，县（市、区）名称如图 1 所示。

（六）甘肃县域生活环境空间分布

从 2014 年甘肃县域生活环境空间分布来看（见图 10），其生活环境各区域类型相对比较集中。处于上游区域的县域主要集中于两南区域，处于中游区域的县域主要集中于陇中区域、河西区域、陇东区域。处于下游区域的县域主要集中于中心区域及周边地区、陇东区域。这种格局在很大程度上反映了社会经济发展与环境的矛盾，如何协调环境与发展的问题将是今后工作关注的重点。

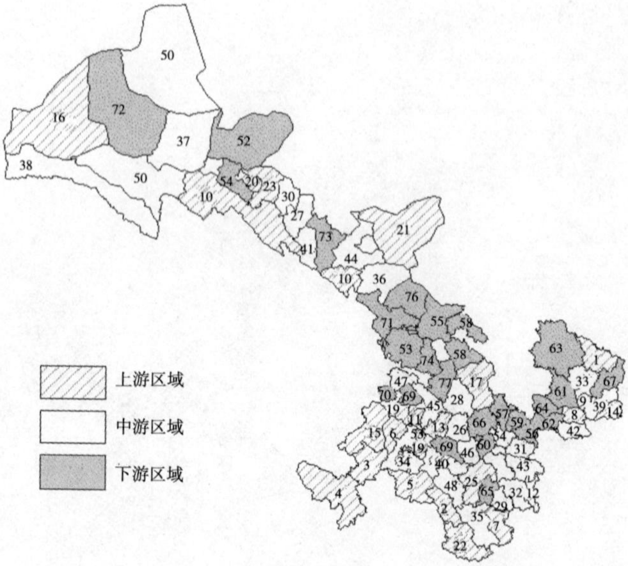

图 10　2014 年甘肃县域生活环境空间分布

注：1～77 为甘肃省 77 个县（市、区）县域农村环境排序，县（市、区）名称如图 1 所示。

（七）甘肃县域社会结构空间分布

从 2014 年甘肃县域社会结构空间分布来看（见图 11），河西区域县域社会结构以上、中、下游区域类型混合为主，且其类型分布相对比较分散。陇中区域县域社会结构以中、下游区域类型为主，且其空间分布相对集中。中心区域县域社会结构以中、下游区域类型为主，且空间分布相对集中。陇东区域县域社会结构以上游区域类型为主，且其空间分布相对集中。两南区域的陇南地区社会结构以上、中、下游区域类型为主，其空间分布相对分散。甘南地区县域以下游区域类型为主，聚集态势明显。

（八）甘肃县域科学教育空间分布

从 2014 年甘肃县域科学教育空间分布来看（见图 12），其科学

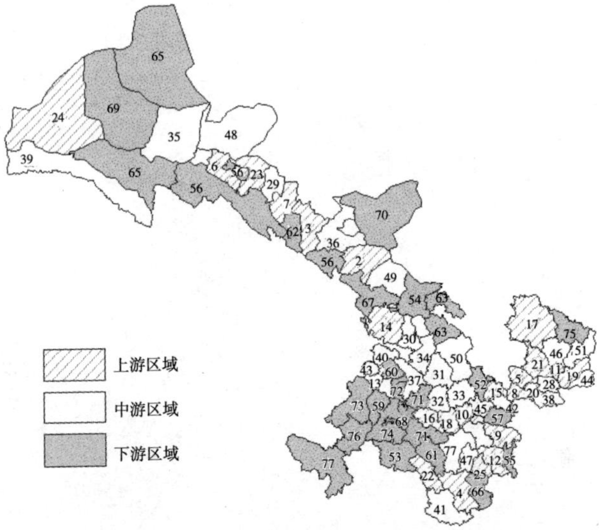

图 11　2014 年甘肃县域社会结构空间分布

注：1 ~ 77 为甘肃省 77 个县（市、区）县域社会结构排序，县（市、区）名称如图 1 所示。

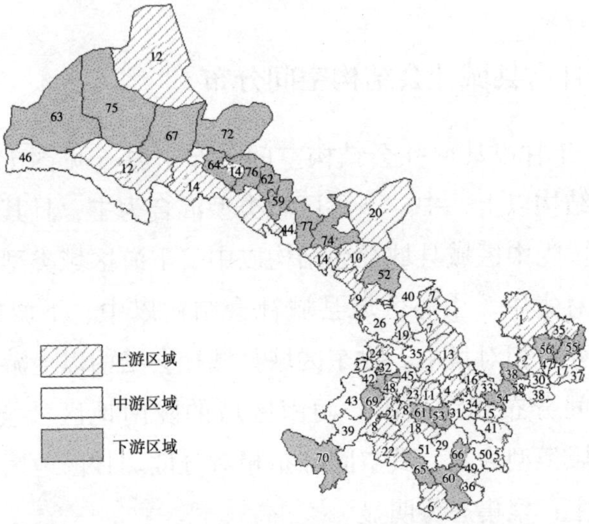

图 12　2014 年甘肃县域科学教育空间分布

注：1 ~ 77 为甘肃省 77 个县（市、区）县域科学教育排序，县（市、区）名称如图 1 所示。

教育空间各层次类型相对分散。具体来看，河西区域县域主要以上、中游区域类型为主。中心区域县域以中、上游区域类型为主。陇中区域县域以上、中游区域类型为主。陇东区域和两南区域县域以上、中、下游区域类型分散分布。

B.4
甘肃现代农业发展水平评价

刘燕平*

摘　要： 本文基于现代农业的内涵和特征，利用2014年甘肃现代农业发展的相关数据，构建了现代农业评价指标体系，运用层次分析和聚类分析相结合的方法，对甘肃省各市（州）的现代农业发展水平进行了评价和分类，为促进现代农业发展提供参考。研究表明：第一，甘肃现代农业发展水平总体较低，处于现代农业的准备实施阶段；第二，现代农业发展水平呈现地域空间梯度布局；第三，甘肃省各市（州）之间的现代农业发展差距较大。

关键词： 现代农业　发展水平　农业评价指标　甘肃

2014年甘肃名义农业总产值达到1618.8亿元，比2000年提高了5.06倍。农业现代化水平也得到提升，农业机器总动力2014年实现2545.71万千瓦时，比2000年提高了2.41倍，农村用电量2014年达到51.26亿千瓦时，比2000年提高了1.74倍，农用化肥施用量（折纯）2014年达到97.60万吨，比2000年提高了1.51倍。但总体来看，甘肃农业仍处于传统农业发展阶段，且地区间农业发展水平差距

---

* 刘燕平，甘肃省委党校经济学教研部讲师，博士，主要从事区域经济和农村经济的研究。

较大，从14个市（州）来看，2014年人均农民纯收入最高的是嘉峪关市（13809.4元），与最低的临夏州（4024元）相差约9785元，最高地区是最低地区的3.43倍。

一　甘肃现代农业发展水平评价指标体系构建

（一）评价指标体系构建

本文根据现代农业的内涵和发展目标，构建了现代农业发展水平评价指标体系。具体分为6类共22个影响因子，一是农村经济发展水平因子（B1），农民的生活水平和生活环境是现代农业发展中不可忽略的重要组成部分，由人均农业产值和人均收入等衡量；二是农业经济结构因子（B2），农业经济结构的调整是传统农业向现代农业转变的重要特征，由农业产值结构和农业从业人员结构衡量；三是农业产出水平因子（B3），现代农业生产中的物质产出的高低很大程度上取决于农业产出水平，因此，产出水平是测度现代农业物质生产中极为重要的指标，由单位耕地面积粮食产量、人均农业增加值和商品率等构成；四是农业科技水平因子（B4），科技是现代农业发展的最终决定力量，由农业科技投入和农机经营率衡量；五是农业生产力水平因子（B5），衡量现代农业生产过程中要素的投入情况，由水、电、肥料和农机等投入情况构成；六是农业可持续发展因子（B6），农业资源的可持续利用是现代农业的一个重要特征，由农业受灾和治理等衡量。这6类指标不仅仅从各个侧面对现代农业的发展状况进行衡量，更重要的是它们共同构成了测度现代农业发展情况的完整体系，能从整体上对甘肃现代农业的发展水平进行测度和评价（见表1）。

表1　现代农业发展水平评价指标体系及权重

决策指标	分类指标	单项指标	权重
现代农业发展水平（A）	农村经济发展水平（B1）（0.08）	农民人均农业总产值（C1）（元/人）	0.0078
		农民人均纯收入（C2）（元/人）	0.0456
		恩格尔系数（C3）（%）	0.0266
	农业经济结构（B2）（0.25）	城镇化水平（C4）（%）	0.0138
		农业总产值占GDP比重（C5）（%）	0.1035
		农业从业人员比重（C6）（%）	0.0533
		非农产业劳动力比重（C7）（%）	0.0533
		经济作物播种面积比重（C8）（%）	0.0265
	农业产出水平（B3）（0.12）	单位耕地面积粮食产量（C9）（千克/亩）	0.0480
		人均农业增加值（C10）（元/人）	0.0240
		农产品商品率（C11）（%）	0.0480
	农业科技水平（B4）（0.18）	农机经营贡献率（C12）（%）	0.0301
		农业科技投入占农业总产值比重（C13）（%）	0.1499
	农业生产力水平（B5）（0.20）	单位耕地面积农机总动力（C14）（千瓦时/亩）	0.0752
		人均用电量（C15）（千瓦时/人）	0.0752
		单位耕地面积施肥量（C16）（千克/亩）	0.0264
		单位耕地面积塑料薄膜使用量（C17）（吨/亩）	0.0092
		有效灌溉率（C18）（%）	0.0140
	农业可持续发展（B6）（0.17）	旱涝保收率（C19）（%）	0.0124
		当年造林面积占国土面积比重（C20）（%）	0.0802
		农业成灾率（C21）（%）	0.0289
		治理水土流失率（C22）（%）	0.0485

（二）评价指标权重的赋予

本文采用层次分析法（AHP）确定甘肃现代农业评价指标的权

重，通过建立递阶层次结构模型，构造判断矩阵，对各因素两两比较重要性，赋予指标相应权重。从权重值分布情况看，农业经济结构（B2）权重为0.25，对甘肃现代农业发展水平影响最大，而农村经济发展水平（B1）权重为0.08，对现代农业发展水平的影响最小。类似的在6类指标组中再分别对每组单项指标C运用层次分析法赋予权重，再乘以每组对应权重，得出22个C层单项指标权重（见表1）。

（三）数据来源及标准化处理

为了消除指标不同及量纲不同所带来的影响，对原始数据进行了标准化处理。归一化过程中，根据数据大小与现代农业发展水平快慢、方向是否一致，将指标分为正向指标和负向指标，正向指标促进现代农业发展，负向指标阻碍现代农业发展。

二 甘肃省现代农业发展水平评价

（一）甘肃省各地区现代农业发展水平评价

根据现代农业发展实践，通常将现代农业发展划分为4个阶段：综合评价指数[0，0.5]，为现代农业准备实施阶段；综合评价指数（0.5，0.75]，为现代农业初步实现阶段；综合评价指数（0.75，0.9]，为现代农业基本实现阶段；综合评价指数（0.9，1]，为现代农业完全实现阶段。

依据此评判标准，现阶段甘肃省仅有嘉峪关市处于现代农业初步实现阶段，综合得分达到0.6，嘉峪关市现代农业快速发展主要体现在农业产出、科技和生产力水平上，这三项得分均居首位，主要原因可能是嘉峪关市近年来积极推进农业产业化，发展特色农业，促进农田水利化、农业机械化和种植科学化，成为甘肃现代农业发展水平最高的地区；甘肃其他13个市（州）均处于现代农业准备实施阶段，现代农业综合得分最低的甘南州为0.148，主要体现在农村经济发展和农业生产力水平较低，主要原因可能是甘南州经济实力较弱，农业投入不足，交通不便利，现代农业发展出现瓶颈（见表2）。

表2 甘肃省各地区现代农业发展水平得分情况

地区	综合得分	农村经济发展水平	农业经济结构	农业产出水平	农业科技水平	农业生产力水平	农业可持续发展
兰 州 市	0.323	0.019	0.077	0.030	0.092	0.056	0.047
嘉峪关市	0.600	0.023	0.071	0.120	0.180	0.169	0.037
金 昌 市	0.384	0.028	0.069	0.079	0.032	0.120	0.057
白 银 市	0.181	0.019	0.044	0.016	0.031	0.043	0.028
天 水 市	0.276	0.017	0.110	0.011	0.019	0.011	0.108
武 威 市	0.375	0.029	0.139	0.056	0.017	0.085	0.050
张 掖 市	0.417	0.024	0.160	0.074	0.025	0.064	0.070
平 凉 市	0.295	0.019	0.139	0.018	0.008	0.016	0.096
酒 泉 市	0.411	0.032	0.119	0.086	0.038	0.098	0.037
庆 阳 市	0.221	0.016	0.090	0.013	0.010	0.024	0.068
定 西 市	0.264	0.010	0.126	0.017	0.031	0.012	0.068
陇 南 市	0.331	0.026	0.135	0.011	0.012	0.016	0.133
临 夏 州	0.272	0.014	0.099	0.032	0.022	0.028	0.076
甘 南 州	0.148	0.001	0.072	0.016	0.007	0.005	0.048

资料来源：根据《甘肃发展年鉴》（2015）和《甘肃农业年鉴》（2015）相关数据计算整理。

（二）基于综合得分的聚类分析

对甘肃14个市（州）现代农业发展水平进行聚类，观察聚类表中的聚类系数和分类数的对应关系，可知当分类数为4时曲线变得比较平缓，因此将甘肃14个市（州）划分为4组比较适宜。从聚类分析树形图（见图1）可以看出4组划分为｛2｝、｛11，13，5，8，1，12｝、｛4，14，10｝和｛7，9，3，6｝，得到聚类划分结果（见表3）。

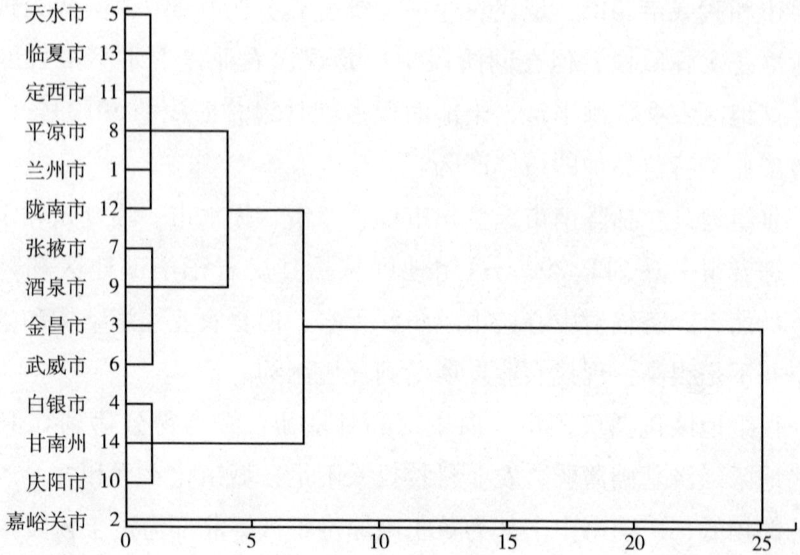

图1 聚类分析

表3 甘肃省14个地州市的现代农业发展状况

类别	地区	平均综合得分
Ⅰ	嘉峪关市	0.600
Ⅱ	张掖市、金昌市、酒泉市、武威市	0.397
Ⅲ	陇南市、兰州市、平凉市、天水市、临夏州、定西市	0.292
Ⅳ	庆阳市、白银市、甘南州	0.183

Ⅰ组为嘉峪关市，现代农业发展水平在甘肃省内最高，综合得分达到0.6，处于现代农业初步实现阶段，2014年嘉峪关市农民人均纯收入达到13809.4元，是甘肃省人均农业总产值的2.71倍。其现代农业迅速发展的原因一方面是地理环境优越，位于河西走廊中部，有着丰富的水资源和农牧业发展环境，另一方面是其积极推进农业产业化，发展特色农业项目，有着现代农业发展的良好经济和技术环境，农业生产力水平较高。

Ⅱ组包括地处河西走廊的广大农业片区，包含张掖市、金昌市、酒泉市和武威市四市，现代农业平均综合得分为0.397，虽然为现代农业准备实施阶段，但在同阶段中也是现代农业发展水平最好的地区，该地区农业资源丰富，土地面积占到甘肃总面积的59.33%，是优势产业和特色品种的最佳产区。

Ⅲ组地区包括陇南市、兰州市、平凉市、天水市、临夏州和定西市，综合得分达到0.292，这组地区包括甘肃省东南部地区和兰州市，虽然有经济辐射中心城市兰州和天水，但是农业经济结构和生产效率并不是很高，现代农业发展受到环境制约。

Ⅳ组地区包括庆阳市、白银市和甘南州，综合得分达到0.183，这些地区经济基础薄弱，农业科技投入不足，城镇化水平和农业产出水平都较低，庆阳市中南部为黄土高原沟壑区，北部为黄土丘陵沟壑区，东部为黄土地上丘陵区，地势陡峭和水资源短缺的不利环境，影响了现代农业的发展（见图2）。

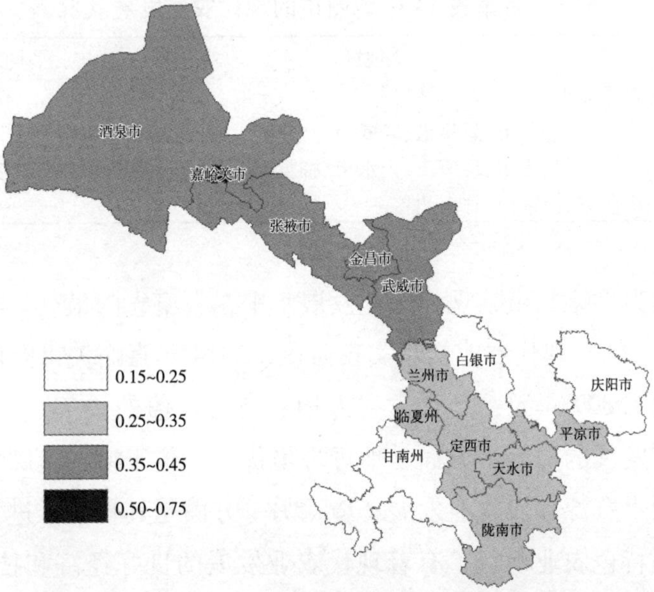

图2　2014年甘肃省现代农业发展水平

从分组结果可以看出，甘肃各市（州）现代农业发展水平聚类的结果与甘肃地域特征和自然资源分布相吻合，区域内各组成部分的空间连续性较强。同一类型区域内部各组成部分之间有着高度的相似性或相关性，不同类型区域间差异较大。

三 结论

通过构建甘肃现代农业评价指标体系，采用层次分析法和加权函数法对甘肃各地区现代农业发展水平进行了综合测评，基于现代农业综合得分，用聚类分析法将甘肃各地区划分为4组。现代农业发展水平的得分在同组内部差异较小，而在不同组之间的差异较大。结合分析过程，对比相关研究，可以得出以下结论。

第一，甘肃现代农业发展水平总体较低，处于现代农业的准备实施阶段。从现代农业发展划分的4个阶段来看，甘肃14个市（州）中只有嘉峪关市处于现代农业发展的初步实现阶段，其余13个市（州）均为现代农业准备实施阶段，即92.86%的地区尚未初步实现现代农业，仍处于传统农业生产阶段，如果从嘉峪关市所占甘肃省耕地面积来考察，那么甘肃省初步实现现代农业的地区仅为0.085%，可知甘肃省现代农业发展水平整体较低。从6类指标得分情况看，造成甘肃省现代农业发展水平低的原因不仅表现在农业投入产出水平低和结构不合理上，农业发展的自然环境和经济社会环境也较大程度影响了现代农业的发展。

第二，现代农业发展水平呈现地域空间梯度布局。从甘肃现代农业发展水平地域空间分布看，河西地区现代农业发展水平明显高于河东地区，呈现梯度分布格局。主要原因是受到农业发展资源环境影响，河西地区有着丰富的土地资源和水资源，水利建设好的地区现代农业发展相对较好，而河东地区受限于区位劣势，农业生产环境较差。

第三，地区间现代农业发展差距较大。甘肃省不同地区间现代农业发展水平差异较大，现代农业发展水平得分最高的嘉峪关市和得分最低的甘南州综合得分相差0.452，得分最高的地区已经处于现代农业初步实现阶段，而得分最低的地区尚处于传统农业生产阶段，现代农业的发展步伐十分缓慢。从地区分组情况看，I组平均综合得分比IV组高0.417，组间差距较大。造成地区间现代农业发展差距较大的原因除了农业发展的自然因素，还有农业产业化和特色产业的推进这个重要因素，嘉峪关地区大力推进农业产业化步伐，发展城郊型特色农业。此外，经济实力也是现代农业发展的一个重要影响因素，经济实力好的地区，农业科技投入和基础设施环境相对较好。

四　对策建议

第一，因地制宜，大力发展农业优势产业和特色农产品。甘肃省各地市（州）应立足本地实际，以市场需求为导向，发挥比较优势，积极培育和壮大农业优势产业，并提升具有甘肃特色的农产品的品牌效应，增强在省内外以及国内外的竞争力，不断促进农产品转化增值，增强现代农业发展的动力。

第二，加大财政支农力度，优化财政农业支出结构。甘肃之所以是一个落后的农业大省，与自身的区位条件紧密相关。尤其甘肃有58个贫困县，落后偏远，但是，这些贫困农村的地理条件无法改变，因此，要发展现代农业，就要加大财政支农力度，加快这些地区的基础设施建设，为现代农业生产提供强有力的保障。具体来看，一方面，要加大兴修乡村道路、提高农村水电以及完善节水灌溉作业等基础设施建设的力度，保证农业发展的基础，有效提高农业生产效率，改善农民生产生活的条件；另一方面，也要增加农业生产性支出的比重，逐步变“输血”为“造血”。为甘肃现代农业的发展奠定坚实的基础，提供后盾支撑。

第三，实现农业规模化经营。传统的家庭经营方式已经和现代农业发展的要求相脱节，很大程度上制约了家庭经营收入的增加。所以，实现农业产业化、规模化经营是家庭经营收入增加的重要途径。因此，要立足本地实际，建立一批龙头企业，集中农民的生产资料，采用先进的管理手段和现代化的方式进行农业生产，用产、供、销一体化的经营模式解决农民的经营问题，促进现代农业的发展。

第四，培养新型农民，提高农民的受教育水平。新型农民的培养依赖于农民科学文化素质的提升，而科学文化素质最终还是要回归到教育水平的提高。“授之以鱼，不如授之以渔”，只有努力提高农民的受教育水平，才能使他们立足于竞争激烈的劳动力市场。具体来看，首先要加大农村基础教育的投入力度，甘肃农民的整体受教育水平还很落后，文盲半文盲率仍然偏高，尤其是落后的贫困地区，教育投入严重不足，严重制约着当地农民收入的增加。其次，要大力发展农村职业素养和技能教育；经济转型升级是当前经济发展的主线，经济转型后，社会对劳动力素质的要求必将大幅度提高，而劳动力自身的素质要紧跟经济转型的需要，必须掌握一定的劳动技能，为现代农业的实施奠定基础。除了有知识、懂技术外，新型农民还必须会经营，要不断强化他们的市场观念和风险意识。新型农民的培养需要政府、社会和农民大力配合和共同努力。

第五，加快剩余劳动力转移，提高劳动生产率。首先，加快农村劳动力向本地乡镇企业转移。乡镇企业是农村剩余劳动力转移的重要载体，这也是农户兼业的重要形式。其次，加快小城镇的建设，吸纳更多农村剩余劳动力到小城镇就业。由于农民向城镇转移的成本较低，小城镇是转移农村剩余劳动力的重要阵地。

第六，加大农业机械化、电气化投入力度。农业的机械化和电气化程度也反映了农业生产方式的进步和转变，是确保甘肃粮食安全的重要战略方针，也是现代农业发展的重要标志，只有不断加大农业机械化和电气化的投入力度，才能有效改善和提高甘肃现代农业的物质装备水平。

第七，加快打造绿色农业、生态农业以及循环农业。在传统农业发展的过程中，尤其是传统农业向现代农业的转型中，农业资源都在不同程度地浪费，自然环境也在不同程度地被破坏。因此，坚持以可持续发展为中心，采用“资源—产品—消费—再生资源”的循环农业发展模式，减少对自然环境的破坏，着力打造绿色农业、生态农业以及循环农业。

第八，延伸农业的价值链。在发展现代农业的过程中，不能片面注重农业的效益，要做到“接二连三”，即农业和第二、第三产业的相互渗透和融合发展，延伸产业链，拓展产业范围，转型产业功能，最终实现产业发展方式的转变，形成新技术、新业态、新商业模式，在农村实现资源整合、要素重组、技术集成以及市场需求优化，并带动农村产业的空间布局得到进一步调整。

第九，构建现代农业产业集群。作为一种新型产业组织和产业布局形式，产业集群能有效聚集整合资源，借助“外溢效应”，发挥各个企业的外部正效应。在建设甘肃现代农业的过程中，大力发展以农产品加工企业为龙头的农业产业集群，让优势产业聚集更多的优势产品，并向优势区域集聚，让农业产业化经营发展更成熟。甘肃现代农业的发展应借鉴现代农业发展较快地区的思路，科学规划，大力扶持，构建极具特色的产业集群。

第十，开拓 B2B 农产品电商市场。随着以农资电商、农村互联网金融为典型代表的互联网崭露头角，“互联网 + 农业”的模式正在兴起，并在政企联动下迈出坚实的第一步，甘肃现代农业的发展也应该紧跟农产品电商市场发展的潮流，从农村金融着手，不断向纵深推进，开始甘肃的互联网农业。

参考文献

李丽纯：《后现代农业视角下的中国农业现代化效益水平测评》，《农业经济问题》2013 年第 12 期。

李树明、徐卫涛：《我国现代农业发展水平测度及其制约因素研究》，《求索》2010 年第 7 期。

杜华章：《长三角现代农业发展现状的综合评价》，《农业部管理干部学院学报》2010 年第 1 期。

邵一珊、李豫新：《西北五省农业现代化发展水平的定量综合评价》，《新疆农垦经济》2010 年第 2 期。

王国敏、周庆元、卢婷婷：《西部农业现代化发展水平的定量测评与实证分析》，《四川大学学报》（哲学社会科学版）2011 年第 6 期。

〔美〕埃德加·M. 胡佛著《区域经济学导论》，王翼龙译，商务印书馆，1990。

郭强、李荣喜：《农业现代化发展水平评价体系研究》，《西南交通大学学报》2003 年第 1 期。

B.5 甘肃农村居民收入结构与增收潜力分析

李忠东　张福昌*

摘　要：　本研究首先分析了甘肃省农民收入结构的现状及其成因。其次，对甘肃省各地市（州）以及西部5省份的农村居民收入结构差异进行了比较分析。再次，利用灰色关联法，评价了各收入来源对农民总收入的影响程度。最后，提出了增加甘肃省农民收入的对策建议：河西地区以增加家庭经营收入中的一产收入为主；陇东南地区以增加工资性收入尤其是外出打工收入为主；民族地区以保护生态、重点发展农村第三产业、提高家庭经营收入中第三产业收入和提高转移性收入为主。

关键词：　农民收入结构　经营性收入　工资性收入　财产性收入　转移性收入　灰色关联　甘肃　农村居民

农民收入来源结构是农民在经济活动经营变化和职业分化的过程中形成的，因此分析农民收入来源结构、把握农民经济活动规律，对探寻农民有效增收途径具有重要意义。本研究以甘肃省农民收入为例，运用灰色关联度分析方法，解析农民收入结构的变化趋势，分析

* 李忠东，甘肃省统计局农村工作处处长；张福昌，甘肃省统计局农村工作处中级统计师。

各种农民收入来源对农民收入的影响程度，提出促进农民增收的对策建议。

一　甘肃农民收入结构现状

（一）农民收入结构状况

1. 收入结构多元化，收入持续增长

一是2014年农民人均纯收入5736.00元，比1993年的550.83元增加5185.17元。二是农民收入结构的多元支撑进一步强化，呈现家庭经营收入比重下降，工资性收入、转移性收入、财产性收入上升的变化特点。三是农民收入增速处于下降趋势中，目前处在震荡波动期。

表1　1993~2014年甘肃农民人均纯收入及构成

单位：元，%

年份	农民人均纯收入					占农民人均纯收入比重			
	合计	工资性收入	家庭经营收入	财产性收入	转移性收入	工资性收入	家庭经营收入	财产性收入	转移性收入
1993	550.83	73.98	452.18	1.93	22.74	13.43	82.09	0.35	4.13
1994	723.73	81.42	591.87	18.46	31.98	11.25	81.78	2.55	4.42
1995	880.34	91.64	734.03	18.31	36.36	10.41	83.38	2.08	4.13
1996	1100.59	146.82	890.27	19.15	44.35	13.34	80.89	1.74	4.03
1997	1210	194.93	948.52	5.69	60.86	16.11	78.39	0.47	5.03
1998	1393.05	235.87	1085.42	10.14	61.62	16.93	77.92	0.73	4.42
1999	1412.98	298.62	1033.85	10.86	69.65	21.13	73.17	0.77	4.93
2000	1428.67	355.03	1011.78	16.13	45.73	24.85	70.82	1.13	3.20
2001	1508.61	405.99	1016.02	21	65.6	26.91	67.35	1.39	4.35
2002	1590.28	447.41	1056.87	17.24	68.76	28.13	66.46	1.08	4.32

续表

年份	农民人均纯收入					占农民人均纯收入比重			
	合计	工资性收入	家庭经营收入	财产性收入	转移性收入	工资性收入	家庭经营收入	财产性收入	转移性收入
2003	1673	488.7	1108.5	17	58.8	29.21	66.26	1.02	3.51
2004	1852.21	527.58	1228.93	25.81	69.89	28.48	66.35	1.39	3.77
2005	1979.88	586.71	1263.42	20.57	109.18	29.63	63.81	1.04	5.51
2006	2134.05	637.37	1291.85	52.56	152.27	29.87	60.54	2.46	7.14
2007	2328.92	716.43	1426.86	23.2	162.43	30.76	61.27	1.00	6.97
2008	2723.8	867.98	1543.24	19.49	293.09	31.87	56.66	0.72	10.76
2009	2980.10	994.94	1583.23	34.06	367.87	33.39	53.13	1.14	12.34
2010	3424.65	1199.45	1855.99	39.87	329.34	35.02	54.19	1.16	9.62
2011	3909.37	1561.97	1866.77	82.46	398.18	39.95	47.75	2.11	10.19
2012	4506.66	1787.72	2114.75	112.08	492.12	39.67	46.92	2.49	10.92
2013	5107.76	2203.41	2230.99	132.85	540.51	43.14	43.68	2.60	10.58
2014	5736.00	2485.09	2455.87	166.45	628.59	43.32	42.82	2.90	10.96

2. 农业依然是农民增收的主渠道

2014 年农民人均家庭经营收入 2455.87 元，比 1993 年的 452.18 元增加 2003.69 元。尽管家庭经营收入占纯收入比重在逐步下降，由 1993 年的 82.09% 降为 2014 年的 42.82%，下降了 39.27 个百分点，但其中农业收入特别是种植业收入仍然是农民纯收入的主要来源。

3. 工资性收入成为农民增收的第二渠道

农村劳动力就地转移和向外地转移增长，加之工资报酬逐步提高，拉动了工资性收入的快速增长。2014 年农民人均工资性收入 2485.09 元，比 1993 年的 73.98 元增加 2411.11 元，占农民人均纯收入比重由 1993 年的 13.43% 上升为 43.32%。

4. 财产性收入和转移性收入成为农民增收的重要补充

2014 年农民人均转移性收入 628.59 元，比 1993 年的 22.74 元增加605.85元，占纯收入比重由1993年的4.13%上升为10.96%；2014年农民人均财产性收入166.45元，比1993年的1.93元增加164.52元，占纯收入比重由1993年的0.35%上升为2.90%。财产性收入和转移性收入比重稳步提高，成为农民增收的新亮点、新渠道，是农民收入的重要补充。

（二）农民收入来源对增长的贡献程度

1. 家庭经营收入贡献率呈下降趋势

家庭经营收入虽在农民人均纯收入中的比重最高，是农民人均纯收入的主要来源，但其对农民人均纯收入增长的贡献率却在逐渐减小。1993～1998年，除1997年外，家庭经营收入对农民人均纯收入增长的贡献率均在70%以上。1999年至今，家庭经营收入对农民人均纯收入增长的贡献率波动较大，如1999年为－258.76%，2000年为－140.66%，2007年为69.28%，到2014年降为35.80%（见表2）。

2. 工资性收入贡献率呈上升趋势

在农民人均纯收入中工资性收入的比重呈不断上升的趋势，且其对农民人均纯收入增长的贡献也呈增长趋势，是农民人均纯收入的主要增长点。工资性收入对农民人均纯收入增长的贡献率变化趋势与家庭经营收入的贡献率变化趋势相反。1993年工资性收入对农民人均纯收入增长的贡献率为－12.17%，经过8年的发展，到2000年工资性收入对农民人均纯收入增长的贡献率达到了359.53%，是改革开放30多年来的最高水平。之后工资性收入对农民人均纯收入的贡献率有所下降和波动，但到2014年工资性收入对农民人均纯收入增长的贡献率仍达到44.84%，工资性收入已经成为农民收入增长的主要部分（见表2）。

表 2　甘肃省收入构成及增长贡献率

单位：%

年份	收入构成			增长贡献率		
	工资性收入	家庭经营收入	转移性和财产性收入	工资性收入	家庭经营收入	转移性和财产性收入
1993	13.43	82.09	4.48	-12.17	136.18	-24.01
1994	11.25	81.78	6.97	4.3	80.79	14.9
1995	10.41	83.38	6.21	6.53	90.77	2.7
1996	13.34	80.89	5.77	25.05	70.94	4.01
1997	16.11	78.39	5.5	43.97	53.24	2.79
1998	16.93	77.92	5.15	22.37	74.79	2.85
1999	21.13	73.17	5.7	314.85	-258.76	43.9
2000	24.85	70.82	4.33	359.53	-140.66	-118.87
2001	26.91	67.35	5.74	63.75	5.3	30.95
2002	28.13	66.46	5.41	50.72	50.02	-0.73
2003	29.21	66.26	4.53	49.92	62.42	-12.33
2004	28.48	66.35	5.17	21.7	67.2	11.1
2005	29.63	63.81	6.55	46.31	27.01	26.67
2006	29.87	60.54	9.6	32.86	18.44	48.7
2007	30.76	61.27	7.97	40.57	69.28	-9.85
2008	31.87	56.66	11.48	38.38	29.47	32.15
2009	33.39	53.13	13.49	49.54	15.6	34.86
2010	35.02	54.19	10.78	46	61.36	-7.36
2011	39.95	47.75	12.29	74.79	2.22	22.99
2012	39.67	46.92	13.41	37.8	41.52	20.69
2013	43.14	43.68	13.18	69.15	19.34	11.51
2014	43.32	42.82	13.86	44.84	35.80	19.37

3. 财产性收入和转移性收入贡献率波动较大

在农民人均纯收入中财产性收入和转移性收入只占很小的比重，对农民人均纯收入的贡献率不高，且波动较大。1993～2014 年财产性收入和转移性收入对农民收入增长的贡献波动较大，其与工资性收入和家庭经营收入相比一直处于较低的水平（见图1）。

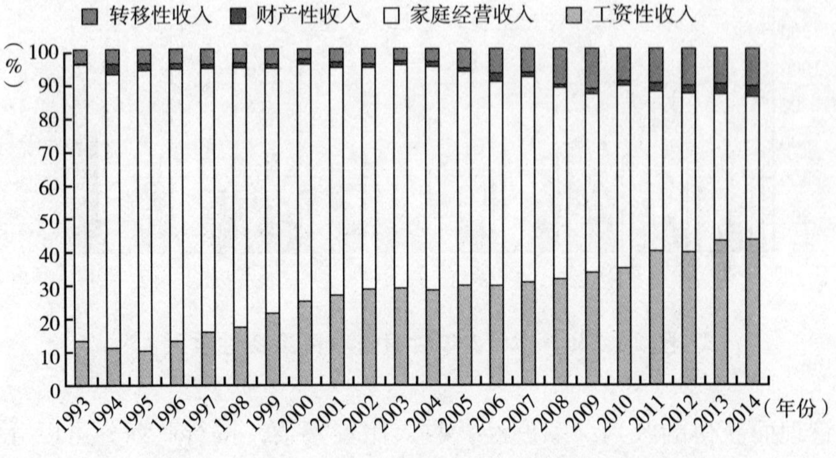

图1　1993～2014年甘肃省农民纯收入构成

（三）工资性收入内部结构

农民的工资性收入主要包括以下三个方面：一是农民在乡村非企业组织就业收入，二是在本地企业就业收入，三是本地常住农村人口在外地就业收入。甘肃省2002～2012年农民工资性收入持续上升，外出从业得到的收入和在本乡地域内劳动收入增长较快，外出从业收入略高于在本乡地域内劳动所得收入（见图2）。农民工资性收入大部分跟企业组织有关，由于甘肃经济发展比较落后，本地企业比较小，不能提供众多的就业岗位，因而从企业取得的收入基本上以外出打工为主。

（四）家庭经营收入结构

家庭经营收入是指农村住户以家庭为生产经营单位进行生产筹划

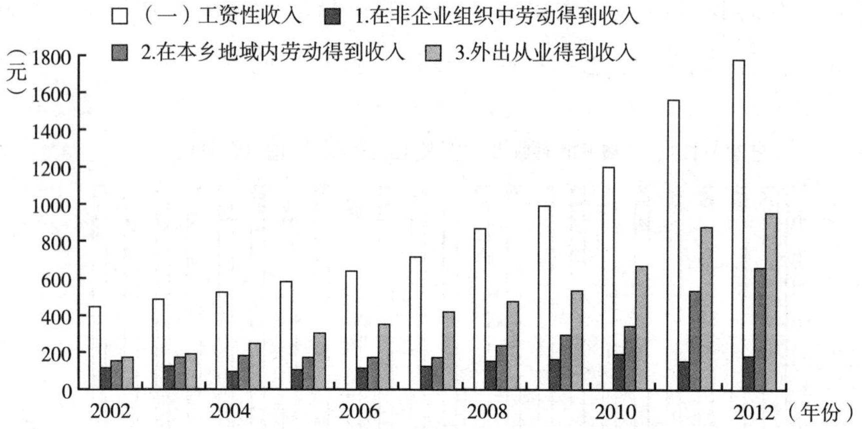

图2　2002～2012年甘肃省农民工资性收入

和管理而获得的收入。家庭经营收入比较繁杂，按行业划分可以分为农业，建筑业，交通、运输、邮电业等10类。以2013年甘肃省农民家庭经营收入为例，分析各组成部分所占份额的大小。

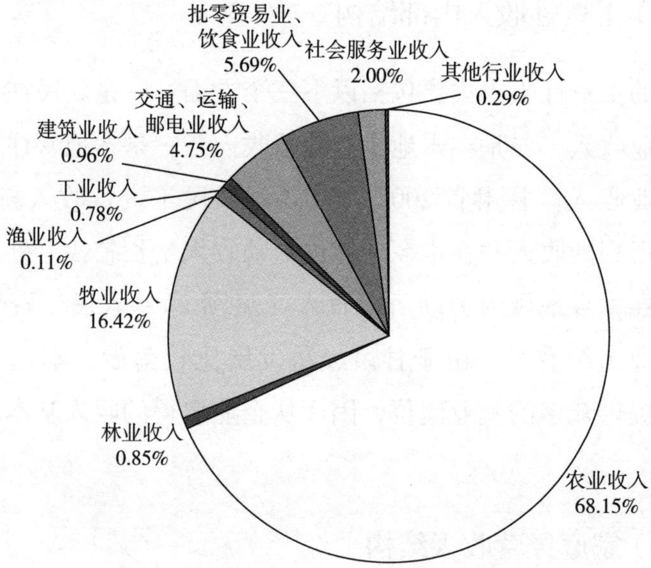

图3　2013年甘肃省农民家庭经营收入

从图3中可以看出：在农民家庭经营收入中，农业（指种植业，下同）和牧业为主要组成部分。农业收入占家庭收入的68.15%，牧业收入占家庭经营收入的16.42%，二者合计所占比重高达84.57%。说明农民家庭经营收入主要来源于农业收入和牧业收入。

（五）财产性收入和转移性收入结构

2013年甘肃农民人均财产性收入为132.85元，其主要来源为租金（包括农业机械）、转让承包土地经营权收入，这两项就占了80.34%。其他财产性收入来源比较分散而且数额比较小，占总数的19.66%（见图4）。

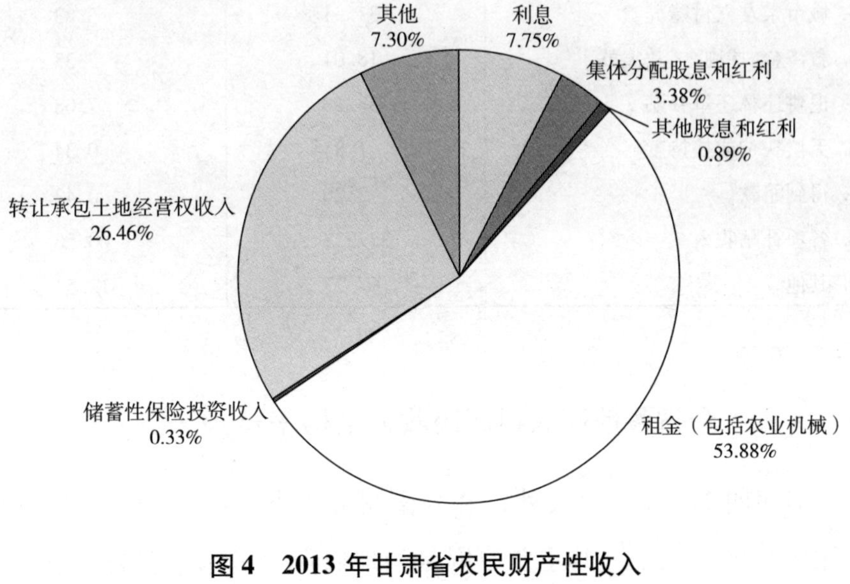

图4　2013年甘肃省农民财产性收入

从1993~2013年甘肃省农民收入结构表（见表1）可以看出，农民收入中转移性收入所占的比例在不断增加，已经成为加快农民收入增长的一部分。另从表3中可以看出，转移性收入组成部分是多样的，农民可以从各种社会保障体系中得到福利，减少农村居民多方面现实困难。其中最大的组成部分是各项补贴收入，这部分收入为327.32元，占转移性收入总量的60.56%，再加上退耕还林还草补贴，救济金、抚恤金、救灾款和无偿扶贫或者扶持款，直接由政府转移支付的收入就占到了转移性收入的71.31%。

表3　2013年甘肃省转移性收入构成

单位：元，%

指标	数值	占比
转移性纯收入	540.51	100
1. 城市亲友赠送	1.12	0.21
2. 离退休金、养老金	52.39	9.69
3. 城市亲友支付赡养费	31.51	5.83
4. 救济金、抚恤金、救灾款	18.01	3.33
5. 退耕还林还草补贴	38.28	7.08
6. 无偿扶贫或扶持款	1.85	0.34
7. 得到赔款	2.26	0.42
8. 各项补贴收入	327.32	60.56
9. 其他	67.77	12.54

（六）全省各地区农村居民收入结构差异

河西四市（除嘉峪关外）和甘南州五个市（州）的家庭经营收入比重在50%以上。其主要原因是当地农业经济水平较高，城市化水平及二、三产业发展不足，对农村经济的带动能力不强，没有带动更多农村人口就业，反映出这些市（州）的农业发展能力和潜力要比其他市（州）强，其工资性收入在总收入中所占比重较低。

兰州市和嘉峪关市的工资性收入比重在50%以上。其主要原因是这两个市经济发展水平排在全省前列，城市化水平也比较高，对农村剩余劳动力就地消化的能力也比较强，所以两市农民向市民转变的程度较高，工资性收入已成为农民收入的主要来源。

平凉、庆阳两市工资性收入和家庭经营性收入的比重基本一致。这两个市的区域经济近年来发展很快，尤其是庆阳在当地的石油和煤炭资源陆续被开发后，农民本地就业机会增加，工资性收入快速增长。

白银市、定西市、临夏州的收入结构则呈现以家庭经营收入为主、工资性收入为辅的结构；天水市、陇南市收入结构表现则与之相反（见表4）。

表4　2012年各市州收入构成比重

单位：%

地　　名	工资性收入	家庭经营收入	财产性收入	转移性收入
兰 州 市	53.3	33.2	6.7	6.8
嘉峪关市	54.7	31.1	10.1	4.1
金 昌 市	30.5	53.1	10.1	4.1
白 银 市	39.4	48.1	0.3	12.3
天 水 市	48.6	41.6	1.1	8.7
武 威 市	28.9	62.8	2.3	6
酒 泉 市	21.4	70.3	2.5	5.8
张 掖 市	28.6	64.2	1.2	6.1
定 西 市	36.7	49.8	1.9	11.6
陇 南 市	47.5	40	2.2	10.4
平 凉 市	42.2	42.9	2.1	12.8
庆 阳 市	43.1	43.6	2.8	10.4
临 夏 州	37.8	48	2	12.3
甘 南 州	29.6	53.9	1.6	14.9

二　西部同类省份农村居民收入结构差异

贵州、陕西、青海、宁夏四省（区）同处于西部内陆地区，同属于经济不发达省份。四省（区）在经济上各展其长，形成了各自的相对优势，在增加农民收入方面也创造了各自的特色和经验，农民收入结构变动具有明显的区域性，区域农民收入来源结构的差异主要体现在工资性收入和家庭经营收入上。

表 5　2013 甘肃省及西部同类省份农民收入构成

单位：元，%

指标		全国	甘肃	陕西	青海	宁夏	贵州
农民人均纯收入		8896	5108	6503	6196	6931	5434
工资性收入		4025	2203	3151	2347	2878	2573
家庭经营收入		3793	2231	2500	2570	3250	2356
财产性收入		293	133	213	166	133	78
转移性收入		784	541	639	1113	669	427
占总收入比重	工资性收入	45.25	43.14	48.45	37.88	41.53	47.34
	家庭经营收入	42.64	43.68	38.44	41.48	46.89	43.35
	财产性收入	3.29	2.60	3.28	2.68	1.92	1.44
	转移性收入	8.82	10.58	9.83	17.96	9.66	7.86
对总收入增长贡献率	工资性收入	59.01	69.15	57.14	43.00	49.01	87.36
	家庭经营收入	26.53	19.34	27.77	41.88	23.78	15.65
	财产性收入	4.48	3.45	1.74	8.49	4.22	1.01
	转移性收入	9.97	8.05	13.34	6.63	22.99	-4.01

1. 西部省份农民人均纯收入以工资性收入为主

2013 年甘肃工资性收入 2203 元，占纯收入比重为 43.14%，比全国平均水平低 2.11 个百分点，在西部五省（区）中高于青海、宁夏，比贵州低 4.21 个百分点。从增长贡献率来看，贵州 2013 年工资性收入对纯收入增长的贡献率达到87.36%，比甘肃高18.2个百分点。从表5可以看出西部各省（区）2013年工资性收入对农民收入的增长贡献率大多都在一半以上，这表明西部各省（区）的农业生产还处在现代化初期，一产收入不能满足人们的日常生活需要，生活的主要来源还是以外出打工收入。

2. 家庭经营收入对总收入增长贡献逐步缩小

2013年甘肃家庭经营收入对总收入的贡献为19.34%，比2003年的62.42%下降43.08个百分点，比全国平均下降水平高32.21个百分点。2013年甘肃农民家庭经营收入对总收入的贡献除高于贵州外，均低于全国及陕西、青海、宁夏水平，与2003年相比下降幅度最高，这表明甘肃的农业对农民收入的增收能力已处于西部省份末尾，但是反过来也可以说甘肃省的农业生产对农民收入的提高仍有很大的空间（见图5）。

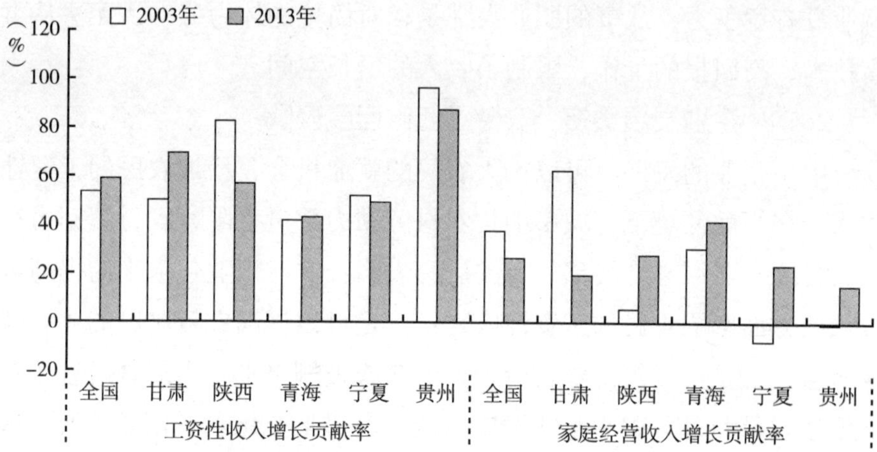

图5　全国及西部各省（区）工资性收入和家庭经营收入增长贡献率

3. 转移性收入区域间差距较大

从占总收入比重来看，2013年西部五省（区）中青海最高，达到17.96%，贵州最低为7.86%，甘肃比青海低7.38个百分点，比贵州高 2.72 百分点，高于全国平均水平 1.76 个百分点。从对总收入的增长贡献率来看，甘肃省低于全国平均水平 1.92 个百分点，在西部五省（区）中高于贵州和青海，但是与宁夏的 22.99% 相比，贡献率差距达 14.94 个百分点。

三　影响农民收入结构性的因素

（一）影响工资性收入因素

1. 农村科技教育水平落后，农民综合素质普遍较低

2013 年，甘肃省初中文化程度的农村劳动力占农村农运力的 42.94%，高中文化程度的劳动力占 8.81%，中专及以上文化程度的劳动力占 2.3%。外出打工人员虽说在农村不管是教育水平还是自身素质都是较高的，但是相对于城市来说就明显较低，这使他们在城市就业没有竞争力，从事的职业大都是相对简单的体力劳动，无法从事高技术、高回报的工作，限制了收入的增长空间。

2. 中小企业发展缓慢，农村工业化程度较低

中小企业的发展，可以扩大农民的就业机会，增加农民的工资性收入。在当前环境下，城市消化农村劳动力数量有限，农村劳动力在很大程度上要靠本地转移。有关研究表明：农村工业化水平的提高可以从两方面影响农民的工资性收入：一是可以提高农村居民的非农就业机会，二是可以提高农村劳动力的非农报酬水平。当前甘肃省相对于发达省份而言，中小企业发展缓慢，农村工业化水平相对较低，这严重制约了农民的充分就业和工资性收入水平的提高。

（二）影响农民家庭经营收入的因素

1. 农业的脆弱性

一是自然因素的影响。从自然环境和地理条件来讲，甘肃地处我

国中部黄土高原区，气候条件恶劣，水资源短缺，农业的弱质性特别明显，从而造成农民农业收入（家庭经营收入中的一产收入）呈现增长弱势，而农业收入是农村居民家庭经营收入的主要来源，占比在80%以上，由自然因素造成的农业收入增长滞缓，最终导致农民收入增长缓慢。二是社会经济因素的影响。由于受到宏观经济波动的影响，农业生产资料的价格持续走高，导致农民从事农业生产活动的成本提高，而农民作为农产品流通的第一环节，只能得到很微薄的农产品销售收入。这就形成了农业生产资料价格与农产品价格的剪刀差，极大地打击了农民从事农业生产的积极性，进一步影响到作为农民收入主要来源的家庭经营收入，制约了甘肃农民的收入增长，降低了农民生产的积极性。

2. 农村产业结构调整缓慢，农民增收渠道单一

农民家庭经营收入中，来自二产、三产的收入较少，且所占比重和增长幅度远远低于一产收入。2013 年甘肃农民家庭经营收入来自一产的为 1907. 4 元，较上年增长 6. 41%，而来自二产、三产的仅为 323. 59 元，占家庭经营收入的比重为 14. 50%，较上年仅增长 0. 41%，比一产收入增幅低 6 个百分点。造成这一现状的根本原因是甘肃农村产业结构调整缓慢，农村产业结构变化没有突破性进展，工业相对落后，第一产业比重仍然过大。区域经济发展不协调，导致传统经济转变困难。2013 年甘肃农民一产收入占家庭经营收入的比重达 85%，远高于全国平均水平。甘肃属于西部欠发达省份，农村工业化水平低，农产品加工水平低，附加值低，农民仅靠出售初级农产品获得收入，增收渠道过于单一。

3. 农业生产资源比例不协调，农业增收空间受限制

甘肃农业人口比重很大，工业基础相对落后，城乡二元经济结构比较明显，目前正处于城市化与工业化的关键期，需要大量的资金和土地资源，但对农村劳动力的转移吸收能力不足，导致农村经济发展

中资源比例失调，农业生产处在资金环境紧缺、耕地资源贫乏的状态之中，其发展空间受到很大的限制。

（三）影响财产性收入增加的主要因素

各地经济发展的不平衡，导致各地区财产性收入占纯收入比重差距很大，占纯收入比重最高的达到了10.1%（嘉峪关市、金昌市），最低的只占到0.3%（白银市），二者的差距高达9.8个百分点。农村金融服务落后、投资渠道单一、农村社会保障体制不完善，在很大程度上抑制了农民投资的愿望。另外，农民缺乏投资理财方面的技术和能力，农民的财产性收入相比城镇居民要低很多。

（四）影响转移性收入的主要因素

城乡二元体制使城乡居民转移性收入差距较大（城乡发展不平衡），城镇居民享受的失业保险、住房补贴、最低收入保障等福利，绝大多数农民都不能享受。虽说在国家和政府政策的倾斜下农民人均转移性收入有了小幅提高（甘肃省农民人均转移性收入从2003年的58.8元增加到2013年的540.51元），但与城镇居民人均转移性收入相比差距较大，2013年甘肃省城镇居民人均转移性收入达到3654.11元，比农民高3113.6元。

三　农民收入结构的灰色关联度分析

为准确了解农民纯收入中各构成要素对纯收入的影响程度，以期找到一个相对适合甘肃省的收入结构，在这里以1993～2012年收入数据为研究对象，以五年为一个发展期，分别研究这四个时期的农民人均纯收入扣除物价因素的实际增幅，从中找到发展速度最快的一个时期，以此时期的收入结构作为适合甘肃省农民收入结构的最优结构。从表6中可以看出，在四个时期中以2008～2012年实际增幅最高，因此就对此时期数据进行研究。采用灰色关联度分析，得出各收入因素与纯收入的关联度。选定甘肃农民人均纯收入为参考序列，比较序列是与农民收入密切相关的分项。

表6　1993～2012年农民人均纯收入实际增幅

单位：%

时间段	实际增幅(扣除物价因素)
1993～1997年	4.94
1998～2002年	4.90
2003～2007年	4.52
2008～2012年	9.12

表7　甘肃农民收入来源结构指标的动态系统

工资性收入	在非企业组织中劳动得到收入
	在本县地域内得到收入
	在本县地域外得到收入
家庭经营收入	农业收入
	牧业收入
	工业收入
	建筑业收入
	交通、运输、邮电业收入
	批零贸易业、饮食业收入
财产性收入	租金(包括农业机械)
	土地收入
转移性收入	家庭非常住人口寄回和带回
	离退休金、养老金
	各项补贴收入

对表7序列进行灰色关联度分析，得出以下结果（见表8）。

一般情况下，$0<\gamma$（灰色关联度）≤ 0.35时为弱相关，$0.35<\gamma$

（灰色关联度）≤0.65时为中度关联，0.65＜γ（灰色关联度）≤1时为强相关。

如表8所示，整体来看第一产业家庭经营收入、工资性收入与农民收入的相关度最强，是影响农民收入的主要因素；转移性收入与农民收入的相关度较强，是影响农民收入的次要因素；财产性收入与二、三产业家庭经营收入的相关性较弱。

表8 甘肃农民人均纯收入影响指标关联度及排位

指标		关联度	排位
工资性收入	在非企业组织中劳动得到收入	0.8027	5
	在本县地域内得到收入	0.7907	7
	在本县地域外得到收入	0.9059	2
家庭经营收入	农业收入	0.8673	3
	牧业收入	0.9253	1
	工业收入	0.7922	6
	建筑业收入	0.5099	13
	交通、运输、邮电业收入	0.7852	8
	批零贸易业、饮食业收入	0.7679	9
财产性收入	租金（包括农业机械）	0.6548	11
	土地收入	0.7636	10
转移性收入	家庭非常住人口寄回和带回	0.4332	14
	离退休金、养老金	0.5315	12
	各项补贴收入	0.8077	4

分项指标来看，关联度大于0.90的收入来源有牧业收入和在本县地域外得到的收入，表明首先，甘肃农民收入的提高仍然紧紧依附在土地上。近年来，耕地增长及农产品价格上涨空间有限导致从种植业中获得的家庭经营收入陷入瓶颈，而随着人们饮食结构的变化，畜牧产品的消费市场急速扩大，农民便利用种植业获得的产品来发展比种植业效益高的畜牧业，以扩展增收空间。其次，甘肃县域经济相对

落后，县域内无法提供众多的就业机会，当地农村劳动力为增加收入，不得不向县外转移。

关联度 0.8 ~ 0.9 的收入来源有农业收入、各项补贴收入、在非企业组织中劳动得到收入，表明从事第一产业获得的收入仍是农民收入的重要来源。近年来各级政府不断加大对农村居民政策性补贴力度，出台一系列惠农富农政策，实施了粮食综合补贴，提高了高龄补贴、低保生活补助、农村养老补贴、新农合等补助标准，使农村受惠群体扩大，现金收入增加，转移性收入成为今后农民收入重要的增长点。

工业收入、在本县地域内得到收入、交通运输及邮电业收入、批零贸易业及饮食业收入、土地收入的关联度排位居中，这也是由甘肃的省情决定的。甘肃作为一个大的农业省份，农村的二、三产业发展缓慢，直接造成了甘肃农民的收入在现阶段仍然以从一产中获得为主。

土地收入的关联度为 0.7636，排在第 10 位。这表明甘肃农民受传统思想的影响，认为土地就是农民立身的根本，对土地流转采取更加谨慎的态度，从而使土地流转与发达省份相比流转率过低，土地收入对农民收入的影响程度较弱。

离退休金及养老金、建筑业收入、家庭非常住人口寄回和带回的收入关联度在 0.65 以下，影响程度最弱。

四　对策建议

通过以上分析可知，家庭经营收入和工资性收入是甘肃省农民纯收入的主要来源。其中家庭经营收入主要来自农业和牧业。在现阶段，甘肃农民收入结构的优化要以农业生产和外出打工为主，收入的提高最终由农业生产和务工技能决定。因此，增加甘肃农民的收入就应坚持因地制宜，实施分类指导，依托特色农业资源和技术劳力资源来寻找思路。主要思路就是河西地区收入结构的优化要以家庭经营收入的一产收入为主；陇东南地区以增加工资性收入中的外出打工收入为主来实现结构优化；民族地区主要以保护生态、重点发展农村第三产业以提高家庭经营收入中第三产业收入及转移性收入为主来优化收入结构，具体实现途径如下。

一是各级政府要增加农业基础设施的建设和投入，切实改善以水利为重点的农业生产条件，增强农民规避自然风险和抵御灾害的能力。根据甘肃省自然环境的区域特点及现实情况，河西地区重点发展、完善与节水农业相关的基础设施；陇东地区重点发展与旱作农业相配套的基础设施；陇南和民族地区重点发展与第三产业相关的基础设施。

二是要以建设现代农业为目标，围绕区域性特色农业开发，全面提升农业整体发展水平。依托本地特色资源，延伸农产品产业链，在陇东南地区发展以薯类、中药材、林果业为重点的产业链；在河西地区重点发展制种、棉花及沙产业产品的产业链；在民族地区及城市郊区重点发展家庭农场和以民族特色农家乐为主的乡村旅游业。

三是通过加快推进城镇化，以城带乡，发展二、三产业，努力提高甘肃农民收入中二、三产业的比重。深化农产品流通体制改革，消除流通障碍。建立和完善农业风险保障体系，增强农民对市场风险和自然风险的抵御能力。完善土地流转政策，促进土地规模化经营，扩展农民收益的投资空间。

四是大力发展民营经济和私营经济，为农村富余劳动力提供非农工作岗位，培育农民增加收入的增长点。开展农民劳动就业技能培训，引导和组织农民向二、三产业转移，形成一批有稳定职业的农民工队伍。根据农民就业流动性强的特点，完善农民工保险制度，保障农民工在流动就业中的社会权益。建立和完善包括就业信息、职业介绍的社会化就业服务体系。

五是增加转移性收入和财产性收入的途径。要稳定、完善现有的“三补贴”政策和退耕（牧）还林（草）等政策。要调整补贴方式，提高补贴标准。实行推广农业新技术和新品种补贴、节水灌溉技术补贴、检验防疫补贴、农业保险补贴等政策。加强运用财政金融手段，引导社会、企业资金投资农业开发。

B.6

甘肃农村劳动力结构与潜力分析

胡 苗* 徐吉宏

摘　要： 本研究从农村劳动力供给、需求状况以及农村剩余劳动力的发展潜力等不同角度出发，通过时间序列数据，采用模型分析，测算了未来甘肃省农村劳动力非农化转移的总潜力和剩余潜力。结论表明，甘肃省农村剩余劳动力、农村非农化转移的劳动力分别以2.01%、2.97%的年均速度递增，到2025年可向城市转移的剩余劳动力有645.05万~748.91万人，净剩余的农村劳动力由2015年的61.73万~148.93万人减少到2025年的26.14万~130万人。随着农业技术的提高，未来可以释放出的农业剩余劳动力进一步增加，这为甘肃省发展劳务经济提供了充足的资源，但如何合理妥善转移农村剩余劳动力，是未来经济社会发展的一大难题。

关键词： 农村劳动力　结构变化　潜力分析　甘肃省

农村剩余劳动力向城市和非农产业的合理流动和转移，是工业化和农业现代化发展的必然趋势。近年来，国内关于农村劳动力结构和潜力分析的研究成果很多，农村劳动力结构变化的研究，主要集中在

* 胡苗，甘肃省社会科学院农村发展研究所助理研究员，硕士，主要研究方向为农村经济学。

对全国、区域性的农村劳动力结构研究以及劳动力的变化对农村经济和农民生活的影响上；而对农村劳动力潜力的研究主要集中在对劳动力非农化转移的潜力和趋势上①②。目前只有个别学者对未来劳动力非农化转移的潜力和趋势进行过估算③④，缺乏统一和连续的公开调查数据，缺乏专门的系统定量分析。总体来看，在宏观层面有关农村劳动力变动及其影响的研究取得了积极进展，但在微观层面对农村劳动力在具体诸结构因素方面的研究还比较少。本研究从农村劳动力供给、需求状况以及农村剩余劳动力的发展潜力等不同角度出发，通过时间序列数据，采用模型分析，测算了未来甘肃省农村劳动力非农化转移的总潜力和剩余潜力。

一 甘肃省农村劳动力供给的特征

2014 年甘肃省常住人口为2590.78 万人，农村人口为1510.94 万人，占总人口的 58.32%。其中，农村劳动力占农村人口的比重为63.76%。从农村劳动力资源年龄构成看，2013 年劳动年龄内人口占农村劳动力的 87.52%；劳动年龄外的劳动力（20 岁以下、60 岁以上劳动力）约占 12.48%，其中，超过劳动年龄参加社会劳动的劳动力占 7.51%；从农村劳动力资源分布情况看，农村经济发展相对落后的天水市、庆阳市、平凉市、定西市、陇南市，其农村劳动力占甘肃省农村劳动力总数的约 60% 以上；而农村经济发展相对较好的河

① 李迅雷、周洪荣、朱蕾：《中国农村劳动力转移效应及潜力测算》，《财经研究》2014 年第 6 期。

② 王国霞：《我国农村剩余劳动力转移问题研究》，《山西大学学报》（哲学社会科学版）2007 年第 4 期。

③ 童玉芬：《中国农村劳动力非农化转移规模估算及其变动过程分析》，《人口研究》2010 年第 5 期。

④ 周晓津：《1978 ~ 2007 年中国隐性失业、劳动力流动与整体失业率估计》，《西部论坛》2011 年第 6 期。

西走廊，农村劳动力占甘肃农村劳动力总数的约20%。由此可见，农村经济发展相对落后地区应该是甘肃省农村剩余劳动力转移的重点区域。

（一）农村劳动力供给的数量变化

从图1可以看出，1980年以来甘肃省农村劳动力供给变化总体处于上升的态势。1980～1990年，农村劳动力供给从574.03万人增长到821.06万人，10年间增长了247.03万人；1991～2000年，农村劳动力供给从834.45万人增长到934.45万人，10年间增长了100万人，这是由于国家实行严格控制人口增长的计划生育政策，从而引起农村劳动力供给的减少；2001～2010年，农村劳动力供给从942.24万人增长到1113.19万人，10年间增长了170.95万人，这一情况的出现主要是由于计划生育政策实施前出生的人口已达到劳动年龄，农村劳动力供给出现增长；2011～2013年，农村劳动力从1118.23万人增加到1123.98万人，4年间增长了5.75万人，这一时期农村劳动力供给明显下降。

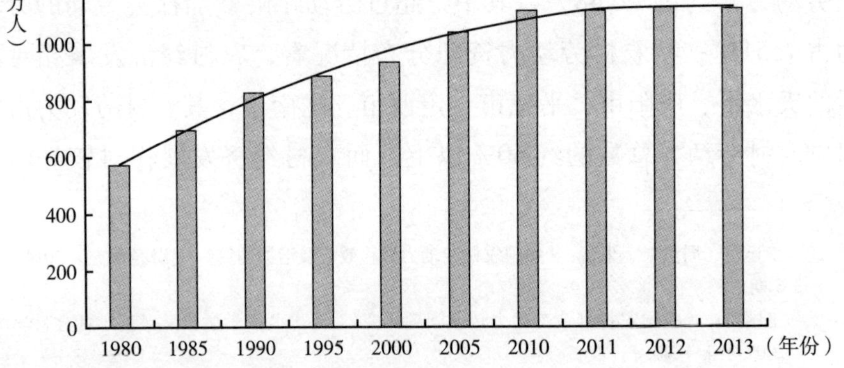

图1　1980～2013年甘肃农村劳动力供给变化情况

资料来源：《甘肃农村年鉴》（1980～2014）。

（二）农村劳动力结构变动分析

1. 男性仍是农村劳动力供给的主力军

从纵向比较来看，2000 年农村劳动力供给中男性占 52.49%，2013 年达到 53.46%，变化幅度不是很大；从横向比较来看，2000 ~ 2013 年农村劳动力中性别比例基本保持在 1.10 ~ 1.15。出现这种情况主要是受农村“重男轻女”传统观念的影响，男性须背负传宗接代、养家糊口的重任（见表 1）。

表 1　农村劳动力性别变化

单位：万人

年份	农村劳动力	男	女	性别比例
2000	934.45	490.45	444	1.10
2001	942.24	496.34	445.9	1.11
2002	1008.32	530.38	477.84	1.11
2003	1050.49	555.85	494.64	1.12
2004	1057.89	557.56	500.33	1.11
2005	1084.25	570.9	513.46	1.11
2006	1089.03	574.61	514.42	1.12
2007	1095.58	578.59	516.99	1.12
2008	1101.89	581.76	520.13	1.12
2009	1106.16	585.45	520.71	1.12
2010	1113.19	591.75	522.24	1.13
2011	1119.65	593.41	534.79	1.13
2012	1122.07	595.97	526.1	1.13
2013	1123.98	600.91	523.07	1.15

资料来源：《甘肃农村年鉴》（2001 ~ 2014）。

2. 农村劳动力供给以小学、初中文化程度为主

2000 ~ 2013 年，初中和高中及以上文化程度的农村劳动力所占

比例逐年递增，分别从27.84%、10.98%增加到37.56%、17.24%，文盲、半文盲和小学文化程度的农村劳动力所占比例逐年递减，分别从19.41%、41.77%减少到8.34%、36.86%。农村劳动力文化程度构成表明，大部分农村劳动力接受过义务教育，受教育程度以初中、小学为主，占74.42%（见表2）。

表2　甘肃省农村劳动力文化程度变化

单位：%

年份	高中及以上程度	初中程度	小学程度	文盲、半文盲
2000	10.98	27.84	41.77	19.41
2001	11.26	28.49	41.90	18.34
2002	11.61	29.91	41.25	17.23
2003	11.96	30.27	41.48	16.28
2004	12.26	31.35	41.26	15.13
2005	12.67	32.21	41.10	14.02
2006	13.00	32.92	40.63	13.45
2007	13.28	33.69	40.24	12.79
2008	13.68	34.27	39.68	12.36
2009	14.15	35.33	38.68	11.84
2010	14.73	35.91	38.82	10.54
2011	15.52	36.46	38.03	9.78
2012	16.28	37.05	37.66	9.01
2013	17.24	37.56	36.86	8.34

资料来源：《甘肃农村年鉴》（2001～2014）。

3. 农村劳动力供给以中青年为主，劳动年龄外劳动力所占比重增加

2000～2013年，劳动年龄内的劳动力、超过劳动年龄的劳动力呈上升趋势，分别从89.46%、6.72%增加到89.49%、7.51%，而不足劳动年龄的劳动力、劳动年龄内丧失劳动能力的劳动力呈下降趋

势，分别从6%、2.18%减少到4.97%、1.97%。可见，甘肃省劳动年龄外的农村劳动力所占比重呈上升趋势，占12.48%（见表3）。

表3　甘肃省农村劳动力年龄变化

单位：%

年份	劳动年龄内的劳动力所占比例	不足劳动年龄的劳动力所占比例	超过劳动年龄的劳动力所占比例	劳动年龄内丧失劳动能力者所在比例
2000	89.46	6.00	6.72	2.18
2001	89.33	5.94	6.88	2.15
2002	89.29	5.88	6.88	2.06
2003	89.41	5.77	6.82	2.01
2004	89.41	5.71	6.86	1.98
2005	89.38	5.61	6.96	1.96
2006	89.51	5.45	7.00	1.94
2007	89.40	5.41	7.16	1.97
2008	89.36	5.41	7.22	1.98
2009	89.27	5.37	7.33	1.96
2010	89.62	5.08	7.21	1.92
2011	89.60	5.04	7.38	1.95
2012	89.57	5.00	7.45	2.02
2013	89.49	4.97	7.51	1.97

资料来源：《甘肃农村年鉴》（2001～2014）。

（三）农村劳动力转移情况分析

1. 农村转移的劳动力逐年增加

据统计数据显示，甘肃省农村外出劳动力从2000年的236.92万人增长到2013年的441.79万人，增加204.87万人。尤其是2002年以来，农村剩余劳动力转移速度明显加快，数量显著增多，这与各级政府实施的一系列促进农村剩余劳动力转移的政策措施高度相关。

2. 转移的劳动力以从事第三产业为主

2000～2013年，甘肃省转移到第二、第三产业农村劳动力比重的平均值分别为9.96%、21.24%。其中，转移到第二产业农村劳动力的比重从2000年的7.65%上升到2013年的13.31%；转移到第三产业农村劳动力的比重2000年的17.70%增长到2013年的26%。可以看出，虽然转移到第二产业的农村劳动力逐年增加，但第三产业仍是吸引农村劳动力就业的主要产业（见表4）。

表4　甘肃省农村劳动力转移流向行业情况

单位：万人，%

年份	农村外出劳动力	转移到第二产业农村劳动力的比重	转移到第三产业农村劳动力的比重
2000	236.92	7.65	17.70
2001	245.49	7.73	18.32
2002	270	8.07	18.71
2003	289.74	8.35	19.24
2004	293.02	8.82	18.88
2005	321.33	9.10	20.54
2006	336.45	9.59	21.30
2007	352.63	10.12	22.07
2008	347.56	10.43	21.12
2009	371.25	10.80	22.76
2010	386.83	11.66	23.09
2011	401.76	12.16	23.92
2012	421.65	12.79	24.79
2013	441.79	13.31	26.00
平均值	336.89	9.96	21.24

资料来源：《甘肃统计年鉴》（2001～2014）。

3. 劳动力转移地域以西部地区为主

由表5可知，2000～2008年，转移到东、中部地区的农村剩余劳动力所占比重呈上升态势，但从2009年开始，转移趋势出现下降，而转移到西部地区的农村剩余劳动力在2008年以前逐年减少，2008年以后又逐年增加。同时，根据甘肃省人力资源和社会保障厅的统计，2011年甘肃省农村劳动力省内转移225.2万人，省外输出230.1万人；而在2013年，甘肃省内农村劳动力转移就业人数超过省外输出，省内转移270万人，省外输出215.8万人[①]。中西部地区的就业吸引力在增强，甘肃省劳动力转移由以省外输出为主转变为向省内回流。其原因一是受宏观经济形势的影响，多数企业招工意愿不明显，多采取精简瘦身政策；二是国家“西部大开发”等区域发展战略的实施，使西部地区加快了产业发展，增加了就业机会，改善了务工环境，提高了工资待遇，这些因素对吸引更多农村劳动力在本地实现转移就业起到了积极的推动作用。

表5　甘肃省农村劳动力转移流向地情况

单位：%

年份	转向东部地区	转向中部地区	转向西部地区
2000	7.93	2.44	89.63
2001	6.66	3.08	90.26
2002	9.32	1.7	88.98
2003	17.86	3.57	78.57
2004	17.18	3.24	79.58
2005	24.57	5.67	69.76
2006	31.96	4.83	62.93
2007	32.65	5.57	61.78
2008	35.85	5.41	58.74
2009	30.94	4.8	64.03
2010	29.45	4.18	66.37

资料来源：《甘肃统计年鉴》（2001～2014）。

① 《西北贫困地区农民回家谋发展》，《甘肃经济日报》2015年3月3日。

二　甘肃省农村劳动力潜力分析

（一）农村劳动力供给规模的测算

1. 农村劳动适龄人口的预测

在劳动适龄人口的预测中，利用2000～2013年甘肃省农村劳动年龄内人口的统计数据，采用回归分析方法，计算得出预测农村劳动年龄内人口变动的一元线性回归方程为：

$$Y_n = 15.42817X_n - 29845.26$$

对应显著性水平 $P = 0.000 < 0.05$，通过显著性水平为5%的变量显著性检验，相关系数 $R_2 = 0.8910$，说明有89.1%的把握来预测农村劳动年龄内人口。利用该方程可以得到甘肃省2015～2025年农村劳动适龄人口的变动情况。

2. 农村劳动力供给规模

甘肃省农村劳动适龄人口规模呈现明显的上升趋势，到2025年农村劳动适龄人口将上升到1370.84万人。劳动适龄人口只是反映了劳动力资源的状况。若要计算农村劳动力供给规模，还必须要清楚农村实际参加劳动的人口，而这个规模由劳动适龄人口和劳动参与率共同决定[①]。根据2000～2013年甘肃省乡村劳动力、劳动年龄内人口规模的统计数据，计算得出甘肃省农村劳动参与率在94%～97%。鉴于上述情况，我们对2014年以后的农村劳动参与率取均值，为96%，假定今后农村劳动参与率在此附近小幅波动。用前面预测的劳动年龄内人口规模乘以农村劳动参与率，可以得到2015～

① 童玉芬等：《未来20年中国农村劳动力非农化转移的潜力和趋势分析》，《人口与社会》2011年第7期。

2025年的农村经济活动人口，也就是有效的劳动力供给规模（见表6）。

表6　甘肃省农村经济活动人口

单位：万人

年份	农村劳动年龄内人口	农村经济活动人口
2015	1229.63	1180.45
2016	1231.98	1182.71
2017	1266.95	1216.27
2018	1275.92	1224.88
2019	1278.27	1227.14
2020	1313.23	1260.70
2021	1322.20	1269.32
2022	1324.55	1271.57
2023	1359.52	1305.14
2024	1368.49	1313.75
2025	1370.84	1316.00

（二）农村劳动力的需求预测

采用劳均耕地面积计算法，同时考虑种植业在农业中的比重这一因素，测算甘肃省农业劳动力需求量。其公式为：

农业劳动力的需求 =（农业耕地面积 ÷ 劳均耕地面积）÷ 种植业劳动力比重

1. 耕地面积预测

利用2000～2013年的耕地面积数据，采用回归分析方法，计算得出耕地面积变动的一元线性回归方程为：

$$Y_n = 10251.33X_n - 1.71e^7$$

对应显著性水平 $P = 0.000 < 0.05$，通过显著性水平为5%的变量

显著性检验，相关系数 $R_2=0.8368$，说明有83.68%的把握来预测耕地面积。利用该方程可以得到甘肃省2015~2025年耕地面积的变动情况。

2. 劳均耕地面积预测

根据国家统计局的资料，我国耕地面积在1957年达到高峰，一些学者认为1957年我国不存在农业剩余劳动力，据《新中国55年统计资料汇编》，1957年，我国耕地面积为111830千公顷，第一产业从业人员为19309万人，由此计算得出劳均耕地面积为0.5792公顷①。假定以α描述农业生产技术进步对农业生产率的影响，可以得出农村劳均耕地的回归计算公式为：

$$G_n = 0.5792 \times (1+\alpha)^{(n-1957)}$$

式中：G_n 表示第 n 年劳均耕地面积，α 为播种耕地变动率，是待定指标。

根据2000~2013年甘肃省耕地面积、第一产业从业人数计算出甘肃省劳均耕地面积为0.49~0.53公顷。据国家统计局测算，2015年我国劳均耕地可以达到0.67~1.0公顷②。当劳均耕地 >0.5792 公顷时，计算得出，$\alpha>0$。假定2015年甘肃省劳均耕地面积为0.58~0.67公顷。当达到0.58公顷时，计算得出，$\alpha=0.000024$；当达到0.67公顷时，计算得出，$\alpha=0.0025$。从而可以得到如下两个方程：

$$G_n = 0.5792 \times (1+0.000024)^{(n-1957)}$$
$$G_n = 0.5792 \times (1+0.0025)^{(n-1957)}$$

由此可以得到甘肃省2015~2025年劳均耕地面积的变化情况

① 童玉芬等：《未来20年中国农村劳动力非农化转移的潜力和趋势分析》，《人口与社会》2011年第7期。

② 童玉芬等：《未来20年中国农村劳动力非农化转移的潜力和趋势分析》，《人口与社会》2011年第7期。

（见表7）。

3. 农业劳动力需求量计算

根据甘肃省2000～2013年统计数据，参与种植业的农村劳动力在农业劳动力中的比重为94%左右。假定这个比重保持不变，通过计算公式，利用农业耕地面积、劳均耕地面积、种植业劳动力比重指标，计算出2015～2025年甘肃省农业劳动力、种植业劳动力需求规模的变化（见表7）。

表7　甘肃省农业劳动力需求情况

年份	耕地面积（公顷）	$\alpha=0.000024$			$\alpha=0.0025$		
		劳均耕地（公顷）	种植业劳动力需求（公顷/人）	农业劳动力总需求（万人）	劳均耕地（公顷）	种植业劳动力需求（公顷/人）	农业劳动力总需求（万人）
2015	3556429.95	0.58001	613.17	652.31	0.6695	531.21	565.11
2016	3566681.28	0.58002	614.93	654.18	0.6711	531.47	565.39
2017	3576932.61	0.58003	616.68	656.04	0.6728	531.65	565.58
2018	3587183.94	0.58005	618.43	657.91	0.6745	531.83	565.78
2019	3597435.27	0.58006	620.18	659.77	0.6762	532.01	565.97
2020	3607686.6	0.58007	621.93	661.63	0.6779	532.19	566.15
2021	3617937.93	0.58009	623.68	663.49	0.6796	532.36	566.34
2022	3628189.26	0.58010	625.44	665.36	0.6813	532.54	566.53
2023	3638440.59	0.58012	627.19	667.23	0.683	532.71	566.72
2024	3648691.92	0.58013	628.94	669.09	0.6847	532.89	566.90
2025	3658943.25	0.58014	630.70	670.95	0.6864	533.06	567.09

从计算结果看，劳均耕地达到0.58公顷时，农业劳动力总需求由2015年的652.31万人增加到2025年的670.95万人。当劳均耕地达到0.67公顷时，农业劳动力总需求由2015年的565.11万人增加到2025年的567.09万人。

（三）农村劳动力非农化转移的潜力估计

农村剩余劳动力的规模决定未来农村劳动力非农化转移的潜力，用未来各年农村劳动力供给规模减去农业所需的劳动力数量，就是农村剩余劳动力，也就是未来可供转移的劳动力。通过计算，劳动力可能转移的规模和潜力将从2015年的528.14万~615.34万人逐年增加到2025年的645.05万~748.91万人。

甘肃省1978年以来农村非农化劳动力规模呈增长趋势，利用2000~2013年的农村劳动力非农化转移数据，得出以时间为自变量的回归方程，相关系数达到0.977。

$$Y = 15.25009X - 30262.52$$

按照此公式可以推出2015~2025年农村劳动力非农化转移的趋势。将每年的非农化转移规模与农村剩余劳动力进行对比分析，经过测算，净剩余的农村劳动力由2015年的61.73万~148.93万人减少到2025年的26.14万~130万人（见表8）。

表8　未来农村劳动力非农转移的净剩余潜力

单位：万人

年份	农村非农化转移劳动力	α=0.000024		α=0.0025	
		剩余劳动力	净剩余劳动力	剩余劳动力	净剩余劳动力
2015	466.41	528.14	61.73	615.34	148.93
2016	481.66	528.53	46.87	617.32	135.66
2017	496.91	560.23	63.32	650.69	153.78
2018	512.16	566.97	54.81	659.1	146.94
2019	527.41	567.37	39.96	661.17	133.76
2020	542.66	599.07	56.41	694.55	151.89
2021	557.91	605.83	47.92	702.98	145.07
2022	573.16	606.21	33.05	705.04	131.88

续表

年份	农村非农化转移劳动力	α = 0.000024		α = 0.0025	
		剩余劳动力	净剩余劳动力	剩余劳动力	净剩余劳动力
2023	588.41	637.91	49.5	738.42	150.01
2024	603.66	644.66	41	746.85	143.19
2025	618.91	645.05	26.14	748.91	130

四　基本结论与建议

第一，从甘肃省农村剩余劳动力未来发生非农化转移的潜力来看，农村劳动力中扣除农业所需的劳动力，每年可供转移的农村剩余劳动力规模出现逐年上升趋势，到 2025 年可达到 645.05 万 ~ 748.91 万人。随着农业技术的提高，未来可以释放出的农业剩余劳动力进一步增加，这为甘肃省发展劳务经济提供了充足的资源，但如何合理妥善转移农村剩余劳动力，是未来经济社会发展的一大难题。

第二，如果扣除未来实际可能发生的劳动力转移规模，净剩余的农村劳动力由 2015 年的 61.73 万 ~ 148.93 万人减少到 2025 年的 26.14 万 ~ 130 万人。

第三，甘肃省农村剩余劳动力以 2.01% 的年均速度递增，农村非农化转移劳动力以 2.97% 的年均速度递增，农村非农化转移劳动力的增长速度要高于农村剩余劳动力的增长速度，说明甘肃省农村剩余劳动力的情况基本稳定。

第四，甘肃省农村剩余劳动力非农化转移的过程中，要大力提高和改进农业科学技术，提高农业劳动生产率水平，进一步解放农村劳动力并释放农业剩余劳动力，促进甘肃省农村劳动力非农化转移的顺利进行。

第五，甘肃省农村剩余劳动力非农化转移的重点应逐步落实到转移的农村劳动力的身份转变问题，保证已经发生非农化转移的劳动力能在保留农村权益的基础上享受城市待遇和其他基本权益，即要促使甘肃省城镇化由规模城镇化向人口或户籍城镇化转变。

第六，甘肃省未来经济增长将更需要资本和技术进步，就地城镇化、产业转移将代替劳动力流动。政府应有机整合各类培训资源，对城市的外来务工人员，提供更有针对性的职业技能培训。同时，加大农民创业扶持力度，让更多农民能利用当地资源，在家门口创业致富。

B.7

甘肃农村居民消费结构与消费市场开发

贾 琼*

摘 要： 本文通过对地域消费结构与城乡消费结构的比较分析，以及对1993年以来甘肃省农村居民消费结构的变动度测算，分析了各划分时期影响农村居民总体消费的主要消费支出项，揭示了甘肃省农村消费市场的活力及消费热点趋势。在此基础上，本文以构建农村商品流通体系为视角，通过对国内外农村典型商品流通模式的分析与借鉴，探讨了四个（互联网信息技术、政府支持措施、流通中介组织、金融环境）运行要素以及农村现代物流发展开拓农村消费市场的运行机制，并提出了金融机构参与下的农村消费市场开发策略。

关键词： 甘肃省 农村居民 消费结构 消费品流通

现代农村商品流通的发展缩小了城市与农村的生活距离，在扩大农村消费中的作用日渐凸显。然而，在显著的东西部经济发展不均衡的背景下，甘肃农村居民消费水平低，既不能满足日益增长的农村群众的消费需求，也影响了农村经济社会的全面发展。创新农村商品流通模式，探究农村商品流通渠道变革的动力机制，深化对西部欠发达

* 贾琼，甘肃省社会科学院农村发展研究所副研究员，主要从事农村经济研究。

省份农村消费市场的分析，对促进农村经济发展和农业现代化的实现具有重要意义。

一 地域消费结构比较

本文研究现阶段地域消费结构，比较了我国东、中、西部地区及甘肃地区。从各地区农村居民人均消费支出情况来看（见表1），西部地区农村居民人均消费支出较东、中部地区低，其中，甘肃省农村居民人均消费支出又比西部地区的平均水平低551.4元，仅为中部地区平均水平的77.0%、东部地区的54.2%；而同期甘肃省农村居民人均纯收入分别是东、中、西部地区农村居民人均纯收入平均水平的42.4%、61%、74.7%。虽然甘肃地区农村居民人均纯收入及消费支出都较低，但相比收入水平，甘肃地区农村居民消费较活跃。

表1 2013年东部、中部、西部、甘肃地区农村居民人均消费支出情况

单位：元/人

地区	消费总支出	服务性消费	食品	衣着	居住	家庭设备用品	交通通信	文教娱乐	医疗保健	其他
东部地区	8955.4	2511.1	3343.9	590.4	1565.3	496.9	1161.2	719.0	802.3	276.3
中部地区	6296.6	1803.7	2332.2	435.0	1160.1	360.2	714.8	476.9	655.3	162.1
西部地区	5401.0	1374.6	2035.9	381.0	1060.7	316.9	653.2	313.2	505.1	135.1
甘肃地区	4849.6	1338.2	1798.5	352.7	794.0	302.6	598.4	366.5	513.3	123.5

资料来源：《2014年中国统计年鉴》。

从人均消费各支出项来看，西部地区农村居民各项消费支出比东、中部地区都低，甘肃地区农村居民除对文教娱乐和医疗保健的支出要高于西部地区的平均水平外，其余各项消费支出额度均低于西部地区的平均水平。在各项消费支出中，农村居民食品消费支出额度最多，恩格尔系数东、中、西部地区以及甘肃地区分别为37.3%、37.0%、37.7%以及37.1%，食品消费支出水平地区之间差别不大。在各地区消费总支出中，甘肃地区农村居民消费支出额要低于西部地区的平均水平，分别是东、中部地区的53.3%、74.2%，甘肃农村居民受消费环境和收入水平的限制，服务性消费支出较低。

二 城乡居民的消费结构比较

从图1可以看出，2013年甘肃省农村居民生活消费支出构成排序依次为：食品→居住→交通通信→医疗保健→文教娱乐→衣着→家庭设备和其他支出。而城镇居民生活消费支出构成排序为：食品→衣着→居住→文教娱乐→交通通信→医疗保健→家庭设备和其他支出。其中，食品、居住、医疗保健和交通通信四项消费支出，农村居民消费水平要高于城镇居民，最高的是居住支出较城镇居民消费水平高4.99个百分点，其次是医疗保健消费支出高出2.61个百分点，交通通信高1.62个百分点。另外四项消费支出农村居民低于城镇居民消费水平，其中衣着支出较城镇居民消费水平低5.19个百分点，其次是文教娱乐消费支出低3.48个百分点，家庭设备消费支出低0.46个百分点，其他类消费支出低0.36个百分点。

收入的巨大差距是造成消费差异的首要原因，加之城乡消费观念和习惯的不同，形成了城镇居民更加注重膳食的营养搭配与衣着消费，而农村居民对饮食、住房的消费需求较强。城乡消费环境的差异以及甘肃农村普遍存在交通通信等公共服务设施不健全等问题，也使农村居民的交通通信消费支出高于城镇。相比城镇居民，农村居民消费对发展型和享受型消费不足。

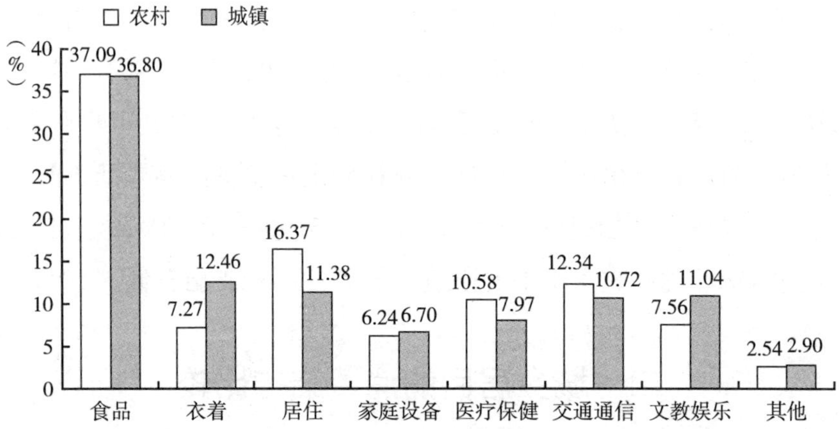

图 1　2013 年甘肃省农村与城镇居民消费支出构成对比

资料来源：《甘肃发展年鉴》（2014）。

三　消费结构变动度分析

结构变动度是用来反映平均每年消费结构变动程度的一个计量指标。[①] 选取 1993 ~2013 年甘肃省统计指标数据，计算分析结果如表 2 所示。

表 2　1993 ~2013 年甘肃省农村居民消费结构变动值及各项消费的贡献率

单位：%

项目	1993 ~ 1996 年	1996 ~ 2000 年	2000 ~ 2004 年	2004 ~ 2008 年	2008 ~ 2013 年
结构变动值	17. 24	44. 93	11. 17	11. 57	23. 36
年均结构变动值	5. 75	11. 23	2. 79	2. 89	4. 67
食品	72. 53	43. 21	3. 67	7. 52	43. 15

① 范剑平、刘国艳：《我国农村消费结构和需求热点变动趋势研究》，《农业经济问题》2001 年第 1 期。

续表

项目	1993～1996年	1996～2000年	2000～2004年	2004～2008年	2008～2013年
衣着	8.97	0.50	0.36	0.09	7.11
居住	4.88	28.04	31.42	33.45	0.94
家庭设备	7.66	0.20	1.07	0.35	9.67
交通通信	0.59	5.62	43.42	7.61	11.0
文教娱乐	4.54	14.4	5.10	40.45	6.85
医疗保健	0.17	5.63	6.09	8.9	15.92
其他	0.68	2.39	8.86	1.64	5.35

资料来源：1994～2005年《甘肃统计年鉴》、2006～2009年《甘肃年鉴》、2010～2014年《甘肃发展年鉴》。

从表2可以看出，1993～1996年，农村居民消费结构变动值为17.24%，平均每年的结构变动值为5.75%。这一时期农村居民消费结构变动的主要贡献因素是食品，对消费结构变动的影响高达72.53%。

1996～2000年，农村居民消费结构变动值提高到44.93%，平均每年的结构变动值上升为11.23%。食品对消费结构变动的影响虽较上一阶段减少，但仍达到43.21%；居住对消费结构变动的影响由上一阶段的4.88%上升到28.04%，食品和居住成为这一时期消费结构变动的主要贡献因素；文教娱乐对消费结构变动的影响也迅速上升，成为促进结构变动的重要因素。

2000～2004年，农村消费结构变动值减少到11.17%，平均每年的结构变动值下降为2.79%。这一时期消费结构变动的主要贡献因素是居住、交通通信，居住对消费结构变动的影响继续上升，达到31.42%；交通通信对消费结构变动的影响达到43.42%。

2004～2008年，农村消费结构变动值为11.57%，平均每年的结构变动值为2.89%。这一时期消费结构变动的主要贡献因素是居住和文教娱乐消费，居住对消费结构变动的影响持续上升，达到33.45%；文教娱乐支出对消费结构变动的影响达到40.45%。

2008~2013年，农村消费结构变动值为23.36%，平均每年的结构变动值为4.67%。这一时期消费结构变动的主要贡献因素是食品，对消费结构变动的影响为43.15%，其次是医疗保健，消费贡献率为15.92%，接着是交通通信、家庭设备、衣着、文教娱乐等。

总之，这段时间的年均结构变动值先增加再减少，后逐渐上升，对消费结构变动的影响因素由单一的食品类到居住、交通通信类，再到文教娱乐、医疗保健、家庭设备类，影响因素多元化，表明甘肃省农村居民消费热点的变化：除了传统的食品、居住和交通通信，近些年，文教娱乐、医疗保健和衣着也逐渐成为消费热点，农村居民生活消费需求多元化发展。

四 构建商品流通体系、开发农村消费市场的运行机制

（一）典型范例

1. 美国西尔斯营销模式①

美国老百货公司西尔斯于1886年创建，主要以美国农民为供应对象。该公司最初针对当时美国农村经济落后、交通不便、农村消费潜力大等状况，采取了一些有针对性的经营方式（见图2）。

公司成立邮购工厂，与各主要制造商建立特殊代理关系，确保产

① 龚映清：《基于流通网络组织的农村消费市场开拓问题研究》，硕士学位论文，湘潭大学，2008。

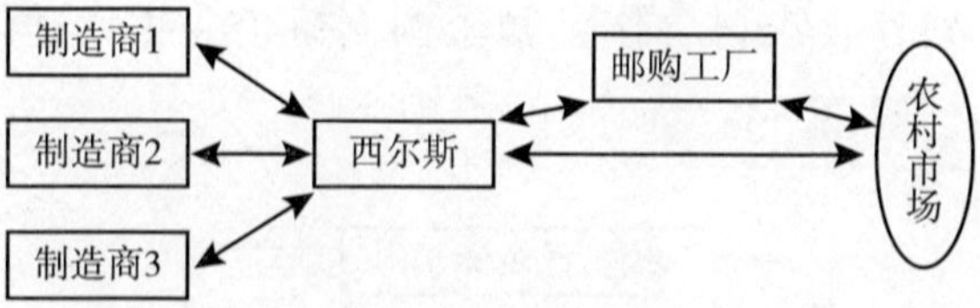

图 2　西尔斯开拓美国乡村市场系统

品保质、保量、及时提供给农户。随着城镇化推进，西尔斯改变经营模式，转向发展特许加盟店，主要为这些经销店提供资源、制作广告并控制价格。这种商业运作模式取得了极大的成功。

西尔斯在美国乡村市场上取得的成功对甘肃农村消费市场开拓有很大启示作用。流通体系上，西尔斯采取与邮局合作的方式，这既符合农村消费市场的特征，又能通过邮局有效获得市场份额。西尔斯还在芝加哥建立邮购工厂，专门负责邮购业务，这实现了西尔斯内部专业化分工，既能提高各部分效率，又能让西尔斯专注于自己的核心业务，提高西尔斯在乡村市场中的竞争力。西尔斯与各主要制造商建立的代理关系，在长期合作基础上能够减少契约不稳定性，压低价格，从而保证西尔斯在农村市场上销售的产品质高价廉，市场竞争力增强。除了加强与其他相关企业的合作，西尔斯还非常注重对市场需求信心的采集，经常组织农村消费市场调查，争取在第一时间收集消费变动信息，并反馈给制造商，以便制造商生产出符合市场需求的产品，增加自己在农村市场上的有效供给。

2. 广西农村合作金融模式①

近些年，广西发挥农村合作金融机构的作用，通过支持发展与农村居民相关的收入经营，促进农民增收，同时大力推动以建房、农机、装修、教育、汽车、家电为内容的消费贷款业务，帮助消费者提

① 《广西农村合作金融机构采取“两头帮”方式促农增收》，新农网，http：//www. xinnong. net/news/20110105/902771. html。

高购买能力。另外，农村合作金融机构支持企业生产适销对路的产品投入农村市场（见图3）。

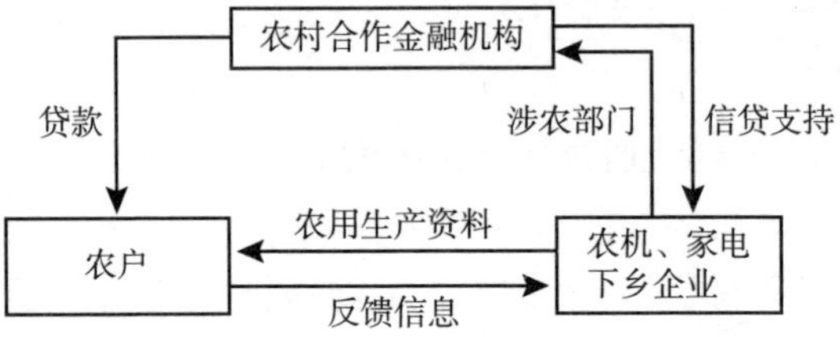

图3　广西农村合作金融机构“两头帮模式”

自治区信用联社引导广西农合金融机构突出支持“公司＋基地＋农户”、“公司＋专业合作社＋农户”的农业产业化经营模式，促进了甘蔗、桑蚕、木薯等广西优势农作物产业化生产水平与农户经营效益的同步提高。随着农村居民收入的增加，为丰富农村消费市场的产品品种，农村合作金融机构又积极扶持小微企业不断增加经营产品。另外，自治区信用联社以“家电下乡”、“农机下乡”、“汽车下乡”为契机，积极主动与列入家电、农机下乡产品名单的经销商联系、沟通，推出农机贷款业务，对购买农机的农户给予一定的补贴。通过支持生产企业扩大生产，给商品消费者发放消费品贷款，进一步刺激农村消费市场的有效需求。

广西“两头帮模式”主要借助国家政策，依靠农村合作金融机构的帮扶，一方面支持企业进入农村，同时通过政府补贴手段刺激农村居民对生产资料和家电的消费。这一模式在贫困地区具有较强的推广意义。

3. 中国邮政连锁模式①

中国邮政是拥有实物流、资金流、信息流的大型企业。近些年，

① 《中国农村的“沃尔玛”之争》，中国供销合作网，http：//www.chinacoop.gov.cn/HTML/2010/12/30/60598.html#。

中国邮政已经实现了传统邮政、速递物流、经营管理、金融、电子商务五大类约25个应用系统的升级、改造及推广上线。系统间互联互通水平不断提高，逐步实现资源共享和数据整合，支撑着流程优化目标的实现，进一步提升了邮政业务的市场竞争力。

中国邮政确立了具有邮政特色的“三农”服务品牌，邮政物流分销配送业务规模和影响不断扩大，服务范围已经遍布全国29个省、自治区、直辖市的1740多个县，服务各类生产企业960多家，服务农民近亿户。近些年，邮政分销配送业务连续保持了45%以上的增长速度。中国邮政集团在全国范围内建设网络布局合理、双向流通高效、商品种类丰富、综合服务便利的标准化连锁经营服务体系，在中国农村市场打造现代商业连锁平台（见图4）。

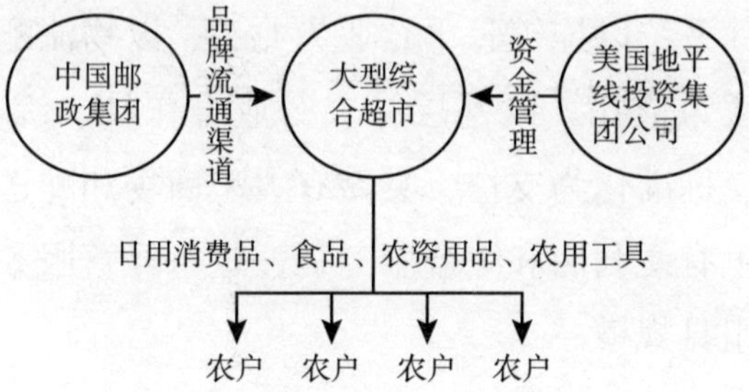

图4　中国邮政连锁模式

4. 供销合作社连锁模式①

供销社是为满足农村生产和生活需要而设立的销售生产工具、生活用品和收购农产品、副业产品的商业机构，是农民自我服务的民间合作经济组织。中国供销合作社系统在60年的发展历史上，自始至终都以服务农村为己任，并形成了一个遍布城乡、上下联动、自成一

① 《中国农村的“沃尔玛”之争》，中国供销合作网，http：//www. chinacoop. gov. cn/HTML/2010/12/30/60598. html#。

体的经营服务网络（见图 5）。中国供销合作社系统现有省级供销合作社 31 个、地市级供销合作社 344 个、县级供销合作社 2377 个、基层供销合作社 21106 个。

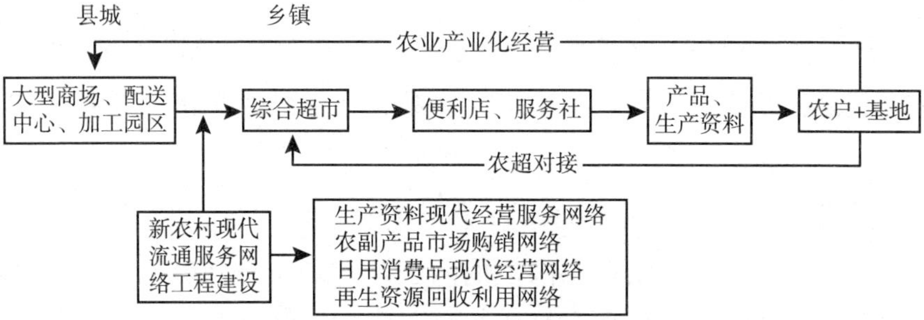

图 5　供销合作社连锁模式

供销合作社系统以连锁骨干企业为龙头，以物流配送中心、大型市场、加工园区为依托，以基层社、专业合作社、综合服务社为终端，以信息化、标准化为支撑，县城有大型商场和配送中心，乡镇有综合超市，村里有便利店和综合服务社，这一经营服务新体系在供销合作社系统已粗具规模。

（二）开拓甘肃省农村消费市场的路径选择

1. 促进农产品流通是开拓甘肃农村消费市场的关键

农村消费市场的消费主体具有特殊性，农民既是消费者，也是生产者，农民生活消费支出的数量和质量，在很大程度上取决于其作为生产单位所生产的产品的数量和质量，而后者又与农民的生产消费相关。[①]

2. 甘肃省区域消费环境差异大，消费模式应注重多元化

甘肃省地域狭长，经济不发达，县乡村公路建设滞后，村与村相

① 卢东宁：《我国农村消费市场的启动机制研究》，硕士学位论文，西北农林科技大学，2004。

距较远，加之燃油价格上涨，商品配送成本高，部分边远山区由于商品销量少、周转慢，承办企业商品配送处于亏损状态。区域自然环境条件、经济社会发展状况差距大，应视区域实际，探索符合当地消费现状的农村消费市场开拓模式。

3. 消费市场的开拓应该同国家政策紧密结合，发挥政府的职能

甘肃省是全国最贫困的省份之一。由于贫困面积大，农村扶贫开发的任务十分繁重。因此，应借国家、省扶贫开发契机，加快农村基础设施建设，积极培育、扶持各类加工流通企业，开辟农村各类市场，为农村消费市场的开拓提供有利条件和保障。

4. 农村消费市场的开拓应与区域特色农业产业市场发展相结合

甘肃省具有区域特色农业，特色农产品市场的发展已成为推动当地农村经济，增加农民收入的渠道。农村消费市场的开拓不仅包括工业消费品和生活用品的流通，而且包括农产品的流通，显然，特色农业产业的发展成为进一步开拓甘肃农村消费市场的重要组成部分。

（三）运行机制构建

开拓甘肃省农村消费市场，充分发挥政府在农村市场基础设施建设中的引导作用，鼓励农户参与市场体系建设；纳入金融机构，通过对企业、农户及合作社的信贷支持，做好农村消费市场开拓的资金保障；在甘肃省已有的区域特色农业产业市场发展的基础上，通过优势农业产业的发展，提高农民收入，进而激发、确保农民消费的积极性和可能性（见图6）。

在国家和地方政府当前财力有限的情况下，发展农村商品流通体系，必须构建金融机构参与下的农村商品流通发展机制，尤其是像甘肃这样的欠发达地区，金融支持必不可少。

（1）关注消费主体的需求变化。随着农业产业化进程的推进和

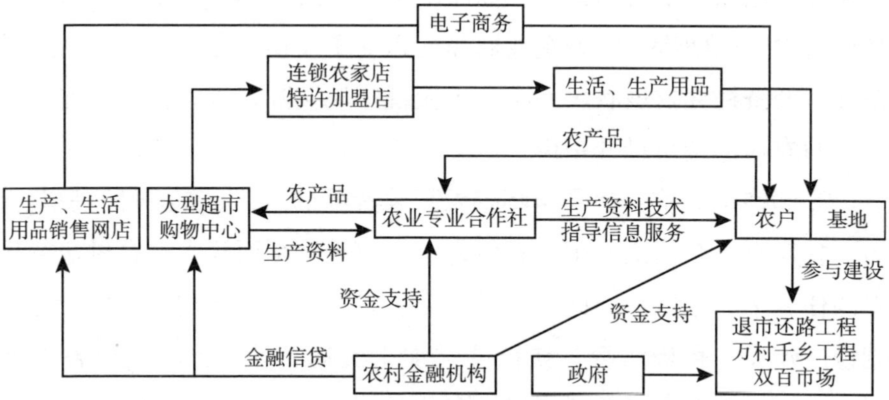

图6　金融机构参与下的农村商品流通模式

土地规模报酬递减规律的作用，农户对农业的投入力度必然进一步加大，农户的信贷需求必然增加。农村金融机构可以农户联保等方式，开发小额信贷产品及服务，对农户予以信贷支持。

（2）在农产品销售渠道中，根据农民专业合作社与连锁超市合作的年平均交易量及金额、发展规模、资金需求等情况，农村金融机构可以连锁超市担保或合作社自有资产抵押担保等方式，予以符合要求的合作社信贷支持。同时，支持农产品流通中的基础设施项目建设，提供项目贷款支持。

（3）在消费品供给渠道中，商场、超市、购物中心可以通过农产品购销关系，促进农村日用消费品、工业品流向农村地区，也可以通过互联网电子商务，满足农村居民的消费需求。农村金融机构在此环节中，可以积极开发多样的消费信贷产品，支持农户消费信贷需求。

（四）运行要素

1. 互联网信息技术

随着经济的发展和社会的进步，尤其是信息化时代以来电子商务的发展和成熟，传统的商品流通渠道不再适应生产力的发展和生产生活的需求，因此商品的流通渠道随着社会的发展、科学技术的进步以及网络信息的便捷也发生了一定变革。① 应用现代信息网络，人们共享分散于各处的信息资源，这有利于不同地域的人加强协同工作，有利于提高技术创新的效率，减少交易成本。然而，在流通领域开始进入信息化发展阶段，农村地区的商品流通发展滞后、基础设施建设不足、信息化程度低的问题，严重制约着城乡产品互通，影响农村经济发展。构建知识技术网络、缩小城乡生产与消费的差距，是实现农村地区现代化商品流通的重要手段之一。

2. 金融环境

金融机构在农村地区服务网点不健全、信贷投放覆盖面小、对农村流通投资规模小等问题，直接影响着农村市场的建立和消费环境的形成。当前，在全面建成小康社会的攻坚阶段，金融扶贫为贫困地区脱贫致富带来资金保障的同时，也为刺激农村消费和培育农村市场体系提供了难得的机遇。这就要求政府部门、金融机构，重视贫困地区农村金融服务网点的建设，将信贷业务向农村流通领域倾斜，促进贫困地区农村消费市场发展。在政策制定和信贷担保上，要设计专门针对农村流通体系建设的项目，为农村市场的硬件建设、软件配套提供充足的资金支持，解决现代化农村物流发展的瓶颈。与此同时，贫困地区农民脱贫致富的过程，也是消费结构转换的过程，在已经出台的农用机械、家电等消费产品补贴政策的基础上，进一步完善金融服务措施，从而提升农村消费层次，是形成稳定、可持续的市场消费环境必不可缺少的要素之一。

3. 流通中介组织

中介组织是商品流通的组织者和实施者，培育好流通中介，才能

---

① 赵晶琴:《农产品流通渠道变革的动力机制研究》,《商业经济研究》2015 年第 20 期。

进一步健全农村流通体系。

第一，甘肃省农村生产主要还是一家一户的小农经济，在这一经营规模式下，一家一户作为生产单位，很难与大市场形成对接，从而造成农产品的销售和价格不稳定，无法形成产品到商品的转换。培育流通中介，正好可以搭建起流动环节的桥梁和纽带，实现农产品向商品的属性转变，在市场流动上建立良性循环体系，改变分散经营模式，形成规模市场交易，从而保证农民利益的最终实现。

第二，当前甘肃农村市场存在的主要问题是生产和消费的信息不对称，农村消费层次低、农产品价格不稳定的问题比较突出。完善市场流动中介组织，在信息共享上建立互通机制，将农村消费供给和农产品销售两个市场对接起来。一方面，农民可以根据自己的消费能力和意愿，在家门口采购物美价廉的生产、生活资料，带动农村消费市场发展；另一方面，可以根据流通中介传递的市场信息，及时调整种植业结构，生产出适销对路的农产品，避免结构类同和大规模集中上市，造成市场不稳定。

第三，流通中介组织除了能及时提供市场的供求信息外，还附带有传递市场用工信息的功能，给农村剩余劳动力富集地区欲外出打工的农民提供务工和培训信息，从而增加他们的收入，为繁荣农村消费市场、提高消费能力发挥间接的作用。

4. 政府支持措施

政府的作用主要体现在为物流的发展创造宽松的环境和推行自由政策上。[①] 但对甘肃涉农项目的调查显示，甘肃项目管理运作机制存在僵化现象，除了集贸市场等少数项目只看结果、没有前期复杂程序外，其他项目普遍存在前期申报环节审批时间太长、费用太高，审批

① 李南、许源：《政府在现代物流业发展中的作用》，《综合运输》2005 年第 4 期。

成本占比一般达20%以上。[①] 农村商品流通环节中诸如基础设施不足、流通企业发展行政审批受限，以及市场分割的现象，不仅影响了企业的运作方式，也制约了现代商品流通业的发展。在甘肃一些贫困地区，由于经济发展滞后，农村商品物资的供给还存在计划经济运作的方式，再加上近些年实施较多的惠农政策，使甘肃一些农村物流企业过多依赖政府扶持。这些存在的影响农村商品流通发展的困难与瓶颈，需要政府加强干预和调节，通过制定政策并实施，推动商品流通业的发展。

总结发达地区的发展经验，可以看出，现代商品流通的运行，政府应该在市场经济中提供完善的公共服务，应该对流通企业加强政策引导和给予一定资源支持，主要包括加快农村地区的基础设施建设，推进市场经济体制改革，完善促进物流发展的法律法规等。在现阶段，资源配置的市场机制的作用日渐凸显，处理好政府与市场的关系，制定有序的竞争制度，使政府在促进农村商品流通中发挥作用尤为重要。

（五）金融促进农村商品流通的发展策略

在农村商品流通体系运行机制中，各参与要素相互联系、相互作用，各要素之间的不断发展、变革与创新将会促进农村消费市场供给结构优化，改善农村居民消费结构，有效开拓农村消费市场。然而，就目前而言，在欠发达地区要形成高效、便捷的农村商品流通机制，除政府规范管理、营造良好的发展环境之外，资金不足是制约流通组织及企业发展的重要原因，因此，本文提出金融促进农村商品流通的发展策略。

---

① 何苑、李有发：《为民办实事及其新制度、新机制的推进》，《甘肃社会科学》2015年第3期。

一是改善金融资源对农村商品流通领域的供给。金融机构参与农村商品流通，满足专业合作社发展的信贷需求，建立符合现代居民商品需求的流通渠道，推动传统零售连锁行业与电子商务的融合。发挥农村新型金融机构、小额贷款公司对贸易流通企业的金融支持，通过信息、技术和资金管理的金融业务，促进农村市场生产与生活资料的供给。这既符合农村发展的现实和农民生产经营的传统，同时也符合未来农村发展的方向和趋势。

二是创新消费信贷产品和管理模式。在贫困地区开发适应当地居民消费实际的结算服务方式；开展信用销售，建立完善信用销售风险防范分担机制；搭建金融中介信息服务网络平台，建立健全中小企业金融服务和信用担保体系，实行多种形式的质押、抵押办法；支持特色农业产业化发展，探索多种形式的抵押贷款业务及信贷产品。

三是推动非正规金融向正规化方向发展。目前单一的正规金融机构难以规避由信息不对称带来的金融风险，非正规金融能更好地运用“社会资本”这一利器，有效降低信贷风险，推动非正规金融的规范化发展，可以使其更好地为农户多样化的信贷需求服务。[①] 探索实施产业链贷款方式，促进贫困地区农村物流发展。

① 郭志仪、吴桢：《欠发达地区农户信贷供需非均衡分析》，《甘肃社会科学》2015 年第 3 期。

B.8

甘肃农业综合生产能力研究

何 剑*

摘 要： 本研究首先对甘肃省农业生产的现状、特征、有利条件及制约因素进行了分析，其次定量评价了甘肃省14个市（州）主要农作物生产的比较优势，并通过构建甘肃省种植业Cobb-Douglas生产函数，分析了农业产出与各投入要素之间的关系，最后给出了建立农业自然资源保障体系、调整优化农业结构、加快推进农业生产全程机械化、强化农业科技支撑能力和建立完整高效的"大农业"产业体系的对策建议。

关键词： 农业综合生产能力 粮食安全 比较优势 Cobb-Douglas生产函数

2014年，甘肃省粮食生产取得了"十一连丰"，粮食产量达到1158.7万吨，但粮食供需仍将长期处于结构性平衡状态，保障粮食安全的任务仍然十分艰巨。更加不容忽视的是，甘肃省农业基础设施薄弱、耕地质量不高、经营方式粗放、技术推广与服务体系不健全等问题十分突出，已经严重威胁到全省农业的持续、健康、稳定发展。在此背景下，推进农业综合生产能力建设、提高土地生产率、增加农

* 何剑，甘肃省社会科学院农村发展研究所研究实习员，硕士，研究方向为农业与农村发展。

业经济效益，成为抵御农业自然和市场双重风险、保障粮食安全、增加农民收入的迫切要求。

一 甘肃省农业综合生产能力变化影响因素分析

（一）有利因素

1. 太阳辐射充足，光温条件适宜

受纬度、海拔等因素影响，甘肃省总体处于太阳辐射的高值区。全省年平均太阳辐射量在 5200MJ/m^2 以上，高于全国大多数省份。省内各地区年平均太阳辐射量为4800～6400MJ/m^2，其中河西走廊高产农区年均太阳辐射量超过 5900MJ/$m^2$①；全省年平均日照时数 1700～3400h，其中约 3/4 的区域年日照时数超过 2500h。河西走廊西部农区年日照时数在 3200h 以上，为我国日照时间最长的地区之一；温度方面，大部分地区年平均气温 7℃～10℃。≥10℃积温的陇南超过 4500℃，其他地区介于 2700℃～3400℃。温度条件可保证主要农作物一年一熟或两年三熟。此外，大部分地区日温差较大，有利于植物干物质的生产和积累，作物一般产量较高、品质较好。

2. 地域辽阔，土地资源丰富

甘肃省土地总面积 42.59 万 km^2，居全国第 7 位。截至 2013 年末，甘肃省耕地面积 537.89 万 $hm^2$②，居全国第 11 位；人均耕地面积 3.12 亩，比全国总体水平多 1.78 亩；天然草地 1790.42 万 hm^2，其中可利用草地 1607.16 万 hm^2。天然草地面积仅次于新疆、内蒙

① 王鹤龄、牛俊义、王润元等：《甘肃不同类型农区农业自然环境资源特点及农田生产力分析》，《干旱地区农业研究》2007 年第 3 期。

② 2013 年末甘肃省耕地面积数据采用在第二次全省土地调查（2007～2009 年）基础上，经 2013 年土地变更调查后公布的数据。

古、青海、西藏和四川，居全国第 6 位。甘肃虽然土地资源充足，但利用率较低。2014 年未利用土地面积达 23.21 万 km^2，占全省土地总面积的 54.50%①，其中冰川、沙地、盐碱地、沼泽地等难利用土地 14.89 万 hm^2，占全部未利用土地面积的 64.15%，占全省土地总面积的 34.96%②，除此以外，约 8 万 km^2 未利用土地可在适当条件下转化为农业用地。在不影响自然生态系统平衡前提下，若能对这些土地进行合理整理、复垦和开发，则可为农业发展提供数量较为可观的后备耕地和草地资源。

3. 自然地域分异大，农业发展比较优势明显

甘肃省东、西两端距离约 1650km，地理上跨越经度 16°34′，居全国第 2 位。全省大体上处于青藏高原高寒区、东部季风区和西北干旱区三大气候区的交会处，分属黄河、长江、内陆河三大河流域；气候类型多样，从南到北依次经历亚热带、暖温带、温带，从东到西则由湿润、半湿润向半干旱、干旱过渡；地貌环境复杂，以高原和山地为主，平川、河谷、丘陵、荒漠兼而有之，交错分布。复杂的地貌环境和多样化的气候条件为甘肃发展地域性特色农业提供了独特的资源比较优势。根据甘肃省各地自然环境、资源禀赋、种植模式和耕作制度的不同，全省可划分为六大农业区：河西东部灌溉农业区、河西西部农牧交错区、陇中旱作农业区、陇东旱作农业区、陇南山地农业区和甘南高寒农牧区③。

（二）制约因素

1. 耕地质量总体不高，耕地面积持续减少

耕地是农业最基本的生产资料。甘肃省虽然人均耕地面积超过

---

① 《甘肃发展年鉴（2014）》。

② 许国成：《甘肃省草地畜牧业转型发展战略与对策》，《中国草食动物科学》2015 年第 3 期。

③ 卢李朋：《甘肃省粮食生产的时空特征及影响机制分析》，硕士学位论文，西北师范大学，2014。

全国平均水平，但由于气候干旱、生态环境脆弱，以及人为利用不当等原因，耕地质量总体不高，且呈现不断下降的趋势。主要表现在：①农业生产方式总体比较粗放，重物质投入轻土地管护，农田水利设施建设长期滞后，造成土壤有机质减少、耕地生产力降低。全省耕作土壤平均有机质含量在 1.21 ~ 1.33 克/千克，远低于 22.97 克/千克的全国总体水平[①]。②农药、化肥等物质要素的不合理使用造成农田生态环境恶化。到 2014 年，甘肃省遭受各类污染的农田面积达86.67hm^2[②]，占全省耕地面积的 16.1%；盐碱化耕地 14.55 万 hm^2，占全省耕地面积的 2.7%。③耕地“占优补劣”问题突出，耕地在质量上难以实现“占补平衡”。近年来城镇、交通建设大量占用优质耕地，而补充的耕地多为必须经过长期改良才能耕种的低质、劣质土地，优质耕地补充空间不断缩小，从而降低了耕地总体质量。目前甘肃省耕地总面积中，6° ~ 25° 的坡耕地占 57.39%，无灌溉设施的旱耕地占 74.94%，中低产田占比更是达到 80% 以上。

除耕地质量下降外，耕地面积也出现持续减少的趋势。1997 ~ 2012 年，甘肃省耕地总面积和人均耕地面积分别由 500 万 hm^2 和 3.0 亩/人减少到465 万 hm^2 和2.7 亩/人（见图1）[③]。特别是 1999 ~ 2005 年，由于“西部大开发”、生态退耕等政策性原因，加之部分地方过度进行圈地开发、搞盲目建设，耕地面积急剧减少，由 499 万 hm^2 减至 463 万 hm^2。此外，城镇化进程中出现的土地低效使用、“土地财

① 王朝霞：《我省耕地质量监测表明：土壤有机质低　有害重金属含量低》，《甘肃日报》2010 年 6 月 28 日。

② 李国芳：《对甘肃省农村环境污染及发展生态农业的几点思考》，《中国草食动物科学》2015 年第 1 期。

③ 根据全省第二次土地调查的结果，2013 年甘肃省耕地面积较以往有了大幅增加，这主要是调查标准的变更以及技术方法的改进，使得过去被遗漏的面积现在重新被纳入耕地统计范畴，从而引起账面和数据上的增加，并非耕地面积的实际增加。

政”、农地征用制度不完善等问题导致农用土地过度非农化，进一步加剧了耕地的减少。

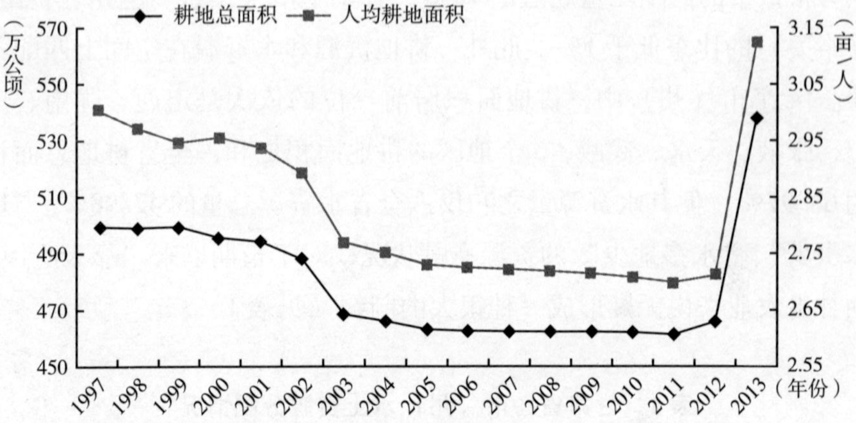

图1　1997～2013年甘肃省耕地面积和人均耕地面积变化

资料来源：《甘肃统计年鉴》（1998～2014），甘肃省第一、第二次土地调查及历年（1998～2014）土地变更调查数据。

2. 水资源匮乏，水、土资源在时间、空间上配合较差

甘肃省深居西北内陆，气候干旱、水资源短缺是制约农业生产的主要因素。全省多年平均降水量不足300mm；人均水资源占有量约1160m^3，仅相当于全国总体水平的53%；每亩耕地水资源占有量417m^3，仅为全国总体水平的1/4①。甘肃省降水量年内分配不均，降水集中期与作物生长期存在错位现象。全年降水的70%集中于7～9月，且多以暴雨形式出现，易形成洪涝灾害，植物难以有效利用。而在小麦等作物生长需水关键期的4～6月，降水则严重不足，时有“春旱”发生，导致作物产量低而不稳。

甘肃省水资源空间分布极不均衡，各地区水资源量悬殊。全省

① 刘宗平、王明：《甘肃省实行最严格水资源管理制度试点进展评价》，《水政水资源》2014年第4期。

14个市（州）中，水资源最为丰富的甘南、陇南两市（州）的水资源量之和占全省水资源总量的比重超过50%，而其余市（州）中，只有张掖市的此项比重超过了10%，有4个市（白银、兰州、金昌、嘉峪关）的比重低于1%。此外，耕地资源和水资源在空间上匹配不佳。14个市（州）中，耕地面积居前6位的依次是定西、陇南、庆阳、张掖、天水、武威，6个地区的耕地面积之和占全省耕地总面积的68.97%，但其水资源量之和仅占全省水资源总量的47.98%。“地多水少”、“水多地少”的资源禀赋状况，对于长期以来“靠天吃饭”的甘肃农业来说无疑形成一种很大的制约（见表1）。

表1　甘肃省各市（州）水土资源分配情况*

市(州)	年均水资源量(亿 m^3)	水资源量占全省水资源总量比重(%)	耕地面积(hm^2)	耕地面积占全省总耕地面积比重(%)	水资源量降序排名	耕地面积降序排名
兰　州	1.88	0.74	289700	5.39	12	9
嘉峪关	0.06	0.02	6700	0.12	14	14
白　银	2.18	0.86	423800	7.88	11	7
金　昌	0.84	0.33	110800	2.06	13	12
酒　泉	24.80	9.81	257200	4.78	4	10
张　掖	31.53	12.47	540800	10.05	3	4
武　威	12.67	5.01	462600	8.60	5	6
定　西	8.75	3.46	812400	15.10	7	1
天　水	12.13	4.80	533700	9.92	6	5
平　凉	5.70	2.25	404500	7.52	10	8
庆　阳	6.35	2.51	664700	12.36	9	3
临　夏	7.18	2.84	43000	0.80	8	13
甘　南	88.94	35.17	133100	2.47	1	11
陇　南	49.90	19.73	695900	12.94	2	2
全　省	252.90	100.00	5378900	100	—	—

*年均水资源量数据取自2004~2013年水资源量的平均值。

资料来源：《甘肃省水资源公报》（2004~2013）、甘肃省各市（州）国土资源网。

3. 生态环境脆弱，农业发展与生态保护矛盾突出

甘肃是我国重要的生态安全屏障区，是实施“退耕还林还草”工程和建设“三北”防护林体系的重点区域；同时甘肃又是一个生态环境脆弱的省份，生态建设和恢复的任务十分艰巨。长期以来掠夺式的开发使农业发展的资源环境约束逐渐趋紧，一些地区水土资源生态承载力已达极限，保护生态与发展经济之间存在着突出矛盾。由于对灌溉水的利用效率不高，目前农业用水严重挤占生态用水。全省每年农业用水量占全年总供水总量的80%，远高于63%的全国总体水平。在河西走廊灌溉农业区，灌溉水利用率仅为48%，单方水产粮0.85kg左右，两项指标均远低于发达国家水平①。2013年全省水土流失面积20.12万km^2，荒漠化土地面积19.21万km^2，分别占全省土地面积的47.24%、45.12%②。石羊河、党河流域等内陆河流域已出现严重沙化；天然草场退化面积达1.07亿亩，占全省可利用草地面积的44.4%③。若不立刻转变现有粗放的发展方式，激发科技、人才、制度等要素的活力，将无法在生态保护与农业发展之间找到一种平衡，也不可能摆脱“资源诅咒”的束缚。

4. 经济发展水平滞后，农业外部投入不足

农业是具有天然弱质性的产业。农业的发展离不开外部政策的支持和资金、技术的投入。近年来，在贯彻国家一系列惠农支农政策的基础上，甘肃省农业投入力度不断加大，财政支农水平稳步提高，有力地支撑了全省农业和农村经济的持续快速发展。2003～2013年，全省农业财政支出由20.65亿元增加到346.58亿元，扣除价格因素，年均增幅26.61%；农业固定资产投资除个别年份下降外，整体上亦

① 贾芳、汪秀梅：《甘肃省水资源利用及节水型农业发展研究》，《水资源管理》2013年第1期。

② 梁仲科、李福、潘新：《构筑甘肃粮食安全的长效机制》，《甘肃农业》2015年第4期。

③ 马保林：《甘肃现代农业发展策略浅析》，《甘肃农业》2013年第18期。

不断增加，由2003年的40.57亿元增加到2013年的232.64亿元，扣除价格因素年均增幅13.72%；各项强农惠农措施得到有效落实。2013年，甘肃省共落实到位中央和省级的各项强农惠农资金48.61亿元，比上年增长27.3%。

但与各省平均水平进行横向对比，可以看出甘肃省农业资金投入能力仍明显不足（见图2、图3）。2003~2013年，各省平均农业财政支出和农业固定资产投资分别增长27.25%和18.0%（扣除价格因素），均高于甘肃省增幅。由于甘肃整体经济发展滞后，加之农村金融体系不完善、农业产业化程度不高，农业发展能够吸纳到的社会资金十分有限。2003~2013年，甘肃省农业固定资产投资远低于各省平均水平，且两者差距在逐年拉大。2003年甘肃农业固定资产投资额为各省平均水平的76.11%，到2013年这一比例降至53.51%。农业财政支出方面，甘肃也仅能与各省平均水平在增速上保持大体一致，绝对量仍明显偏小。2013年甘肃农业财政支出仅为各省平均水平的83.79%。

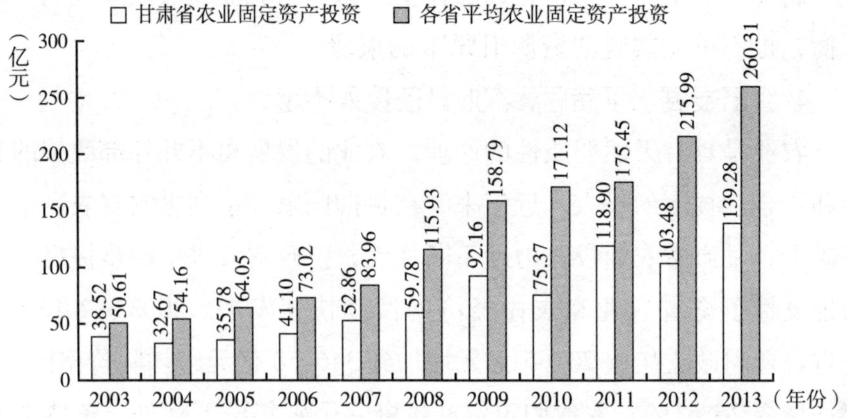

图2　2003~2013年甘肃省与各省平均农业固定资产投资水平比较（按2000年不变价格计算）

资料来源：《中国统计年鉴》（2004~2014）、《甘肃统计年鉴》（2004~2014）。

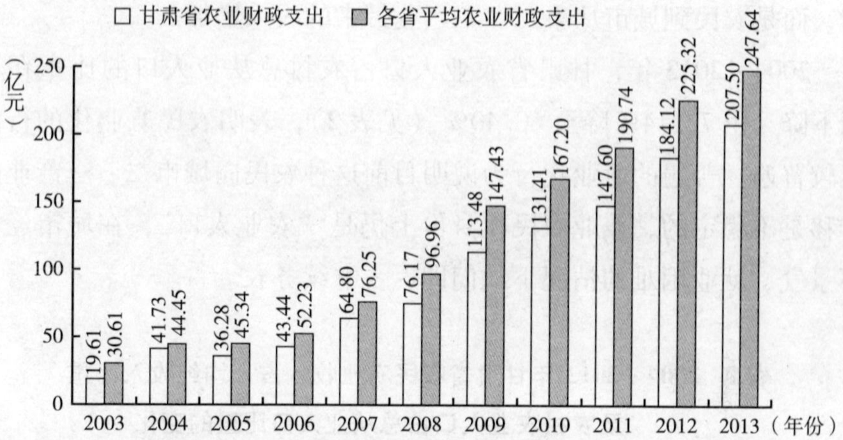

图3　2003～2013年甘肃省与各省平均农业财政支出水平比较（按2000年不变价格计算）

资料来源：《中国统计年鉴》（2004～2014）、《甘肃统计年鉴》（2004～2014）。

5. 农业比较收益低，农民兼业化现象普遍

农民是农业生产中最核心的要素。农民从事农业劳动的动机、意愿以及是否肯为农业技术、装备的改造作长远投资等行为因素，很大程度上决定着农业的生产效率。正如美国著名经济学家、诺贝尔奖得主西奥多·W. 舒尔茨所说："除非农民有机会并得到刺激去改造其先辈的传统农业，否则对农业的投资就是无利的。"[①] 在市场经济条件下，由于农产品缺乏需求价格弹性，"谷贱伤农"现象频频发生，如果不在政策上加以有效干预，必然导致农民由于农业比较收益低而转向其他非农生产领域。如2004～2013年，甘肃省农民人均纯收入不断提高，由1852元增加到5108元，与此同时，收入中来自第一产业（农林牧渔）的份额不断下降，由52.54%降至37.34%（见表2）。可以认为，农民增收的大部分并非来自农业本身创造价值的增

① 西奥多·W. 舒尔茨：《改造传统农业》，商务印书馆，2013，第21页。

加，而是农民到城市从事二、三产业带来的收入增加。

2004～2013年，甘肃省农业人口占农村总从业人口的比重在不断下降，由72.14%降至60.40%（见表2），表明农民兼业化的行为比较普遍。普遍的兼业化行为说明目前这种农民向城市二、三产业的转移是不稳定的，兼业农民在身份上仍是“农业人口”，在城市经济不景气、就业困难的情况下他们即返乡继续务农。

表2　2004～2013年甘肃省农民农业收入占人均纯收入比重及农村农业人口占总从业人口比重的变化

单位：元，%

年份	农民人均纯收入（按当年价格）	农业收入占农民人均纯收入的比重	农村农业人口占总从业人口的比重
2004	1852	52.54	72.14
2005	1980	54.56	70.22
2006	2134	50.28	68.96
2007	2329	52.37	67.67
2008	2724	48.53	66.03
2009	2980	45.21	66.26
2010	3425	46.30	65.07
2011	3909	40.00	63.88
2012	4507	39.77	62.17
2013	5108	37.34	60.40

资料来源：《甘肃统计年鉴》（2005～2014）。

由于户籍、土地制度的不完善和城市社会保障体系的不健全，多数农民既想通过非农劳动赚取更高收入，又不愿完全放弃土地；既要靠种地来养家糊口，又不愿花太多心思在农事上，更不指望通过种地发家致富，土地对他们而言仅具有基本生活保障的意义。农村人口向城市转移是城镇化的必然趋势，但目前甘肃省农民向城市的转移主要不是以农业生产率的提高为前提和驱动因素，而是带有明显的不稳定性和兼业特征，这显然不利于农业生产能力的提高和农业基础的稳定。

二 甘肃省农业生产能力现状及特征分析

（一）农业产出水平大幅提升

从价值量来看，2000～2013年，甘肃省农业总产值由323.0亿元增加到1517.7亿元，扣除价格因素年均增幅为8.28%，增幅较同期全国总体水平高1.55个百分点；农业增加值由193.3亿元增加到879.9亿元，扣除价格因素年均增幅为8.02%，增幅较同期全国平均总体水平高1.29个百分点。农业增加值构成中，种植业、畜牧业、林业、渔业增加值在2013年分别达到657.8亿元、174.9亿元、10.6亿元和1.4亿元，扣除价格因素分别为2000年的2.85倍、2.2倍、0.96倍和0.84倍。林业、渔业对农业增加值的贡献进一步降低，种植业和畜牧业的优势地位更趋明显。

从实物量来看，主要农产品产量增长较快。其中，粮食产量在结束了20世纪90年代的连年波动之后，进入了近十年的稳步提高阶段。2014年全省粮食产量1158.7万吨，实现了自2006年以来的“八连增”，多年粮食生产不稳的局面得到了根本扭转（见图4）。主要经济作物中，棉花由于受种植结构调整影响，产量略有下降，2014年产量6.44万吨，比上年减产8.6%；油料产量72.42万吨，比上年增产3.9%，比2000年增产73.75%。近年来甘肃林果、蔬菜、中药材、草食畜等特色优势产业发展强劲，产量增长迅速。2014年，全省水果产量425.23万吨，比上年增产8.7%；蔬菜产量1705.19万吨，比上年增产8.0%。其中设施蔬菜产量513.44万吨，比上年增产13.4%；中药材产量99.37万吨，比上年增产14.7%；肉类总产量99.73万吨，比上年增产4.9%。与2000年相比，2014年全省水果、蔬菜、中药材、肉类产量分别增长了2.5倍、2.4倍、5.2倍和0.7倍（见图5）。

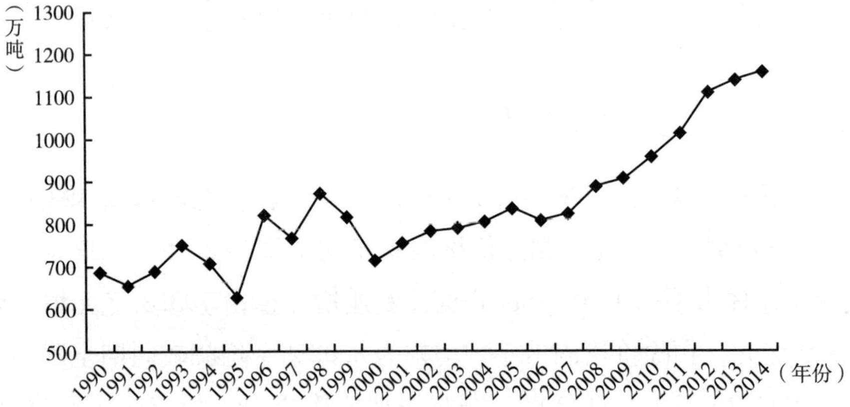

图4　1990～2014年甘肃省粮食产量

资料来源：《甘肃统计年鉴》（2014）、《2014年甘肃省国民经济和社会发展统计公报》。

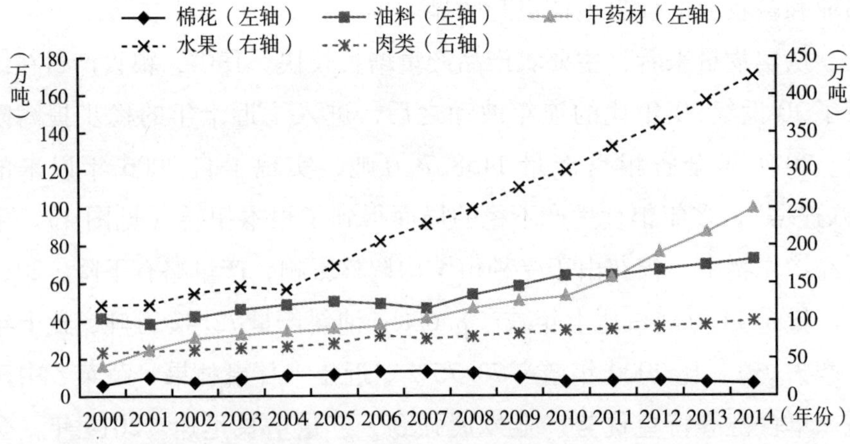

图5　2000～2014年甘肃省5种主要农产品产量

资料来源：《甘肃统计年鉴》（2014）、《2014年甘肃省国民经济和社会发展统计公报》。

（二）种植结构不断优化

近年来，甘肃依据自身农业生产状况和气候条件，在充分保障粮食生产的前提下，积极实施“压夏扩秋、压粮扩经”等农业产业结构调整措施，同时做大做强蔬菜、瓜果、中药材等优势产业，使种植结构更趋优化合理。2013 年全省粮食作物播种面积 4288.07 万亩，占播种总面积的比重为 68.33%，比 2000 年的水平降低 6.48 个百分点。总播种面积中，夏粮与秋粮面积之比由 2000 年的 1.05∶1 调整到 2013 年的 0.49∶1。随着旱作农业技术的普及应用，主要作物中，小麦种植面积持续减少，玉米、马铃薯以及蔬菜、瓜类、中药材等特色经济作物种植面积大幅增加（见图 6）。小麦种植面积占总播种面积的比重由 2000 年的 31.88% 降低到 2013 年的 19.60%；玉米种植面积比重则由 2000 年的 12.42% 提高到 2013 年的 23.10%，玉米种植面积超过了小麦种植面积；马铃薯种植面积比重由 2000 年的 11.15% 提高到 2013 年的 16.61%；蔬菜、瓜类及中药材种植面积比重由 2000 年的 7.90% 提高到 2013 年的 18.36%。通过压缩小麦种植、扩大玉米和马铃薯种植，更好地适应了旱作区的水土资源特点，提高了用水效率和土地生产率，同时增加了玉米秸秆产量，为发展养殖业和农产品加工业创造了条件。

（三）特色农业发展形成突出优势

为了克服气候干旱、生态脆弱等不利因素对农业生产的制约，近年来，甘肃省立足于本省资源禀赋状况，积极引导和扶持各地发展比较优势大、生产效益高、市场前景广阔的特色农业，取得了良好效果。目前，全省特色农业已形成以马铃薯、中药材、草食畜牧业、优质林果、蔬菜、现代制种和酿酒原料为支柱的发展格局，并在全国范围内形成了较突出的优势。2014 年，甘肃省特色农产品种植面积

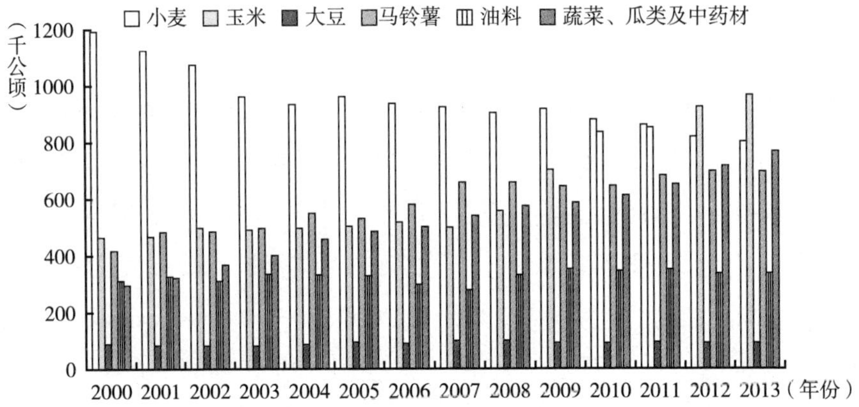

图6　2000～2013年甘肃省主要农作物播种面积

资料来源：《甘肃统计年鉴》（2001～2014）、《中国农村统计年鉴》（2001～2014）。

2900多万亩，超过全省农作物播种总面积的50%。其中，马铃薯种植面积1062万亩，居全国第一位；苹果种植面积480万亩，居全国第二位。2014年全省马铃薯鲜薯产量1600多万吨，居全国第一位；玉米种子产种4.78亿公斤，占全国总产量的48%；啤酒大麦产量占全国总产量的40%。甘肃已成为全国最佳的马铃薯种薯繁育基地，最大的杂交玉米和最重要的瓜菜、花卉种子生产基地。以苹果为代表的优质林果市场认可度不断提高，目前已形成"花牛苹果"、"平凉金果"、"静宁苹果"等多个在国内外市场上具有较强竞争力的主打品牌；草食畜牧业发展迅速。2014年全省牛羊肉产量达到38.8万吨，占肉类总产量的38%，其中外调牛羊肉超过13万吨，使甘肃成为西北地区重要的牛羊肉生产供应基地。发展特色农业已成为甘肃省优化农业结构的重要抓手和促进农业增效、农民增收的重要途径。

（四）旱作农业地位不断增强

甘肃省70%以上的耕地和人口分布在旱作农业区，旱作农业的丰歉很大程度上决定了全省农业生产水平的高低，但降水不足和水热不同期的矛盾极大地制约了旱作农业的生产。近十年来，随着全膜双垄沟播等一批节水抗旱技术的推广应用，旱作农业生产能力开始有了质的提升。2007～2014 年，全省旱作农区全膜双垄沟播玉米、马铃薯推广面积由 49.01 万亩增加到 1528.70 万亩，8 年累计推广面积 7294.39 万亩，累计增产粮食 894.3 万吨（见表 3）。2014 年，全膜双垄沟播技术推广面积 1528.7 万亩，占全省粮食播种面积的 35.9%，粮食产量 916.03 万吨，占全省粮食总产量的 78.2%。目前，陇中、陇东黄土高原旱作农业区已逐渐成为全省粮食生产新的增长点和粮食主产区。旱作农业在保障全省粮食安全、增强农业的稳定性和可控性、加快农民脱贫致富步伐方面正发挥越来越重要的作用。

表 3　2007～2014 年甘肃省旱作农业项目推广情况

单位：万亩，万吨

年份	推广面积			生产粮食	增产粮食
	小计	玉米	马铃薯		
2007	49.01	43.27	5.74	26.4	7.1
2008	289.52	271.61	17.91	175.9	39.8
2009	692.05	622.90	69.15	386.2	95.9
2010	1048.21	892.96	155.25	596.3	129.6
2011	1070.92	878.31	192.61	570.7	126.5
2012	1258.06	990.63	267.43	729.8	134.8
2013	1357.92	1080.96	276.96	817.8	144.6
2014	1528.70	1231.40	297.30	916.0	216.0
合计	7294.39	6012.04	1282.35	4219.1	894.3

资料来源：孙多鑫，《甘肃省旱作农业发展现状》，《农业科技与信息》2014 年第 8 期。

（五）农业产业化特征渐趋明显

近年来，甘肃省农业产业化组织不断壮大，产业化程度不断加深。2013 年，全省共有各类农业产业化经营组织 6890 个，比上年增加 1787 个，比 2005 年增加 4620 个；龙头企业 2470 个，比上年增加 183 个，比 2005 年增加 1283 个；农民专业合作社 25540 个，比上年增长 84%；农产品加工转化率 49.6%，比上年提高 2 个百分点。在产业化经营组织的带动下，农业生产布局进一步优化。目前，全省已建成一批规模化发展、区域化布局、专业化生产和产业化经营的生产基地，涌现出陇东南苹果、肉牛，定西马铃薯、中药材，河西制种、酿酒原料、草食畜等一批产、加、销一体化的代表性产业，成为甘肃农业发展的新亮点。

三　甘肃省各地区主要农作物生产比较优势分析

以甘肃省 14 个市（州）为评价单元，利用比较优势指数法对各市（州）主要农作物生产比较优势进行分析。

（一）比较优势指数法解释

比较优势指数法包含对规模优势指数、效率优势指数和综合优势指数三个指数的计算。规模优势指数反映一个地区某一农作物生产的规模和专业化指数。规模优势指数大于 1 表示该地区的某种作物生产具有一定的专业化优势，其值越大表明专业化优势程度越高；效率优势指数反映一个区域某种作物的土地率。效率优势指数大于 1 表明该地区具有作物生产水平的优势；综合优势指数是规模优势指数和效率优势指数的综合结果，其值为$\sqrt{\text{规模优势指数} \times \text{效率优势指数}}$。

（二）各市（州）主要农作物生产优势分析

经计算，得到甘肃省 14 个市（州）主要农作物的规模优势指数、效率优势指数和综合优势指数。

由表4、表5、表6可以看出，14个市（州）中，小麦综合优势指数居前三位的为金昌（1.810）、张掖（1.418）、临夏（1.210）。其中，金昌的规模优势指数和效率优势指数均比较高，分别达到1.601和2.045，表明金昌的小麦种植无论是在专业化程度还是在土地生产率方面均具有明显优势。张掖和临夏的小麦规模优势并不明显（规模优势指数分别为0.944和0.961），其较强的综合优势主要体现在较高的土地生产率方面，两地的小麦效率优势指数分别达到2.131和1.524。此外，嘉峪关和酒泉的小麦种植虽具有明显的生产率优势（效率优势指数分别达到2.333和2.393），但由于规模程度较低，因此不具备综合比较优势。

表4 甘肃省14市（州）主要农作物规模优势指数

市（州）\作物	小麦	玉米	马铃薯	油料	蔬菜	中药材
兰　州	0.985	0.660	0.942	0.743	2.225	0.608
嘉峪关	0.492	0.795	0.116	0.119	3.869	0.000
金　昌	1.601	0.706	0.132	1.261	1.482	0.332
白　银	0.796	1.342	1.379	0.653	0.521	0.563
天　水	1.510	0.834	0.904	1.372	1.221	0.443
武　威	0.446	1.152	0.773	1.467	1.524	0.633
张　掖	0.944	1.312	0.660	1.132	0.816	0.910
平　凉	1.506	0.735	0.918	1.226	1.034	0.374
酒　泉	0.473	0.551	0.014	0.208	1.884	1.935
庆　阳	0.973	1.290	0.424	1.373	1.073	0.292
定　西	0.514	1.124	2.213	0.354	0.490	2.424
陇　南	1.230	0.679	1.235	0.644	0.743	1.911
临　夏	0.961	1.516	1.346	1.212	0.619	0.399
甘　南	0.687	0.180	0.358	2.101	0.124	3.250

资料来源：根据《甘肃发展年鉴》（2014）整理计算。

玉米综合优势指数居前三位的是武威（1.443）、临夏（1.420）和张掖（1.305），这三个地区玉米生产的规模优势和效率优势都比较明显。除甘南外，全省各地的玉米综合优势指数相差不大，均在0.75以上，其中嘉峪关、金昌、白银、庆阳的综合优势指数均大于1，这一特征也反映出甘肃省整体玉米生产的条件比较优越。甘南的玉米综合优势指数最低（0.338），且远低于其他市（州），表明其玉米生产在全省处于明显劣势。

马铃薯综合优势指数居前三位的是定西（1.424）、张掖（1.229）和临夏（1.219），之后是武威（1.076），其余地区均小于1。定西虽然马铃薯单产优势并不突出（效率优势指数0.917），但凭借较高的专业化程度（规模优势指数2.213），也形成较强的综合比较优势。与此相反，张掖马铃薯具有很强的生产率优势（效率优势指数2.289），而专业化优势则比较低（规模优势指数0.660）。

油料作物综合优势指数居前三位的是武威（1.614）、临夏（1.460）和金昌（1.428）。此外，庆阳、张掖、天水也具有比较优势。

蔬菜生产的地区差异性比较明显。全省蔬菜种植具有综合比较优势的区域主要分布在河西走廊及沿黄灌区一带，包括嘉峪关、兰州、酒泉、武威、金昌、张掖、天水和白银等地市。这些地区建有全省重要的高原夏菜东调基地，蔬菜生产形成较强的规模优势，其中，嘉峪关的综合优势指数达到3.435，规模优势指数和效率优势指数也分别达到3.869和3.050，远高于其他地区，可谓一枝独秀。与此相对，陇东、陇南各市（州）则不具备蔬菜综合比较优势。

中药材生产具有综合优势的是酒泉、甘南、定西、陇南、张掖、武威和金昌。其中酒泉的规模优势和效率优势均比较显著，甘南、定西和陇南则主要表现为较强的规模优势。庆阳虽然效率优势显著（指数2.399），但由于没有形成专业化生产（规模优势指数仅

0. 292），因此总体不具有综合优势。

总体来看，河西地区由于灌溉条件较好，主要农作物生产的效率优势非常明显。除油料和中药材外，小麦、玉米、马铃薯和蔬菜4种作物效率优势指数的前三位均被河西5市（嘉峪关、金昌、武威、张掖、酒泉）占据。此外，金昌、武威、酒泉在6种作物生产上全部具有效率优势；嘉峪关和张掖在5种作物生产上具有效率优势；嘉峪关和金昌各有三种作物的效率优势指数大于2；张掖和酒泉各有两种作物的效率优势指数大于2。

依据综合优势指数，对甘肃省14个市（州）主要作物生产的相对比较优势进行排序。

表5　甘肃省14市（州）主要农作物效率优势指数

作物 市（州）	小麦	玉米	马铃薯	油料	蔬菜	中药材
兰　州	0. 994	0. 896	0. 830	0. 890	1. 302	0. 585
嘉峪关	2. 333	1. 941	2. 486	1. 643	3. 050	0. 000
金　昌	2. 045	1. 759	2. 231	1. 617	1. 510	3. 433
白　银	0. 956	0. 805	0. 613	0. 729	2. 220	0. 697
天　水	0. 806	1. 109	0. 976	0. 751	1. 038	0. 729
武　威	1. 851	1. 809	1. 497	1. 775	1. 545	1. 799
张　掖	2. 131	1. 297	2. 289	0. 929	1. 759	1. 370
平　凉	0. 918	1. 004	0. 690	0. 790	0. 677	1. 179
酒　泉	2. 393	1. 611	2. 732	1. 692	1. 357	1. 373
庆　阳	0. 935	0. 819	0. 740	0. 930	0. 305	2. 399
定　西	0. 799	0. 779	0. 917	0. 881	0. 591	0. 824
陇　南	1. 149	0. 897	0. 799	0. 712	0. 436	0. 695
临　夏	1. 524	1. 329	1. 103	1. 760	0. 882	1. 563
甘　南	0. 900	0. 635	0. 842	0. 804	0. 584	0. 735

资料来源：根据《甘肃发展年鉴》（2014）整理计算。

表6　甘肃省14市（州）主要农作物综合优势指数

作物 市（州）	小麦	玉米	马铃薯	油料	蔬菜	中药材
兰　州	0.990	0.769	0.884	0.813	1.702	0.596
嘉峪关	1.071	1.242	0.537	0.442	3.435	0.000
金　昌	1.810	1.114	0.543	1.428	1.496	1.067
白　银	0.872	1.039	0.920	0.690	1.076	0.627
天　水	1.103	0.961	0.939	1.015	1.126	0.568
武　威	0.908	1.443	1.076	1.614	1.534	1.067
张　掖	1.418	1.305	1.229	1.026	1.198	1.116
平　凉	1.176	0.859	0.796	0.984	0.837	0.664
酒　泉	1.064	0.942	0.196	0.593	1.599	1.630
庆　阳	0.954	1.028	0.560	1.130	0.572	0.837
定　西	0.641	0.936	1.424	0.558	0.538	1.413
陇　南	1.189	0.780	0.993	0.677	0.569	1.152
临　夏	1.210	1.420	1.219	1.460	0.739	0.790
甘　南	0.786	0.338	0.549	1.300	0.269	1.545

资料来源：根据《甘肃发展年鉴》（2014）整理计算。

兰州：蔬菜 > 小麦 > 马铃薯 > 油料 > 玉米 > 中药材

嘉峪关：蔬菜 > 玉米 > 小麦 > 马铃薯 > 油料 > 中药材

金昌：小麦 > 蔬菜 > 油料 > 玉米 > 中药材 > 马铃薯

白银：蔬菜 > 玉米 > 马铃薯 > 小麦 > 油料 > 中药材

天水：蔬菜 > 小麦 > 油料 > 玉米 > 马铃薯 > 中药材

武威：油料 > 蔬菜 > 玉米 > 马铃薯 > 中药材 > 小麦

张掖：小麦 > 玉米 > 马铃薯 > 蔬菜 > 中药材 > 油料

平凉：小麦 > 油料 > 玉米 > 蔬菜 > 马铃薯 > 中药材

酒泉：中药材 > 蔬菜 > 小麦 > 玉米 > 油料 > 马铃薯

庆阳：油料 > 玉米 > 小麦 > 中药材 > 马铃薯 > 蔬菜

定西：马铃薯 > 中药材 > 玉米 > 小麦 > 油料 > 蔬菜

陇南：小麦 > 中药材 > 马铃薯 > 玉米 > 油料 > 蔬菜

临夏：油料 > 玉米 > 马铃薯 > 小麦 > 中药材 > 蔬菜

甘南：中药材 > 油料 > 小麦 > 马铃薯 > 玉米 > 蔬菜

根据相对比较优势大小，对各地区农作物的生产布局进行优化调整，将有助于提高区域整体农业综合生产能力。

四　甘肃省农业产出与投入要素关系分析

（一）甘肃省农业生产函数的构建

本研究采用构建 Cobb-Douglas 生产函数的方法定量分析甘肃省农业产出与各投入要素之间的关系。鉴于种植业在甘肃省农林牧渔业中占有绝对优势，同时考虑到数据的可获得性，本研究利用种植业代替整个农业进行分析。通过构建种植业 C－D 生产函数，测算农业各投入要素对产出的弹性及贡献度，以此为基础进行分析。

选取以 2000 年不变价格计算的甘肃省种植业总产值（Y）为被解释变量，表征甘肃省农业产出水平；选取甘肃省农作物播种面积（X_1）、单位面积折纯化肥施用量（X_2）、单位面积农药使用量（X_3）、单位面积农业机械动力（X_4）、有效灌溉面积（X_5）和单位面积农业劳动力数量（X_6）为解释变量。利用 1990～2013 年的时间序列数据[①]，拟合甘肃省种植业 C－D 生产函数。由于 X_3、X_5、X_6 无法通过 1% 显著性水平下的 t 检验，故舍去。用 Y、X_1、X_2、X_4 再次进行估计，得到如下拟合结果：

$$\ln\hat{Y} = -20.7913 + 4.6165\ln X_1 + 0.4780\ln X_2 + 0.3843\ln X_4$$
$$(-6.53)\qquad (11.69)\qquad (3.46)\qquad (4.02)$$

模型中：

① 数据来源于《中国农村年鉴》（1991～2014）。

$$\overline{R}^2 = 0.9871, F = 588.50, D.W. = 1.7171$$

拟合优度很高，且经检验，不存在序列相关、异方差和多重共线性问题。

（二）农业产出与投入要素关系分析

根据 C－D 生产函数模型，可以得出以下几点结论。

（1）1990～2013 年，在影响甘肃省种植业产出的各投入要素中，农作物播种面积、单位面积折纯化肥施用量、单位面积农业机械动力三者的影响作用最为显著。其中，农作物播种面积的产出—投入弹性最大，为 4.6165，表明农作物播种面积每增加 1%，种植业产值将增加 4.6165%。同理，化肥施用量和农业机械动力的产出—投入弹性分别为 0.4780 和 0.3843，表明两者每增加 1%，种植业产值将分别增加 0.4780% 和 0.3843%。

（2）最终模型中不包含“农业劳动力数量”这一解释变量，可见劳动力投入对种植业产出无显著影响。这表明在 1990～2013 年，农业劳动力投入已不再成为影响产出的主要因素。这也比较符合甘肃省的实际情况：近年来随着劳动生产率的大幅提高，大量农业劳动力过剩，追加 1 个单位劳动力投入的农业边际产出实际已非常低，甚至接近于零。

（3）各要素对种植业产出的贡献率方面，农作物播种面积、单位面积折纯化肥施用量、单位面积农业机械动力的贡献率分别为 43.20%、23.97% 和 32.70%，剩余要素贡献率为 0.13%。技术进步是影响农业产出的一个重要因素，但由于农业中的技术进步作用本身就已物化在农业的各种物质要素投入方面，如增加播种面积、提高农药及机械设备的使用水平等，因此上述三种要素对产出的贡献率在很大程度上包含了农业技术进步的贡献率。

五 提高甘肃省农业综合生产能力的对策建议

（一）建立农业自然资源保障体系

自然资源是农业发展的物质基础和根本保证。甘肃是一个生态环境脆弱、农业自然资源紧缺的省份，特别是耕地质量不高、水资源短缺成为农业发展的重要限制因素。建立基于提高农业综合生产能力的资源保障体系，是甘肃省应对农业资源和环境危机的基本策略。为此，一是优化农业资源保障的制度环境。实行最严格的耕地保护制度，建立农业用水资源保障制度，进一步完善对草原、水域、滩涂、生物等资源保护的法律体系。提高农业资源非农征用、占用的补偿标准，将农业资源的保育成本纳入补偿范围。二是完善农业资源保障的投入机制。设立农业资源保障专项基金，重点向中低产田改造、水利设施建设、农田林网与道路的建设维护、盐碱化及沙化土地的改良、污染农田修复、农业面源污染的防控与治理等领域投入。建立财政贴息、投资参股、以物带资、以奖代补等激励机制，引导信贷资金、民间资本投入农业资源保护建设。三是建立农业资源综合预警系统。建立覆盖水利、农林、国土等多个部门的农业资源信息系统，提升农业资源信息的采集、共享、加工和利用水平。适时跟踪监测农业资源动态，及时评估农业资源保障水平，为其利用和保护决策的制定提供信息支撑。

（二）调整和优化农业结构

首先，进一步优化种植业内部结构。要以市场需求为导向，大力发展一些特色、高效作物，使种植业生产摆脱高产低效的境地，推动种植结构由“产量型”向“效益型”转变。各地区要因地制宜，结合自身资源禀赋和市场条件，科学确定粮、经、饲比例，合理布局粮、棉、油、糖、蔬菜、瓜果等生产基地建设，确保基本农产品有效供给，同时实现最佳经济效益。其次，走“种养结合”的发展路径，提高畜牧业在农业经济中的地位。畜牧业发展水平是衡量一个地区农业现代化水平的重要标志。目前一些发达国家的畜牧业产值已远远超过种植业产值，丹麦的畜牧业产值占农业产值的比重更是超过了90%[①]，而甘肃省2013年这一比重仅为16.7%，尚低于29.3%的全国水平，这与甘肃是全国六大牧区之一、天然草场占全省面积39.4%的省情极不相符。今后应充分挖掘全省饲草资源潜力，继续加大对草食畜牧业的扶持力度，实现畜牧业由传统耗粮型向高效节粮型转变。要推动农牧业复合发展。积极探索推广“秸秆—养畜—沼气—有机肥—特色优势产业”等新型资源开发利用模式，构建循环高效的农牧业生产体系，促进农业结构优化升级。

（三）加快农业生产全程机械化步伐

根据农业部《关于开展主要农作物生产全程机械化推进行动的意见》要求，推进主要农作物生产全程机械化。一是强化农机购置补贴等政策的导向作用，提升在耕整地、种植、收获、植保、烘干、秸秆处理等作物主要生产环节的全程机械化装备水平。农机购置补贴资金要向全程机械化生产薄弱环节的机具倾斜。鼓励和引导农机制造企业、科研院所加大农机装备研发创新力度，推动农机制造业实施“中国制造2025”战略。二是发展农机社会化服务，大力培育农机服务产业化主体。鼓励和扶持发展多种形式的农业机械服务组织，充分发挥农机经营联合体、农机专业协会、农机合作社等中介组织和农机大户的龙头带动作用，为农民和农业生产经营组织提供农机示范推

① 孙玉贤：《甘肃农业实现经济增长方式转变初探》，《兰州商学院学报》2005年第3期。

广、实用技术培训、维修、信息等社会化服务。三是加强农田基础设施建设，为规模化农机作业创造条件。进一步加强高标准农田建设，加大农田水利设施建设投入力度；实施土地平整，促进农地经营权流转，发展适度规模经营。

（四）强化农业科技支撑

在自然资源有限的刚性约束条件下，提高农业综合生产能力的根本途径在于强化科技支撑，提升农业科技水平，增加全要素生产率。强化农业科技支撑主要应做好以下三个方面的工作。一是优化农业科技创新环境。完善农业科技知识产权的保护制度，出台激励和保护科技创新的政策，扩大知识产权保护范围，维护知识产权所有者的合法利益；建立以政府为主体，市场化、多元化的投入机制，增加农业科技创新投入；加快农业科技创新人才队伍建设，制定科技人才培养规划，完善农业高层次人才的培养、选拔机制。二是完善农业科技推广体系。建立政府与市场分工明确的农业技术推广体系。政府主要承担基础性、公益性的农业技术服务，如动植物检疫、病虫害监测、大田作物技术咨询等，而对于科技含量高、市场价值大的农业科技推广资源，宜由市场自主配置，如龙头企业和科技企业购买技术成果，再与农民进行对接。三是培育高素质新型职业农民。强化农民职业培训的公益性，进一步加大对农村职业教育的公共投入力度。加快培养一批适合现代农业发展需要、掌握先进技术和管理知识的农业科技人才和营销人才。在培训对象上，重点开展针对专业合作社经营管理人员、农产品经纪人、农业服务组织骨干人员的培训；在培训内容上，要从传统的种植养殖技术扩展到产前产后领域，如农产品销售与服务、食品加工、农场管理等；在培训方式上，采用“课堂教学＋基地教学＋现场教学”的方式，强化教学的针对性和时效性。

（五）建立完整高效的农业产业体系

根据推进农业产业化战略的要求，从农产品生产、加工、流通等各个环节全面提高经济效益，将农业由传统的第一产业扩展为一个涵盖一、二、三产业的完整、高效的大产业体系。首先，在生产环节增加经济效益，在农业增产的同时实现农民增收、农业增效。具体来说，一是努力提高粮食等农产品的单位面积产出率。甘肃省目前尚有4/5的耕地属于中低产田，增产潜力可谓相当大。即使现有的高产农田，也仍然具有一定的增产潜力；二是适当扩大农业经营规模，减少直接从事农业生产的劳动力，提高比较收益。甘肃省后备耕地、草地资源充足，随着农村劳动力转移趋势的增大，以及农业自然资源开发力度的加大，扩大农业经营规模具有较有利的条件。其次，在加工环节增加经济效益。农产品加工环节涉及食品、饲料、皮革、毛纺、化工、医药等多个行业，具有广阔的经济增效空间。一是加强先进技术、设备和管理方式的引进，提高加工企业的技术含量和生产水平；二是根据市场需求的变化，扩大加工范围和拓展加工深度；三是实施品牌战略，不断扩大产品和企业的知名度，提高市场占有率；四是重视扩大企业经营规模。充分发挥区域优势，合理进行布局，集中力量兴建一批大型加工企业或企业集团。最后，在流通环节增加经济效益。一是发展农产品及其加工产品的专用物流业，包括冷链物流、长距离集装箱运输等；二是发展批发零售业，包括建立批发市场、跨区域销售网络等。

B.9

甘肃城乡一体化发展路径研究

刘伯霞*

摘　要： 甘肃城乡一体化发展现状的监测结果显示：甘肃处于城乡一体化发展的第二阶段，城乡一体化总体水平低，连续5年排全国倒数第二。其中制约因素较多：经济发展水平低，城乡经济一体化水平低；农业比较劳动生产率低，二元结构明显，城乡产业发展不协调；农民收入低，连续八年排全国倒数第一，城乡居民收入差距大。为此，提出甘肃城乡一体化发展的近期、长期和最终目标，发展思路；提出经济先导发展、新型城镇化、农业现代化、公共服务与基础设施、制度化、生态化等实现路径。

关键词： 甘肃　城乡一体化　实现路径

城乡一体化发展是人类从农业文明转向工业文明、从传统社会转向现代社会的必经之路[①]，是城乡关系演变的最终目标。城乡发展一体化发展是一个国家和地区生产力水平或城市化水平发展到一定程度的必然选择[②]，是国家现代化的重要标志。城乡一体化发展反映城镇

---

* 刘伯霞，甘肃省社会科学院农村发展研究所副研究员，研究方向为城市经济、农村经济。

① 刘刚：《我国新型城镇化与城乡一体化发展评价探析》，《科学时代》2013年第21期。

② 《城乡一体化理论学习体会》，华考范文网，http：//www. baidu. com/link？url = QMJHy。

化的域面载体——区域（城市与乡村）的发展质量，是城镇化的终极目标。

一 甘肃省城乡一体化发展的现状分析与评价

（一）评价城乡一体化发展的指标体系

1. 指标的选取与理由

城乡一体化的内涵决定了构建城乡一体化发展水平评价体系的复杂性。近年来有关城乡发展一体化的研究文献中有不少涉及评价指标体系构建及应用的问题，概括起来有单层指标体系、双层指标体系、三层指标体系等，但目前仍然没有一个统一的指标体系。我们认为，城乡一体化是城乡生产生活等方式逐渐趋于一致的过程，与之相对应的概念是城乡二元结构；而且城乡一体化的提出源于我国典型的“二元经济社会”格局，其理论渊源、研究方法、研究内容和政策主张都源自二元经济结构理论，鉴于时间和篇幅的限制，同时兼顾指标选取的“代表性、数据可得性和数据城乡分割性”等原则，我们选取城镇化水平、二元对比系数、城乡居民收入差距指数和城乡居民恩格尔系数差异度四个具有代表性的基本指标，从“城乡二元结构”与“城乡一体化”“破”与“立”的关系角度出发，测度甘肃省城乡一体化的实现程度，并与全国进行比较。

2. 指标的解释与计算公式

（1）城镇化水平（U）。城镇化是推动城乡一体化发展的动力之一，能够从空间上综合反映城乡一体化发展水平。U 属于正向指标，U 值越大，城镇化水平越高，越接近城乡一体化，城乡一体化发展的实现难度越小。

$$计算公式:U = U_{PU}/P_{U+R} = 城镇人口数/总人口数 \quad ①$$

（2）城乡二元对比系数（R）。实质上 R 反映的是工农关系，非农产业比重高、劳动生产率高并不一定意味着工农关系就协调。R 为正向指标，R 值越大，二元经济状况越弱，两部门的差别越小，产业发展越协调；反之则两部门的差别越大，二元经济结构越明显。

$$计算公式:R = L_A/L_A = 农业比较劳动生产率/非农业比较劳动生产率 \quad ②$$

（3）城乡居民收入差距指数（I）。收入是决定生活水平、生活方式等的主要因素，收入分配是否公平是衡量社会是否公平的一个重要标志。I 反映城乡居民收入水平的差距，也反映城乡生活水平的差异。该指标为正向指标，I 值越大，城乡收入差距越小，收入分配可能越公平，城乡一体化水平越高。

$$计算公式:I = I_R/I_U = 农村居民家庭人均纯收入/城镇居民家庭人均可支配收入 \quad ③$$

（4）城乡居民恩格尔系数差异度（E）。恩格尔系数与收入水平一样，在一定程度上反映居民生活水平与生活消费质量的高低，同样，用城乡恩格尔系数比较也可以在一定程度上反映城乡居民生活水平与生活消费质量的差距，体现社会一体化的程度。恩格尔系数 E 为逆向指标，E 值越大，生活质量差距越大，二元社会结构越明显；反之，城乡居民生活消费质量差距越小。

$$计算公式:E = E_R - E_U = 农村居民家庭恩格尔系数 - 城镇居民家庭恩格尔系数 \quad ④$$

注：该逆向指标的计算结果需要根据实际情况进行修正。

3. 评价标准

上述指标的 5 种运行状态对应城乡一体化的五个阶段（见表 1）。

表 1　城乡一体化五个阶段的指标区间值

城乡一体化的五个阶段	城镇化水平 U	二元对比系数 R	城乡居民收入差距指数 I	城乡居民恩格尔系数差异度 E
①城镇化发展速度缓慢，处于二元结构状态	$U<30\%$	$R<30\%$	$I<50\%$	$E\geq10\%$
②二元结构向城乡一体化过渡前期	$30\%\leq U<50\%$	$30\%\leq R<45\%$	$50\%\leq I<70\%$	$7.5\%\leq E<10\%$
③二元结构向城乡一体化过渡后期	$50\%\leq U<70\%$	$45\%\leq R<60\%$	$70\%\leq I<80\%$	$5\%\leq E<7.5\%$
④城乡一体化基本完成	$70\%\leq U<80\%$	$60\%\leq R<90\%$	$80\%\leq I<90\%$	$2.5\%\leq E<5\%$
⑤城乡一体化完成	$U\geq80\%$	$R\geq90\%$	$I\geq90\%$	$E<2.5\%$

资料来源：刘伯霞，《甘肃省城乡一体化发展的现状及其与全国的差距分析》，《开发研究》2005 年第 5 期。

（二）甘肃省城乡一体化发展现状分析与评价

1. 城镇化水平

根据公式①计算出甘肃与全国的城镇化水平变化情况（见图 1）。从城镇化发展趋势看，甘肃的城镇化水平缓慢上升。从甘肃与全国的差距看，由 1978 年的相差 3.51 个百分点，拉大到 2009 年的相差 15.69 个百分点；但近年的甘肃城镇化速度较快，与全国的差距又缩小到 2014 年的相差 13.06 个百分点。从城乡一体化的实现程度看，2014 年甘肃省城镇化率为 41.68%，处于 $30\%\leq U<50\%$ 的城乡一体化第二阶段；全国城镇化率为 54.77%，处于 $50\%\leq U<70\%$ 的城乡一体化第三阶段，甘肃二元结构比全国明显。

图 2 反映了 14 个市（州）的城镇化水平。2013 年，嘉峪关市

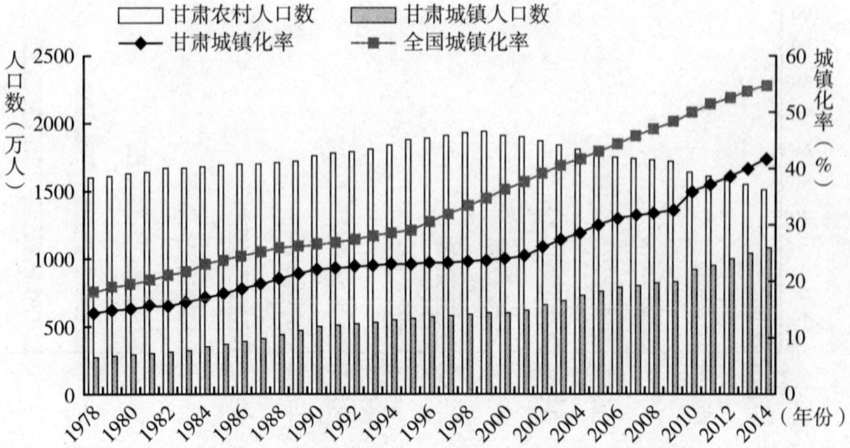

图1　甘肃城镇人口增长和城镇化发展趋势

城镇化率为93.39%、兰州市为79.71%、金昌市为65.58%、酒泉市为53.64%、白银市为43.23%、张掖市为38.71%、平凉市为33.04%、天水市为32.42%、武威市为32.34%、庆阳市为29.59%、临夏州为28.01%、甘南州为27.39%、定西市为27.16%、陇南市为24.69%。

仅从城镇化水平看，全省14个市（州）城乡一体化实现程度分处四个阶段（见表2）。嘉峪关市和兰州市已处于$U\geq80\%$的城乡一体化第五阶段，城市文明普及率或已接近100%，基本实现了城乡现代化和城乡一体化发展；金昌市和酒泉市处于$50\%\leq U<70\%$的城乡一体化第三阶段，城市文明普及率达到70%左右，城乡差别明显缩小，城乡融合步伐加快；白银市、张掖市、平凉市、天水市和武威市处于$30\%\leq U<50\%$的城乡一体化第二阶段，城市文明开始向农村传播，城市文明普及率呈加速增长态势；庆阳市、临夏州、甘南州、定西市和陇南市还处于$U<30\%$的城乡一体化第一阶段，城乡分离严重。

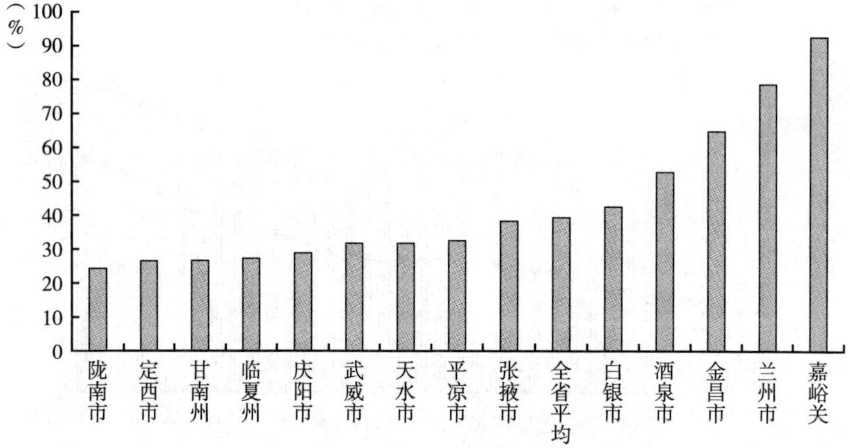

图2　2013年14个市（州）的城镇化水平

表2　2013年甘肃省14个市（州）城乡一体化分处四个阶段

城乡一体化阶段	第一阶段	第二阶段	第三阶段	第四阶段	第五阶段
城镇化水平	$U<30\%$	$30\%\leqslant U<50\%$	$50\%\leqslant U<70\%$	$70\%\leqslant U<80\%$	$U\geqslant80\%$
市(州)	庆阳市(29.59%)、临夏州(28.01%)、甘南州(27.39%)、定西市(27.16%)、陇南市(24.69%)	白银市(43.23%)、张掖市(38.71%)、平凉市(33.04%)、天水市(32.42%)、武威市(32.34%)	金昌(65.58%)、酒泉市(53.64%)	—	嘉峪关(93.39%)、兰州市(79.71%)

2.二元对比系数（R）

根据公式②计算出甘肃与全国的二元对比系数变化情况（见图3）。甘肃的二元对比系数整体小于全国平均水平，表明甘肃的农业和非农业部门的劳动生产率差距大于全国。2013 年甘肃（10.71%）和全国（24.28%）均处于 $R<30\%$ 的城乡一体化第一阶段（见图 3）。而发展中国家的二元对比系数通常为 31%～45%，发达国家一般为 52%～86%，进一步证明甘肃农业和非农业部门的劳动生产率差距巨大，二元经济结构明显。

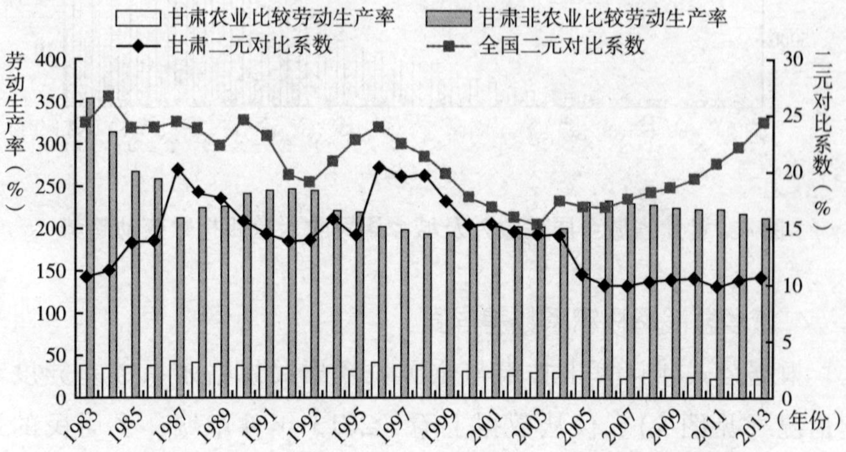

图 3　甘肃省农业与非农业产业劳动生产率及二元对比系数变动趋势

3. 城乡居民收入差距指数（I）

根据公式③计算出甘肃与全国的城乡居民收入差距指数变化情况（见图 4），表明甘肃城乡居民收入差距大于全国平均差距。2014 年甘肃（27.57%）和全国（36.36%）均处于 $I<50\%$ 的城乡一体化第一阶段，处于二元结构状态。甘肃城乡居民收入差距指数比全国低 8.79 个百分点，表明甘肃城乡居民收入差距和生活水平差异均大于全国平均差距，城乡二元经济结构比全国明显。甘肃城乡差距为 3.71，大于全国 3.03 的平均差距；从发展趋势看，甘肃和全国的城乡收入差距都在缩小，但甘肃的缩小幅度大于全国。

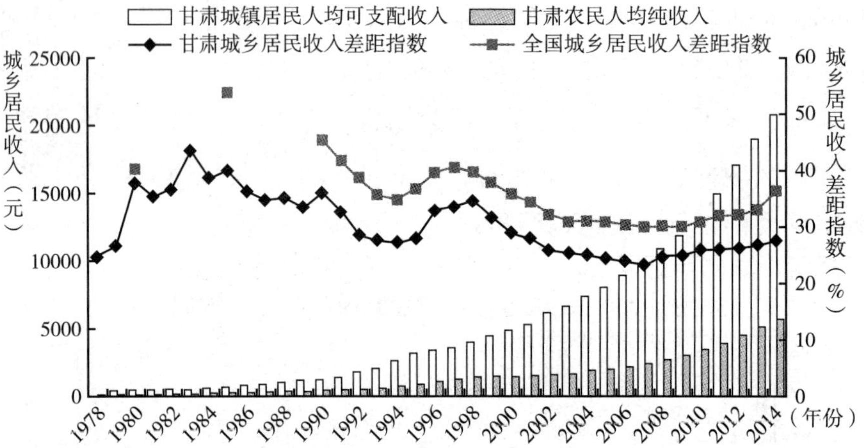

图4 甘肃省城乡居民收入及城乡居民收入差距指数变动趋势

4. 城乡居民恩格尔系数差异度

根据公式④计算出甘肃与全国城乡居民恩格尔系数差异度变化情况（见图5）。仅从数据上看，2013年甘肃城、乡居民的恩格尔系数 *EI* 分别为36.82%、37.08%，全国城、乡居民的恩格尔系数分别为35.00%、39.30%，均处于30%～40%的相对富裕阶段；甘肃城乡居民恩格尔系数的差异度（0.26%）处于 $E<2.5\%$ 的城乡一体化第五阶段——城乡一体化完成阶段，全国（4.30%）处于 $2.5\% \leqslant E<5\%$ 的城乡一体化第四阶段——城乡一体化基本完成阶段。但是，甘肃城乡居民收入均排全国倒数第一，加之恩格尔系数是一个逆向指标，其结果要根据实际情况予以修正。因此，我们认为甘肃的 $E<2.5\%$，处于城乡一体化第五阶段——城乡一体化完成阶段，只是一种数据结果，城乡居民收入水平与生活质量双低情况下的差距不大。这一指标代表的实际实现程度应该是：甘肃处于城乡一体化的第二阶段，全国处于第三阶段。

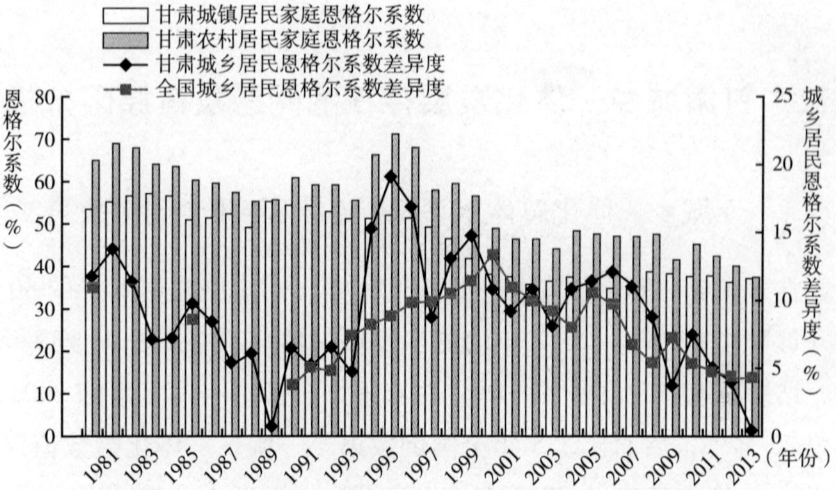

图5　甘肃城乡居民恩格尔系数差异度的变化趋势

5. 综合评价（见表3）

表3　2013年甘肃城乡一体化实现程度与全国的对比

单位：%

		城镇化水平 U	二元对比系数 R	城乡居民收入差距指数 I	城乡居民恩格尔系数差异度 E
结果	甘肃	40.13	53.73	10.60	24.28
	全国	26.93	33.00	0.26	4.30
所处阶段	甘肃	第二阶段：二元结构向城乡一体化过渡前期	第一阶段：城镇化发展速度缓慢，处于二元结构状态	第一阶段：城镇化发展速度缓慢，处于二元结构状态	第二阶段：二元结构向城乡一体化过渡前期
	全国	第三阶段：二元结构向城乡一体化过渡后期			第三阶段：二元结构向城乡一体化过渡后期

二　甘肃城乡一体化发展存在的问题及其原因分析

（一）城乡一体化总体水平低，连续5年排全国倒数第二

甘肃城乡一体化总体水平低。2014 年，对全国除西藏外的 30 个省（区、市）2006 ~2012 年的城乡发展一体化水平提升程度进行监测，结果显示：甘肃城乡一体化总水平十分落后，六年来除 2006 年排第 28 名外，后面连续 5 年全国倒数第二，城乡一体化指数值仅相当于第一名北京市的 28.73% ~39.68%，相当于全国平均指数的 55.97% ~66.31%（见图 6）。

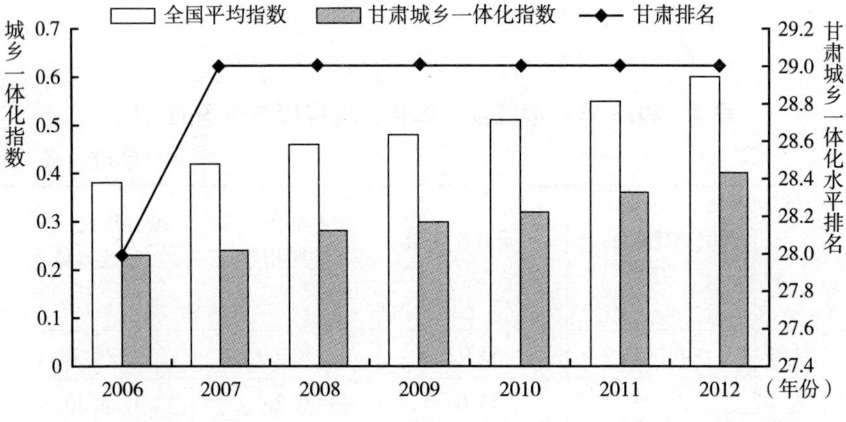

图 6　2006 ~2012 年甘肃城乡一体化排名及其与第一名的差距

（二）经济发展水平低严重制约城乡一体化发展

一般经济发展水平越高，城乡一体化发展水平越高。甘肃省经济发展水平较低，2003 ~2013 年，GDP 和人均 GDP 全国排名分别介于 26 ~27 名、29 ~30 名之间，严重制约了甘肃城乡一体化发展。甘肃

不仅经济发展水平低，城乡经济一体化程度也很低。从图7可见，甘肃省四个一体化子系统中，城乡经济一体化指数最低，经济二元结构最明显。

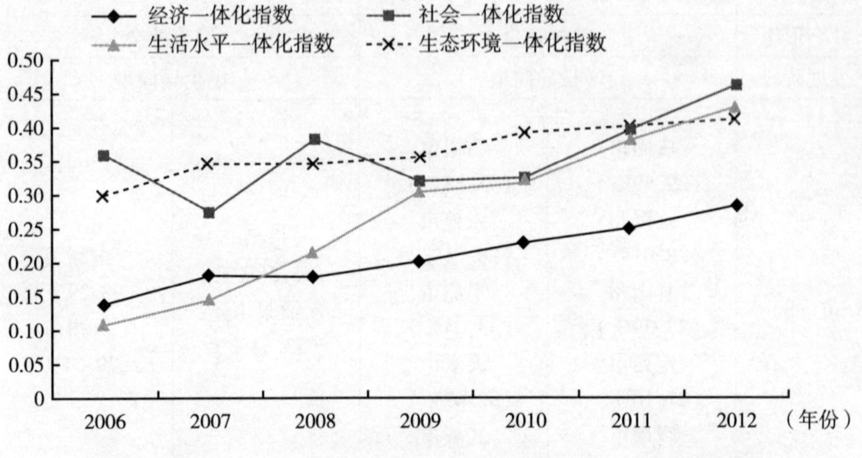

图7　2006～2012年甘肃四个城乡一体化子系统指数对比

（三）城镇化发展滞后严重制约城乡一体化发展

甘肃城乡一体化发展全方位落后的主要原因除了经济发展水平低、城乡经济一体化程度低外，城镇化发展滞后也是关键因素。甘肃省的城镇化发展严重滞后，并且与全国的差距还在拉大，严重制约其城乡一体化发展。全国1996年城镇化率就达到30.48%，而甘肃2005年才达到30.02%，相差9年；全国2003年城镇化率就达到40.53%，而甘肃2013年才达到40.13%，相差10年。甘肃省14个市（州）城镇化发展分处三个阶段（见表4），城乡一体化实现程度分处四个阶段（见表3），区域发展极不平衡。第一名嘉峪关市与最后一名陇南市城镇化率相差68.7个百分点。

表4　2013年甘肃省14个市（州）城镇化分处三个阶段

城镇化所处阶段	第一阶段：早期阶段	第二阶段：中期阶段		第三阶段：成熟阶段
城镇化水平	$10\% < U < 30\%$	$30\% \leq U < 50\%$	$50\% \leq U < 70\%$	$U \geq 70\%$
社会形态	农村社会		城市社会	
发展阶段	增长导向型		民生导向型	
市(州)	庆阳市（29.59%）、临夏州（28.01%）、甘南州（27.39%）、定西市（27.16%）、陇南市（24.69%）	白银市（43.23%）、张掖市（38.71%）、平凉市（33.04%）、天水市（32.42%）、武威市（32.34%）	金昌（65.58%）、酒泉市（53.64%）	嘉峪关（93.39%）、兰州市（79.71%）

（四）二元强度高，城乡产业发展不协调

2013年，甘肃的二元强度系数为10.71%，是全国平均二元强度的2.2倍，二元经济结构非常明显。尤其是农村劳动生产率水平低，城乡劳动生产率差距大。如图8所示，甘肃非农业比较劳动生产率最低时（1996年）是农业比较劳动生产率的4.87倍，最高时（2011年）是农业比较劳动生产率的10.12倍。甘肃农业现代化水平低和农村剩余劳动力转移缓慢是导致农村劳动生产率水平低和农业比较劳动生产率水平低下的重要原因，占总人口59.26%的农业人口仅创造了13.48%的GDP；而农村劳动生产率水平低和农业比较劳动生产率水平的低下又导致了城乡产业发展不协调。

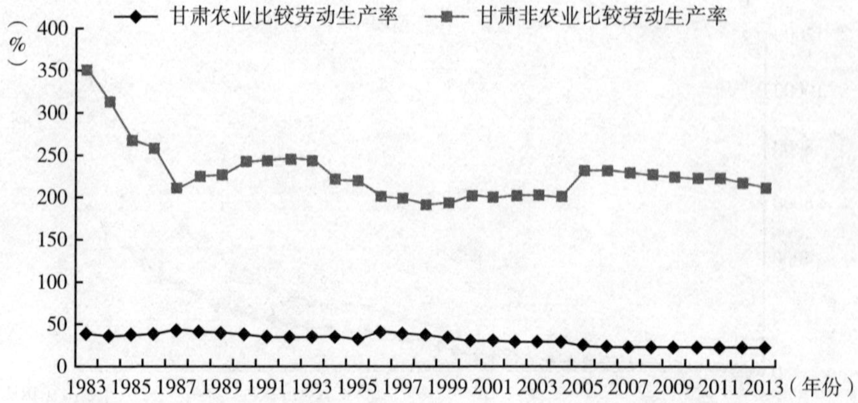

图 8　甘肃农业比较劳动生产率和非农业比较劳动生产率的差距

（五）甘肃农民收入水平低，城乡居民收入差距大

甘肃农民人均纯收入非常低，连续八年排全国最后一名，而且与全国的差距还在逐年拉大（见图 9）。全国农民人均纯收入 1978 年是甘肃的 1.32 倍，2014 年增加为甘肃的 1.83 倍；绝对数由 1978 年比甘肃多 32.67 元，扩大为 2014 年比甘肃多 4753 元。而甘肃农民人均纯收入增长缓慢，与全国差距拉大，造成农民消费水平低，生存条件差，生活水平难以提高，最终导致城乡发展一体化水平降低。

2014 年，甘肃城乡居民收入差距为 3.71，高于全国 3.03 的平均差距，更高于国际上 1.7 或者 2 的一般情况；绝对数由 1978 年的相差 306.5 元，扩大为 2014 年相差 15068 元。如果再加上城乡居民在医疗、养老、住房等社会保障和公共服务方面的间接收入差距，城乡居民的实际收入差距更大，而城乡居民收入差距大，不利于城乡二元结构的消除和社会的稳定。

另外，甘肃城乡一体化发展还存在城乡基础设施建设差距和城乡社会事业发展差距持续拉大；城乡市场分割、城乡制度分割；城乡资

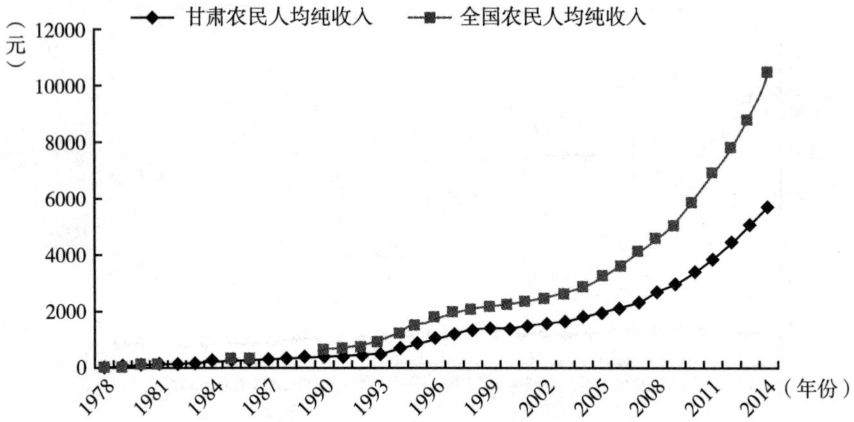

图9　1978～2014 年甘肃与全国农民人均纯收入对比

源不能自由流动，城乡生产要素不能平等交换，城乡公共资源和基本公共服务不能均衡配置等问题①。

三　甘肃城乡一体化发展的路径选择

（一）经济先导发展路径

以经济发展为先导，提高城乡经济一体化水平，是城乡一体化发展的基础。城乡一体化的发展实践也表明，经济发展是促进城乡一体化的推动性因素之一，因此，甘肃城乡一体化的推进，首先应立足于以城市和经济空间调整为契机的经济发展，以区域经济发展为先导，进一步强化经济支撑，逐步推动城乡社会与物质空间的一体化。其次，还需要中央政府加大转移支付力度来缩小甘肃城乡社会发展方面的差距。

① 《为什么说城乡二元结构是制约城乡发展一体化的主要障碍》，《农村青年》2014 年第 3 期。

（二）新型城镇化路径

以人的城镇化为核心的新型城镇化是促进城乡一体化实现的重要路径。一是城乡二元结构转变的重要标志是农村剩余劳动力的逐渐消减。只有在就业比重和人口比重发生实质性改变的情况下，农村劳动力转移才算是彻底的，才能缩小城市与农村、农业与非农产业劳动生产率的差距。二是实现城乡一体化的关键是提高区域农村居民的收入水平，只有这样才能够有效地缩小城乡差距。而要大幅度增加农民收入，就必须设法减少农民，增加农民收入和减少农村人口是一个问题的两个方面。解决这些问题的捷径就是以新型城镇化为切入点加快推进城乡一体化。通过城镇化，部分农村人口转变为城市人口，实际农村人口人均占有耕地面积增加，就有可能实现土地规模化经营，农业比较劳动生产率和农村综合经济效益才能提高，农民收入才会增加，城乡居民收入差距才会缩小，城乡一体化才能实现。因此，推进新型城镇化，最主要的是重视人的城镇化，除了改革不合理的制度外，应该重视城镇规划设计，调整城乡产业结构，加快农民工市民化进程，加大小城镇建设力度，提高城镇综合管理水平；推进新型城镇化，既要靠发展大中小城市，繁荣城市经济，完善城市功能，吸纳更多的农业剩余劳动力和农村人口，又要靠发展小城镇，积极引导农业剩余劳动力和农村人口向现有城镇，特别是县城和建制镇就近就地转移。

（三）农业现代化路径

以农业现代化助推城乡一体化发展。农业现代化不仅是消除城乡差别的前提，还是实现城乡居民社会平等的基础；农业现代化不仅是增加农民收入的重要途径，还是实现城乡一体化的路径。人类生活水平的“普遍提高”，最终要通过社会生产率的提高来实现。发展现代农业，走农业现代化道路，就是要积极推进农业机械化，提高农业的技术装备水平。发展现代农业，走农业现代化道路，一要建设突出甘肃地域特色的现代农业园区。二要重点扶持农业龙头企业。三要加快土地流转，促进规模经营，走集约化道路。四要积极传输现代农业先进经验。

（四）公共服务与基础设施路径

城乡差距大的一个重要原因是城乡公共服务供应不平衡，农村和农业基础设施负担重、欠账多。而基本公共服务均等化是城乡发展一体化战略中的灵魂，既是庞大农村转移人口市民化的根本之策，也是城市工商资本下乡的前提条件；要在促进社会公平、共享经济发展成果、保持财政可持续、为经济长远发展夯实基础的原则下，逐步推进城乡基本公共服务的均等化①。一是要建立城乡一体化的公共财政体制。就是要增加农村的公共财政支出，加强农村教育、医疗等社会事业的建设。二是要实现城乡教育从二元到一元的转变。通过加大农村教育的投入力度，增强农村学校的师资力量，完善教学设施，缩小直至消除城乡教育差距。三是要建立城乡一体化的公共卫生服务体系。合理配置城乡公共卫生技术、人才、设备、信息等要素，形成城乡基本公共卫生服务、基本医疗服务、基本医疗保障广泛融合的新格局，使城乡居民都能平等分享基本公共卫生服务。四是要建立城乡一体的社会保障体系。通过对城乡社会保障的优化设计、实施和管理，使城乡居民都能平等享受与经济社会发展相适应的社会福利保障。

（五）制度化路径

制度创新是推进城乡发展一体化的关键。城乡发展一体化的根本

① 《寻找城乡一体化的最优逻辑》，新闻频道 - 和讯网，http://www.baidu.com/link?url=_q2R6。

目的是缩小城乡差距，实现城乡共同发展。这就需要破除阻碍城乡一体化发展的制度壁垒，通过一系列正式和非正式的制度安排，激发城乡共同发展的内生动力①。一是改革城乡分治的户籍制度。将户籍与附着在户籍上的特殊权利分离，还户籍仅为人口管理工具的本来面目。二是改革土地制度。让农民真正拥有土地的承包权，可以通过土地出租、抵押、互换获得应有的收益。三是改革二元就业制度。让农民与城市居民享有平等的就业选择权利。四是改革二元社会管理制度。为实现城乡一体化创造稳定、和谐的社会环境。五是改革二元行政管理制度。逐步增强城市的辐射影响力和农村的自我发展能力。

（六）生态化路径

以生态文明建设推进城乡一体化发展。一是要切实加强水污染治理，让城乡居民的生活不缺水，有干净水。二是要进一步加强空气污染治理，让城乡居民共同生活在湛蓝的天空下、清澈的空气里。三是要大力加强对城乡固体废弃物污染的治理。四是要加强城乡噪声污染的治理。五是要植树造林，推进林业生态建设。六是要加强农业生态建设。

参考文献

陈剑：《城乡融合的理论研究与实践》，硕士学位论文，河北农业大学，2007。

《城乡融合需要制度创新》，《经营与管理》2010 年第 11 期。

《城乡一体化的关键是土地》，城市—凤凰网。

① 《统筹城乡发展报告（2012 年）：长三角城乡一体化进程》，http://www.baidu.com/link?url=n_6JG。

刘吉双、陈殿美：《黑龙江省城乡一体化进程评估与分析》，《中国农学通报》2014 年第 5 期。

孙刚印、刘志琰：《城乡一体化的本质内涵及其政策建构》，《北京农业职业学院学报》2010 年第 3 期。

《城乡一体化视野中农民的现代公民意识探究》，《中共济南市委党校学报》2012。

卢小雪：《机遇还是挑战——对当前我国经济形势的一点思考》，《今日财富》2010。

付慧娟、宋红霞：《城乡一体化问题研究——以安阳市为例》，《企业导报》2010。

刘冠生、宋燕华、马健：《我国城乡互动发展思想的流变》，《山东理工大学学报》（社会科学版）2009。

欧阳敏、周维崧：《我国城乡统筹发展模式比较及其启示》，《商业时代》2011 年第 3 期。

《城乡一体化评价指标体系构建与实证研究》，《中国名城》2013。

周颖杰：《论城乡一体化发展的基本内涵及主要途径分析》，《中国乡镇企业会计》2007 年第 7 期。

《城乡一体化建设及其财税政策研究》，《农村财政与财务》2010。

《与玉米有关的试题归类解析》，《高考：理化生》2007。

曾业松：《新农村建设——新的背景、新的理念、新的目标、新的举措》，《中共石家庄市委党校学报》2006。

《绿色贸易壁垒对河南蔬菜出口的影响以及对策分析》，《中小企业管理与科技》2012。

B.10

甘肃支农惠农政策效能研究

马应超*

摘　要：近年来，甘肃省粮食生产连年丰收，农民收入稳定增加，农村面貌持续改善。以上重大成就的取得，主要得益于中央和省委、省政府出台的一系列支农惠农政策的强有力支持。本报告首先从基础设施投入、农业补贴和金融支持三个维度对甘肃省支农惠农政策的现状进行总结梳理，接着对政策效能进行总体评价，最后在剖析存在问题的基础上，从创新投入方式、强化农村基础设施建设，改进农业补贴范围和对象、强化补贴政策的执行力，发挥好财政资金的先导作用、推进金融产品与服务创新三个方面，给出了提升甘肃支农惠农政策效能的对策建议。

关键词：支农惠农政策　政策效能　甘肃省

一　甘肃省支农惠农政策的重要举措

（一）农村基础设施投入

“三农”财政支出水平。2011～2014 年甘肃省农林水事务支出

* 马应超，甘肃省委党校经济学部副教授，主要研究领域为财政理论与政策、融资理论与实践。

总额分别为2376560万元、3023726万元、3465804万元、3661710万元（见表1），占同期公共预算财政支出总额的比例分别为13.26%、14.68%、15.00%、14.40%。在甘肃农林水事务支出中，2011~2014年各年农业财政支出总额分别900828万元、1094227万元、1143795万元、1194353万元，占同期农林水事务财政支出总额的比例分别为37.90%、36.18%、33.00%、32.61%，占同期公共预算财政支出总额的比例分别为5.029%、5.312%、4.952%、4.699%。

表1　2011~2014年甘肃涉农财政支出情况

单位：万元

项目	2011年	2012年	2013年	2014年
农林水事务	2376560	3023726	3465804	3661710
农业	900828	1094227	1143795	1194353
林业	254795	316088	331337	375319
水利	670368	894945	908172	891745
扶贫	267833	354431	626679	676796

资料来源：《甘肃发展年鉴》（2015），未定稿。

第一产业固定资产投资水平。从总量指标来看，2010年、2013年、2014年甘肃第一产业固定资产投资总额分别为137.99亿元、232.64亿元、409.09亿元（见表2），占同期固定资产投资总额的比例分别为4.084%、3.631%、5.272%。从年均增长速度来看，“十一五”期间，甘肃第一产业平均增速为28.87%，低于固定资产投资总额增速2.16个百分点；2011~2014年期间，甘肃第一产业平均增速为31.22%，比“十一五”时期高出2.35个百分点，比同期甘肃固定资产投资总额年均增速高出8.11个百分点。

表2 甘肃第一、二、三产业固定资产投资对比情况

单位：亿元，%

项目	总量指标			速度指标 （2014年为以下各年）	
时间	2010	2013	2014	2010	2013
全省固定资产投资	3378.10	6407.20	7759.62	229.70	121.11
第一产业	137.99	232.64	409.09	296.46	175.85
第二产业	1597.61	3245.02	3531.53	221.05	108.83
第三产业	1642.50	2929.54	3819.00	232.51	130.36

项目	年平均增长速度		
时间	2001～2005	2006～2010	2011～2014
全省固定资产投资	14.66	31.03	23.11
第一产业	14.66	28.87	31.22
第二产业	14.66	25.45	21.93
第三产业	14.66	32.92	23.48

资料来源：《甘肃发展年鉴》（2015），未定稿。

农村基础设施分项目投入水平。2011～2013年甘肃农田水利累计投入资金总额为127335万元。其中：旱作农业示范区项目投入总额为97800万元，占同期农田水利投入资金总额的76.81%；耕地保护与质量提升项目投入总额为5315万元，占同期农田水利投入资金总额的4.17%；测土配方施肥补贴项目投入总额为7080万元，占同期农田水利投入资金总额的5.56%；高效节能节水技术推广项目投入总额为17140万元，占同期农田水利投入资金总额的13.46%。2011～2015年甘肃农村公路建设（建制村通畅工程补助）、农村饮水安全项目、农村危房改造累计投入财政资金总额分别为2279649万元、547234万元、875913万元（见表3）。

表3　2011～2015年甘肃农村基础设施分项目投入情况

单位：万元

政策名称	资金总量					补贴／贴息标准或相关说明
	2011年	2012年	2013年	2014年	2015年	
1. 农田水利政策	31060	38075	58200	—	—	—
(1)旱作农业示范区项目	24000	27800	46000	28026	2974	省财政每亩补助地膜2公斤
(2)耕地保护与质量提升项目	1700	1845	1770	2120	2120	2014年中央财政资金2000万元,省级配套120万元
(3)测土配方施肥补贴项目	2780	2150	2150	2150	2150	2014年中央财政补助2150万元,省级财政配套300万元
(4)高效节能节水技术推广项目	2580	6280	8280	10000	—	2012年垄膜沟灌每亩补贴15元、垄作沟灌每亩补贴10元,2013年、2014年有所提高
2. 农村公路建设	194585	254269	573812	614362	642621	为建制村通畅工程补助;2015年为第一批计划数
3. 农村饮水安全项目	87896	134786	150130	101511	72911	2014年中央投资标准是514元／人,省级投资标准是65元／人,市县自筹200元／人
4. 农村危房改造	144400	274500	189600	168835	98578	2015年为已下达的资金总量

资料来源：甘肃省财政厅。

（二）农业补贴

广义上的农业补贴，主要由农村“四项”补贴、畜牧良种补贴、农村消费补贴、草原奖励补贴、生产性示范基地补助、农产品产地初加工补助、土地综合开发以及农业综合开发等内容组成。具体而言，2011~2015年甘肃省粮食直补与农资综合补贴、农作物良种补贴、农业机械购置累计补贴资金分别为1109167万元、160812.8万元、221500万元；2011~2015年畜牧良种累计补贴资金为29688.4万元；2008~2012年农村消费补贴累计兑付家电下乡资金近8.9亿元；2011~2015年草原奖补累计补贴资金为571600万元；2011~2015年生产性示范基地补助与农产品产地初加工累计补贴资金为30900万元；2011~2014年农业综合开发累计补贴资金达到375997万元（见表4）。

（三）金融支持

全省涉农贷款情况。根据省金融办提供数据，截至2015年6月末，甘肃省涉农贷款余额为4559.35亿元，同比增长21.33%，占全省各项贷款余额的36%。全省支农再贷款余额达到169亿元，占全国支农再贷款余额的8%，远高于全省主要经济金融指标占全国的比重。

金融机构覆盖农村情况。据统计，截至2015年6月，农行、工行、邮储银行网点已实现县域全覆盖，甘肃银行已在82县区设立机构网点；农村信用社网点实现乡镇全覆盖，邮储银行网点覆盖2/3乡镇；金融机构在村一级建设金融便民服务点18122个，覆盖了2/3的行政村。同时，农村新型金融机构也有较快发展，目前全省村镇银行总数达18家，占全国总数的1.4%；农村资金互助社4家，占全国总数的8%。

表 4　甘肃省农业补贴分项目基本情况

单位：万元

政策项目名称	资金总量					补贴、贴息标准及相关说明
	2011 年	2012 年	2013 年	2014 年	2015 年	
农村“四项”补贴	—	—	—	—	—	—
(1)粮食直补	25518	25518	25518	279237	202975	按粮食播种面积、三年平均粮食产量、粮食商品量各自占比分配;2015 年为已拨数
(2)农资综合补贴	148341	148341	253719			
(3)农作物良种补贴	31323.7	31826.1	32374.7	32707.5	32580.8	小麦、玉米、青稞补贴 10 元/亩,水稻、棉花补贴 15 元/亩
(4)农业机械购置补贴	32000	44500	47500	53500	44000	中央财政农机购置资金实行定额补贴;一般机具实行限额补贴
畜牧良种补贴	9515	10903.4	3090	3090	3090	包括能繁母猪、生猪、奶牛、肉牛、绵山羊和牦牛良种补贴
农村消费补贴	2008 ~2012 年累计兑付家电下乡资金近 8.9 亿元					按补贴类家电产品销售价格的 13% 给予补贴,2012 年已停止
草原奖励补贴	114320	114320	114320	114320	114320	禁牧补助标准为 2.2 ~20 元/亩;草畜平衡奖励补助标准 1 ~2.18 元/亩;牧草良种补贴每年每亩 10 元;牧民生产资料综合补贴每年每亩 500 元
生产性示范基地补助	1300	1600	1000	1000	1000	2014 年农民专业合作社示范社每社按 9 万元补助
农产品产地初加工补助	—	7000	6000	6000	6000	主要用于储藏窖、通风库、冷藏库及烘房建设
土地综合开发	157024	249406	252199	216812	145943	主要用于土地整治和高标准基本农田建设
农业综合开发	76430	88973	100762	109832	—	—

资料来源：甘肃省财政厅。

贫困地区贷款情况。围绕全省“1236”扶贫攻坚行动和双联行动的深入实施，金融机构普遍加大了金融支持扶贫开发的力度（见表5、表6）。

表5　甘肃省75个贫困县存贷款情况

单位：亿元，%

项目	2013年贷款增量	2014年贷款增量	贷款增速	涉农贷款增速
总计	816.00	979.10	25.36	26.21
58个贫困县合计	462.63	557.74	27.02	29.63
17个“插花县”合计	353.37	421.36	23.46	20.98
全省数据	1609.59	2231.21	25.54	24.32

资料来源：甘肃省金融办。

表6　全省贫困地区分年度存贷款情况

单位：亿元，%

项目	2013年末				2014年末			
	存款		贷款		存款		贷款	
	余额	增幅	余额	增幅	余额	增幅	余额	增幅
58个贫困县	3585.30	21.38	1996.59	30.23	4002.88	11.65	2535.97	27.02
甘肃省确定的贫困地区（58+17）	6231.78	19.91	3736.83	27.98	6975.29	11.93	4684.60	25.36
人行确定的“三大扶贫片区”（58+6）	4683.42	21.4	2649.08	27.8	5166.9	10.3	3312.63	25.05
16个老区县	1259.7	21.83	696.07	30.3	1372.54	8.96	899.4	29.21
全　省	12070.64	19.16	8822.23	22.59	13957.98	15.64	11075.78	25.54

资料来源：甘肃省金融办。

二　甘肃省支农惠农政策效能分析

（一）农业和农村基础设施投入政策效能分析

1. 提高了甘肃省农业综合开发能力

数据表明，2011～2014 年，甘肃省财政用于农业综合开发的资金累计达到 375997 万元，对夯实项目区农业生产基础、提高农业综合生产能力和竞争能力，提高农业综合效益、扶持农业产业化经营水平，增强农业抵御自然灾害能力等方面，起到了强有力的资金保障作用。甘肃省从 1996 年实施农业综合开发以来，经过艰辛努力，主要农产品供需关系实现了由长期短缺向总量基本平衡转变，结束了“一方水土养活不了一方人”的历史，走出了一条在极度干旱气候条件下发展现代农业的路子。抵御自然灾害的能力明显增强，农民收入得到持续增长，农业在国民经济中的基础性地位得到了巩固和加强，农业综合生产能力得到明显提高，产生了巨大的经济、社会和生态效益。

2. 农村生产生活条件有了大幅度改善

甘肃省按照新农村建设和“美丽乡村”建设的总体部署，优先解决广大农民最急需的水、气、路、电等生产生活基础设施。2000～2004 年，依托国家实施“人饮解困”、“氟病改水”、“抗旱应急”等项目，甘肃省累计投入资金 17.7 亿元，建成各类供水工程 26 万处，低标准解决了 496 万人的饮水困难。2005 年国家实施农村饮水安全项目后，计划累计下达资金 72 亿元，其中国家预算内资金 55 亿元，省级配套资金 8 亿元，市县及群众自筹 9 亿元，计划解决 1220 万农村人口的饮水安全问题，目前已修建集中供水工程 4200 处，水窖、小电井等分散供水工程 4.8 万处。根据国家要求，2004～2009 年，经两次全面调查评估和水利部核定，全省 2112 万农村人口中，饮水安全或基本安全人口586万人，饮水不安全人口1526万人。经过近几年持续不断地努力，目前甘肃省农村饮水不安全人口已降至827.6万人，自来水入户率达70%。其中，58个贫困县667.65万人，自来水入户率达70%；17个“插花县”131.83万人，自来水入户率达72%。根据甘肃省交通厅的统计数据，截至2013年底，全省农村公路总里程达到116563公里，全省所有具备条件的乡镇通了沥青（水泥）路，100%的建制村通了公路，58%的建制村通了沥青（水泥）路。根据国家统计局甘肃调查总队的监测数据显示，2014年底，甘肃省贫困地区85.92%的自然村通了公路、98.50%的自然村通了电、95.26%的自然村通了电话、80.89%的自然村通有线信号、91.65%的自然村被通信信号覆盖、62.98%的自然村主干道路面经过路面硬化处理、63.81%的自然村通客用班车。2014年甘肃省贫困地区农民居住条件有所改善，用于居住消费服务性支出增长了44.84%，居住住房面积较上年人均增长了4.44平方米。贫困地区农村生产生活基础设施的极大改善，为甘肃省到2020年实现全面建成小康社会目标打下良好基础。

（二）农业补贴政策效能分析

1. 对稳定粮食生产起到了重要的激励作用

甘肃河西走廊是我国重要的商品粮生产基地，完善有效的农业补贴政策对实现甘肃省粮食供需基本平衡意义十分重大。以促进粮食生产、保护粮食综合生产能力、调动农民种粮积极性为主要政策目标的粮食直补和农资综合补贴为例，2013年甘肃省下达武威市粮食直补资金和农资综合直补资金23812万元。其中：粮食直补资金2139万元，亩均补贴9.09元，人均补贴13.64元；农资综合补贴资金21673万元，亩均补贴70.89元，人均补贴138.25元。享受补贴农民人数156.77万人。2014年，粮食直补和农资综合补贴资金合并发放，全市共发放 19466 万元，亩均补贴 63.67 元，人均补贴 124.17 元，享受补贴农民与上年相同。2013 年下达张掖市惠农补贴资金 6.24 亿元，其中粮食直补资金 26884 万元（种粮农民直补资金 2827 万元，农资综合补贴资金 24057 万元）。2014 年下达种粮农民直接补贴 28067 万元，比上年增加 1183 万元。以上农业补贴政策的有效实施，对甘肃省粮食生产实现“十一连丰”，人均占有粮食达到全国平均水平，粮食的连年增产起到了很好的激励作用。

2. 促进了农作物良种推广，增强了农业的物质技术装备，提高了农业规模化、集约化水平

据统计，2013 年、2014 年武威市落实良种补贴资金分别为 2549.7 万元、2548 万元，落实农机具购置补贴资金 4250 万元、3710 万元；2013 年、2014 年张掖市落实良种补贴 2488 万元、2632.35 万元，补贴面积为 261.35 万亩，落实农机具购置补贴资金 5440 万元、5540 万元。以上补贴政策的实施，加快了甘肃省农作物经济结构调整步伐，推进了粮食作物区域化布局、规模化种植、标准化生产、产业化经营，提高了农作物综合生产能力和水平。

3. 切实增加了农民收入

据估算，2013 年张掖市各项惠农政策补贴使农民人均增加纯收入 1000 多元，武威市农民人均纯收入增速比全国高 1.1 个百分点，比全省高 0.3 个百分点。根据甘肃农发办提供的数据，2013 年甘肃省土地治理项目区直接受益农户 9.12 万户、农业人口 38.83 万人，农民年人均纯收入增加总额 10658.42 万元，户均纯收入增加 1168.42 元，人均纯收入增加 274.43 元；产业化经营项目直接受益农户 2.65 万户、农业人口 7.32 万人，带动项目区农民增加收入 11515.9 万人，户均增收 4342.18 元，人均增收 1572.24 元；贷款贴息项目直接受益农户 13.4 万户、农业人口 52.3 万人，带动项目区农民增收 55698 元，户均增收 4146.73 元，人均增收 1064.67 元。

4. 显著改善了生态环境

张掖市研究资料显示，通过退耕还林、退牧还草等一系列补贴政策，环境综合整治力度不断加大，生态环境建设和保护取得了明显成效，人与自然和谐发展，宜居宜游产业日益壮大，为甘肃省打造丝绸之路经济带黄金段提供了良好的生态保障。再譬如，根据民革甘肃省委员会的调研估算，实行农业补贴政策之后，武威市天然草原牧草长势良好，禁牧区和草畜平衡区工程效益明显。2013 年禁牧区植被盖度、高度、产草量分别比 2011 年提高了 3～8 个百分点、1.3～5.5 厘米和 21.4%～13%；草畜平衡区植被盖度、高度、产草量分别比 2011 年提高了 2～15 个百分点、2.11～2.3 厘米和 22.49%～60%。民勤县草畜平衡区无超载，实现了草畜平衡；天祝县超载 40.35%，和政策实施前相比下降了 10.46 个百分点。

5. 构建市场化的生产保险体系、提高了农业灾后恢复生产能力以及抗风险能力

目前甘肃省已开办马铃薯、玉米、青稞、能繁母猪、奶牛、牦牛、藏系羊、森林 8 个险种，农业保险覆盖到所有市州。截至 2014 年底，甘肃省农业保险保费收入达到 67648.97 万元。针对甘肃省特色农产品生产经营风险，因地制宜在武威、张掖、酒泉、平凉等地开展设施蔬菜、玉米制种、油菜、肉牛、葡萄等地方特色优势产业农业保险试点。稳步推进农村小额贷款保证保险工作，2014 年人保财险甘肃省分公司在陇西县开展了涉农中小企业贷款保证保险试点工作，一年来累计为 4000 多万元的涉农中小企业贷款提供了保证保险。目前，甘肃省已经发展成为位居全国中位、西北第二的农业保险市场。

（三）金融支持政策效能分析

1. 农村金融政策组织体系逐步健全

近年来，积极引导金融机构下沉服务，加快农村机构网点建

设，大力发展新型农村金融组织，目前已初步形成以农村合作金融机构为主力，政策性银行、国有商业银行、邮政储蓄银行、城市商业银行为重要组成部分，其他股份制银行、非银行金融机构和新型农村金融组织为补充的宽领域、广覆盖、多层次的农村金融服务体系。

2. 农村金融产品与服务创新不断加强

一是与国家开发银行开展扶贫开发战略合作，对用于农村基础设施建设的各类财政资金充分整合，通过创新投放方式，带动信贷资金进入，放大资金总量，加大对贫困地区通村道路、安全饮水、危旧房改造、易地扶贫搬迁和棚户区改造及特色优势产业发展的融资支持力度，目前贷款余额达到197亿元。二是以财政贴息、政策性担保等方式，推出“双联惠农”贷款、妇女小额担保贷款、“牛羊蔬菜”贷款等金融惠农产品，并不断改进和完善惠农贷款贴息办法，统一贴息标准，简化程序。据统计，2011～2015年，财政部门为相关贷款产品提供总额约为2645387万元的财政贴息资金（见表7）。三是鼓励金融机构结合地方特色产业发展情况，创新推出了“金薯宝”、“惠陇通”、“农耕文明”、“药材盈”等70多个特色鲜明、贴近“三农”需求的信贷创新产品，直接和间接受益农户超过260万户，受益企业超过1700家。四是实施金融精准扶贫。针对全省建档立卡的97万户贫困人口，为每户提供5万元以下、3年以内、免抵押、免担保的精准扶贫小额信用贷款，省财政按同期贷款基准利率全额贴息。五是发挥保险业的风险保障作用。目前已开办马铃薯等10个政策性农业险种，参保农户近300万户，累计为101万农户支付赔款6.5亿元。六是建立扶贫贷款风险补偿机制。由政府和金融机构按7∶3的比例出资建立精准扶贫贷款风险补偿金，对精准扶贫小额信贷、贫困户危房改造贷款、异地搬迁贷款、贫困家庭生源地信用助学贷款的损失给予补偿。

表7　近年甘肃省相关扶贫贷款财政贴息情况

单位：万元

项目	资金总量				
	2011年	2012年	2013年	2014年	2015年
双联惠农贷款	—	257	46860	32312	40000
草食畜牧业和设施蔬菜产业发展贷款	—	—	7170	44029.53	—
妇女小额担保财政贴息贷款	466000	1579000	142000	212759	75000

资料来源：甘肃省财政厅。

3. 农村融资渠道进一步拓宽

一是以县（区）农牧等部门为主导，建立农村产权流转交易中心，构建由县交易中心、乡镇服务站、村信息员三级组成的农村产权流转交易市场体系，试点开展农村产权抵押贷款。二是培育引导涉农中小微企业在甘肃股权交易中心或全国中小企业股份转让系统挂牌融资，运用多层次资本市场及融资工具实现融资。目前全省有135家涉农企业在甘肃股权交易中心挂牌，6家涉农企业拟发行中小企业集合债券3.5亿元。三是开展“信贷＋保险”合作试点。结合特色农业产业发展情况，由部分市县探索建立政府、银行、保险合作机制，开展农户小额贷款保证保险和中药材保险试点。

三　甘肃省支农惠农政策的主要问题

（一）农村基础设施投入政策的主要问题

1. 农村饮水方面

一是建设任务仍然繁重。2014年相关部门调研数据显示，除纳入国家总体规划的286.32万饮水不安全人口外（58个贫困县233.87

万人，17 个“插花县”52.45 万人），在 2005 年国家实施农村饮水安全项目中已安排、但工程未覆盖的还有 175.36 万人（58 个贫困县157.79 万人，17 个“插花县”17.57 万人）。原来通过“人饮解困”、“氟病改水”和“121 雨水集流工程”等项目解决饮水安全的586 万人中，由于工程运行时间较长、建设标准较低、水源保障程度不高，加之自然灾害损毁等原因，又有 337.8 万人出现饮水不安全问题（58 个贫困县 275.99 万人，17 个“插花县”61.81 万人），总计约有 799.48 万人。就甘肃省贫困地区而言，2014 年底有 14.55% 的农户饮用不受保护的井水和泉水、9.26% 的农户饮用收集的雨水、1.04% 的农户饮用江河湖泊水。

二是项目建设资金缺口大。据测算，目前甘肃省农村饮水主体工程平均投资约 1100 元/人。按此标准，解决剩余 827.6 万人口饮水不安全问题，主体工程约需资金 91 亿元，若取消贫困地区人户工程群众自筹资金 20.7 亿元，共需资金约 111.7 亿元。按照现行标准落实国家补助 17.4 亿元（国家规划内剩余 306.09 万人，可落实补助资金15.7 亿元；对规划内 55 万农村学校师生，每人单独补助资金 308元，可落实补助资金 1.7 亿元），省级配套 2.3 亿元，在市县资金全部到位的情况下，还有约 92 亿元的资金缺口。

三是政策运行机制不完善。第一，运行管理不到位。农村人饮工程建成之初，受机构、编制、人员、经费等方面的制约，运行管理制度不健全，管理措施落实不够，尤其是分散小型工程维修管护不到位，管理服务没有同步跟进，重建设轻管理的问题普遍存在。第二，工程效益未能充分发挥。甘肃省农村供水工程人均用水量设计时按照40～60 升/日计算，但受农村生活水平低、传统用水习惯的影响，加之农村自来水入户率偏低，用水方便程度不高，部分工程实际供水量仅为设计能力的 30%～50%。第三，农村供水水价偏低。全省各类农村供水工程成本水价约为 5 元/立方米，但实际执行水价约为 2.5

元/立方米，工程执行水价仅为成本的50%左右，水价偏低导致无法提取工程折旧费和维修费，工程难以良性运行。

2. 农村住房方面

一是危房占比高，特别是片区县危房集中度仍然较高。根据2009年3月住建部关于《农村危险房屋鉴定技术导则（试行）》等级分类统计，甘肃省C、D级危房占农村住房总数的40.2%。其中：C级局部危房占危房总数的59%，D级整幢危房占危房总数的41%；58个特困县危房占全省危房总量的80.7%。危房占比高于全省平均值40.2%的片区县有29个，其中有11个县危房占比高于60%，通渭县危房占比高达77.6%。二是危房数量与城镇化率关联度紧密。全省城镇化率较低的临夏、定西、陇南，农村危房数量相对较多、占比较高。临夏州危房占比67.22%，定西市危房占比59.06%，陇南市危房占比40.34%。

3. 农村道路方面

甘肃经济基础薄弱，历史欠账多，甘肃省农村公路还存在密度低、通达深度不够、技术等级不高、抗灾能力弱、布局不合理、服务水平低、发展不平衡等突出问题，有相当一部分公路只能简单解决农民的出行，不能满足农村经济发展的需要。经省交通厅联合调研组的排查，目前全省路况水平较差的县道191条，共计6668公里，占县道公路里程的40.6%。建制村通沥青（水泥）路率不但远远低于发达省份，与全国平均水平（89%）相比低了近31%。甘肃省社会科学院“2013年甘肃省县域社会发展评价与分析”课题组研究结果表明，在对甘肃省77个县域包括通过境内公路密度在内的基础设施子系统的评价中，具有竞争优势的县有26个，仅占总样本数的33.7%。另外，公路日常养护资金来源单一且总量不足，严重影响甘肃省农村道路养护工作的正常开展。由于甘肃省公路养护资金来源单一，省、市、县各级政府财政没有投入或投入很少，完全依赖国家燃油税返还资金，但燃油税返还资金在保证基本正常经费支出后，对公路日常维护保养的投入就十分有限。如 2012 年燃油税返还资金共 18.83 亿元，扣除路政管理费、农村公路养护费及其他专项用途后，用于普通国省道养护的资金共 12.2 亿元，再扣除人员经费、行政管理费等正常支出，实际用于养护和维修的资金约 3.4 亿元。这造成甘肃省普通国省道小修预算定额标准非常低，如养护材料费定额标准仅 1.4 万元/公里，比陕西省低 1.1 万元/公里，影响了公路养护效果。

（二）农业补贴政策的主要问题

1. 补贴标准低，政策激励效应递减

受农资价格持续上升、劳动力价格不断上涨、物流运输作业成本增加等影响，粮食生产成本一直呈快速上升态势，涨幅已远远超过了农业补贴金额的增幅。大量的资金分散发放到农户，对种粮农民的激励效果不显著，对农户的增收效应不明显，也不利于农业适度规模经营。粮食稳定增产和农民增收难度加大。

2. 补贴范围不合理，政策目标不够清晰

近年来，随着农业产业结构的调整，农民对农机具的需求量非常大，受资金制约，无法满足需求。随着补贴范围的不断扩大，一些小型机具、传统机具、离耗能低效率机具、科技含量低的机具列入补贴范围，不利于农机化转型发展。现行的“四大补贴”属于“普惠制”，很多地方选择按照税改面积或承包耕地面积进行补贴，“有地者有补贴”，粮食补贴和种粮与否关系不大。稳定粮食生产供给和促进农民增收的核心政策目标不够明确，与环境保护、农业竞争力、可持续发展等综合目标配合不够。

3. 补贴政策工作量大，执行成本高，政策功效内耗大

由于部门多头管理，补贴种类多，补贴范围交叉重叠，补贴发放方式多种多样，补贴标准各不相同，极易形成“一补一发”，部门多

头多次发放、农民多次领取的情况。这就带来了操作程序过多、发放成本过高、手续繁杂等问题。惠农补贴资金虽然接受财政、审计、纪检等部门的监督，但在实际工作中会出现多头监管、责权划分不明确、部门配合不协调、责任落实不到位的现象。

（三）金融支持政策的主要问题

1. 农村金融机构服务体系还不健全，多种类型金融机构没有发展起来，涉农主体有效融资渠道仍然偏少

虽然2015年甘肃省金融机构作了大量的金融“补白”工作，但农村金融服务网点不足的问题仍然突出。村镇银行发展较为缓慢，资产规模和地域覆盖面小，服务能力有限。与此同时，甘肃省民间资本较为活跃，虽然在一定程度上缓解了贫困户生产资金缺乏问题，但互助资金规模较小、运行机制不完善、管理不规范的问题比较突出。

2. 财政资金使用方式单一，撬动信贷资金支持力度还比较小

2013年甘肃省对“三农”的财政资金投入额为345亿元，用于引导支持金融资金投放的财政资金不到10亿元，带动的金融资金投放量约为120亿元，与全省400万农户的资金需求相比还有很大差距。

3. 农村金融产品还不丰富

涉农融资仍以贷款为主，有些信贷产品缺乏针对性，不能满足贫困农户有效需求。一方面，服务“三农”的适用信贷产品少，信贷标准高，存在着与城市同质化的问题，多数农户难以达到金融机构的信贷门槛。另一方面，农村金融服务与当地生产经营实际结合不紧密，贷款手续繁杂，担保要求高，贷款周期与农牧生产周期不相适应，慎贷惜贷问题依然突出。这直接导致放贷规模小，不能满足农业规模经营的投入需要，更难保证农业“接二连三”融合发展的有效信贷支持。农业保险规模较小，险种较少，覆盖面较低，承保的农地

面积仅占全省的1/4，保险对于农业风险的保障作用还没有充分发挥。

4. 农村信用担保体系发展滞后

省财政注资在58个贫困县建立政策性担保机构，为金融机构向农户贷款提供信用担保，意义重大。但是由于缺少市县财政资金跟进，使得政策性担保机构普遍存在资本实力弱、担保能力不足的问题，严重制约着全省信用担保体系整体功能的发挥。与此同时，由于甘肃省农业用地确权颁证还处在推进阶段，农村生产要素流转市场还没有建立起来，承包地、宅基地和农户住房等资产，多数还不能用于抵押担保。

5. 农村信用环境建设仍然滞后

甘肃省市场化进程相对滞后，以小农经济为主导的生产方式，客观上存在着不熟悉金融工具、不尊重信用规则的现象，影响了农村信用环境，也制约了农村金融服务发展。部分地区政府机构只要求金融机构放贷，而不重视及时回收和归还贷款，进一步恶化了农村信用环境。特别是近年在实施灾后重建贷款、妇女小额担保贷款的过程中，一些地区由于组织、实施和宣传工作不到位，出现套取贷款和还款率较低的问题，影响了金融机构贷款的积极性。

四 提升甘肃省支农惠农政策效能的对策建议

（一）创新投入方式，强化农村基础设施建设

1. 构建“政府+社会+公益性组织”的农村饮水安全管理体制机制

研究出台相关政策，强化分类指导，在坚持“事业单位、准公益性质”的基础上，推进水管单位体制机制改革，推广事业单位企

业化管理模式，建立成本核算、市场化运作的企业运营机制，构建政府财政、市场力量与公益性组织相互融合、相互补充的保障机制。继续利用好各级政府与国开行贷款合作，扩充中央和省级财政补助资金，提高信贷保证额度，加快信贷资金投放，加快农村饮水安全工程建设进度。推进水价改革，加强水质检测和水源保护。

2. 强化建设规划指导，有效整合住房建设项目资金

从省级层面加大对全省村庄建设规划工作的指导力度，发挥规划对农村住房建设的指导作用。将农村危房改造与生态移民、游牧民定居、异地搬迁、新农村建设、小城镇建设等有机衔接，通过政府补助、银行信贷、社会捐助、农民自筹等多渠道筹措农村危房改造资金。提高农村危房改造省级补助标准，切实解决好农村特困家庭住房问题。

3. 完善农村公路管理体制，探索推进农村公路养护市场化试点

建立起国家补助、争取银行贷款、放权政府建立融资平台、吸纳社会资本相结合的多元筹资机制。出台专项政策，加大甘肃省农村公路养护资金落实力度。按照省委、省政府丝绸之路经济带甘肃段“6873”交通突破行动及精准扶贫对农村公路建设的要求，组织实施好建制村通畅工程（2015～2017年）、“千村美丽”示范村村组道路建设工程（2016～2020年）以及农村路网改善工程（2018～2020年），大力推广应用政府与社会资本合作模式，着力解决农村生产的瓶颈制约。

（二）改进补贴范围和对象，强化补贴政策的执行力

1. 加大补贴力度，提高政策效能

建立补贴惠农的需求测量体系，及时了解政策实施效果及农民对惠农政策的需求，根据测量信息进行及时调整，建立起补贴惠农政策的事前保障机制。加大对种粮大户、家庭农场、专业合作社、种粮企

业等新型农业经营主体的补贴力度，提高对种粮大户的补贴标准，推动农业“接二连三”。通过补贴降低农产品生产成本，激发农户推广使用新品种、新技术，提高农业比较收益。

2. 强化补贴政策的目标导向

一方面，增加粮食生产的环境保护补贴，通过对减少化肥、农药使用而生产的绿色食品实行高补贴政策，激励农户进行无污染生产、清洁生产，推广节肥、节药、节水和清洁生产等技术。另一方面，积极应对国家“三项补贴”（农作物良种补贴、种粮直补、农资综合补贴）合并为“农业支持保护补贴”，优化补贴支持方向，突出耕地保护和粮食安全。尽快实现粮食直补、农资综合补贴与种植面积挂钩，改变目前“按地补贴”的做法，确保政策对发展粮食生产的激励目标相一致。

3. 健全完善支农惠农资金的管理办法和制度规定，统筹好支农惠农资金的使用管理

优化补贴政策服务方式和程序，提高补贴服务质量与水平。完善“一册明、一折统”等惠农资金发放和管理办法，公开、公正、公平、透明地足额落实补贴资金。统筹好资金分配、使用、监督与农业财政支出的预算编制、执行、绩效之间的有机联系与协调推进，用制度规范强农惠农政策的执行，切实有效地防止政策落实过程中“截留”等问题产生，防止“惠农政策不惠农”的逆向激励现象出现。

（三）发挥好财政资金的先导作用，推进农村金融产品与服务创新

第一，进一步推动金融服务向贫困地区下沉、与精准扶贫对接。引导各金融机构拓展贫困地区特别是面向58个贫困县的金融服务市场，加快农村网点布局。加快发展社区银行、村镇银行、小额贷款公司、扶贫资金互助社等机构，不断提高金融支农、支小、支弱的覆盖

面。着力做好对农户“最后一公里”金融服务。协调有关部门将农行“四融”服务平台向乡村延伸推进。引导支持更多的涉农企业在甘肃股权交易中心或全国中小企业股份转让系统挂牌融资。支持符合条件的涉农金融机构发行专项用于“三农”的金融债。

第二，创新贴息、政策性担保、风险补偿、保险补贴、互助资金等多种融资方式组合，引导金融机构开展符合实际需求、灵活便捷、商业可持续的农村金融产品与服务。

第三，继续完善县域政策性融资担保机构体系。鼓励地方政府持续补充资本金，着力解决甘肃省“多而不强”市场环境下产业的担保机构不规范问题。构建和完善贷款风险补偿机制。

第四，提高农业保险保障水平与服务能力。支持保险机构创新推出保障适度、保费低廉、保单通俗的三农保险产品，不断扩大保险覆盖面，合理确定理赔标准，提高理赔效率，积极开展中药材、设施蔬菜等特色优势农业产业保险试点；在更大范围内推进农村小额信贷保证保险试点。积极发展农房保险、农机保险、水利保险、森林保险、农业基础设施及农民养老健康保险、农村小额人身保险等普惠涉农保险。

第五，加快全省征信体系建设，正确引导企业和农户树立诚信意识。协调各级政府帮助金融机构做好惠农贴息贷款贷后管理工作，降低金融风险。

参考文献

《中共甘肃省委、甘肃省人民政府关于进一步深化农村改革加快推进农业现代化的意见》。

王三运：《不断开创我省“三农”工作新局面》（2014 年 1 月 10 日在

全省农村工作会议上的讲话）。

刘伟平：《努力保持农业农村持续向好局面 为全省经济社会发展作出更大贡献》（2015 年 1 月 15 日在全省农村工作会议上的讲话）。

省委办公厅、省水利厅联合调研组：《我省农村饮水安全现状分析及对策建议》，《甘肃工作》2014 年第 2 期。

省委办公厅联合调研组：《我省农村住房调查及情况分析》，《甘肃工作》2014 年第 3 期。

民革甘肃省委员会：《关于强化农业补贴政策激励效果的调研报告——以甘肃省为例》，《甘肃经济与信息》2015 年第 6 期。

刘进军、柳民、王建兵：《甘肃县域社会发展评价报告（2015）》，社会科学文献出版社，2015。

《甘肃发展年鉴》（2015）未定稿。

甘肃省金融办：《甘肃农村金融改革发展情况》，内部资料，2015 年 6 月。

《2014 年甘肃农村贫困监测年度报告》，2015 年 8 月。

调 查 篇

Survey Articles

B.11

农村土地确权与土地流转问题调查*

李振东**

摘 要： 本文以H县××村为例调查研究农村土地确权与流转问题，通过对问卷的分析发现××村的土地确权与流转存在以下问题：主体不清，功能错位；流转土地的“非农化”制约；经营主体规模偏小，层次偏低；流转形式单一，缺乏产业支撑；认识不到位、确权困难，农民对土地确权失去信心。针对上述问题提出如下建议：完善农业社会化服务体系；强化耕地用途管制，防止流转土地“非农化”；培育新型农业发展主体；积

* 本研究受国家社科基金项目“西部连片特困区农村土地承包经营权流转调查研究”（项目编号：14XJY011）支持。

** 李振东，甘肃省社会科学院农村发展研究所副所长副研究员，主要从事生态经济方面的研究。

极培育地方特色农业产业；建立健全土地流转机构；加大土地流转和确权政策的宣传力度；完善土地抵押融资渠道；挖掘“活档案”化解确权纠纷。

关键词： 农村土地 承包经营权 确权 流转

土地承包经营权确权登记颁证是推进农村集体产权制度改革的重点工作，甘肃省出台了《甘肃省农村土地承包经营权确权登记颁证工作方案》和《关于引导农村土地经营权有序流转发展农业适度规模经营的实施意见》等文件，积极推进甘肃省农村土地承包经营权确权和农村土地经营权流转工作。2014 年甘肃省完成金川区、临夏县、金塔县 3 个县（区）的土地承包经营权确权试点，2015 年全省各县（市、区）全面展开土地承包经营权确权工作，计划 2017 年底前全面完成[①]。截至 2015 年 6 月底，甘肃省农村土地流转面积 1065.2 万亩，流转率达 21.9%，其中有 532.4 万亩土地流入农户、265 万亩流入专业合作社、137.5 万亩流入企业、130.3 万亩流入其他经营主体。全省流转土地 50 亩以上规模的经营单位有 23397 个，其中 50～100 亩的 13203 个、101～500 亩的 7530 个、501～1000 亩的 1665 个、1000 亩以上的 999 个，共计经营面积 583.1 万亩。[②] 农村土地确权和流转工作涉及农业、国土资源、档案、林业等多个部门，面对耕地细碎化、权属争议、多地少地等问题，工作具有复杂性。因此本文以××村为例对甘肃省农村土地确权和流转工作进展情

① 《甘肃省农村土地承包经营权确权登记颁证工作方案》，http://www.gansu.gov.cn/art/2015/3/11/art_4786_229663.html。

② 《2015 年上半年全省农村土地流转情况》，http://www.gsny.gov.cn/apps/site/site/issue/zfxxgk/xxgkml/qsnctdlzqk/2015/07/21/1437440833267.html。

况进行调研，通过实地走访农户了解该村土地确权和土地流转情况，掌握农民对土地确权及流转的诉求，发现甘肃省土地确权和流转中存在的问题，并有针对性地提出对策建议，为加速全省土地确权和土地流转工作的顺利推进提供参考。

一　调查村基本情况

1. 调查村基本情况

××村共有12个村民小组，555户2460人，全村耕地面积1920亩（水浇地1730亩，旱地190亩），其中已承包耕地面积1293.53亩，人均耕地只有0.78亩。村内主要道路均已硬化，农村电网改造已完成，闭路电视、宽带接口均已接入每个村民小组，每户均已通自来水。2014年全村人均纯收入6200元，高出所在M镇人均纯收入1370元，在M镇9个行政村/社区（8个村1个社区）中排名第二，仅排在社区之后，且高于所在H县和全省平均水平。贫困人口130人，占人口总数的5.28%，低于M镇贫困人口比重3.22个百分点，在全镇9个行政村中排名倒数第三。

2. 调查农户基本情况

表1　调查样本的基本情况

项目	已流转土地样本	未流转土地样本
农户(户)	70	43
人口(人)	318	200
流转土地面积(亩)	140.6	0
耕地面积(亩)	257	160
耕地流转率(%)	54.71	0
常年外出务工人数(人)	134	57

续表

项目	已流转土地样本	未流转土地样本
常年外出务工人员比重(%)	42.14	28.50
受访者平均年龄(岁)	57.78	52.12
受访者平均受教育年限(年)	7.46	8.63

资料来源：调查数据。

本次调查选择M镇承包地流转率最高的××村，在××村的每个村民小组随机选取10户（没有刻意追求是否进行了土地流转），全村共计120户，进行问卷调查，最终获得有效问卷113份，其中70户已经流转了部分土地，占调查农户的61.95%，剩余43户未流转土地，占38.05%。从土地流转、土地确权、农业生产、外出务工等4个方面进行问卷调查。调查基准年为2014年。表1为调查样本的基本情况。已流转土地组常年外出务工人员比重比未流转土地组高13.64个百分点，已流转土地组中50岁以上的老年受访者有63人，占90.00%，受访者平均受教育年限为7.46年；在未流转土地组中50岁以上的老年受访者只有28人，占65.12%，远低于已流转土地组，受访者平均受教育年限为8.63年，高于已流转土地组。

二　土地确权流转现状调查

1. 土地确权的现状

××村的土地确权工作是2015年初开始的，截至7月底所有农户均已申报土地确权，土地确权登记率为100%，确权工作已经完成二轮公示。确权过程中发生了10起地块面积缩水纠纷和2起承包权争议纠纷，还有13户因新开荒地而引起的承包地面积增加的情况。10起地块面积缩水的纠纷是由相邻地块的承包者长期蚕食侵占地界发生变动引起的，村委会已通过查证二轮承包档案协调解决。

2. ××村土地流转现状

××村承包地流转面积623.01亩，占全村已承包耕地面积的48.16%，××村承包地流转率分别比镇、县、省高出18.99个、27.08个、28.06个百分点，有56.76%的农户参与了土地流转，比镇和县分别高出10.37个和26.70个百分点（见图1）。××村也是M镇流转面积最多、流转率最高的行政村。

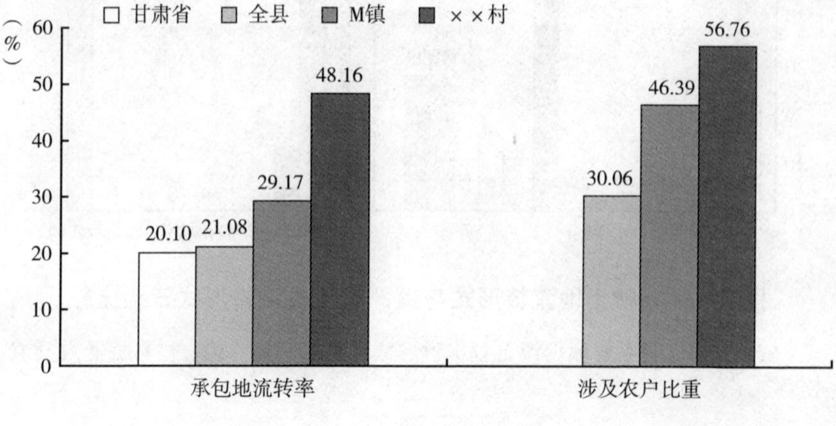

图1　2014年××村土地流转情况与镇、县、省三级数据比较

资料来源：甘肃省数据源自甘肃省农牧厅网站，县、镇、村数据源自县农牧局。

3. 土地流转的形式

××村土地流转形式相对简单，只有转让、互换和出租三种形式，分别占58.47%、28.23%和13.30%，与M镇其他村的流转形式一样，但三种形式的比例差异很大。××村是M镇政府住地，城镇化建设不断推进，使××村流转出去的土地超过一半以转让方式投入到城镇化建设中，M镇其他村土地流转的主要形式是出租。没有股份合作的流转形式是××村与全县土地流转形式的共同点，不同的是全县流转形式相对多样一点，同时全县流转形式比较灵活，以其他形式流转的土地面积达49.92%。和全省土地流转形式相比，××村土地流转形式比较简单，没有转包和股份合作等形式。××村土地流转最突出的特点是流出土地大部分以转让方式投入到城镇化建设中(见图2)。

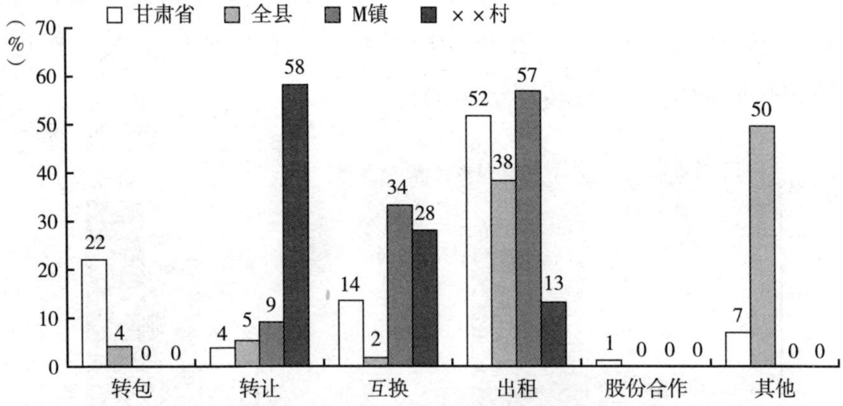

图2　××村土地流转形式与镇、县、省流转形式三级比较

资料来源：甘肃省数据源自甘肃省农牧厅网站，县、镇、村数据源自县农牧局。

××村的土地流转除了农户间自发的无正式合同的互换（占流转面积的28.23%）外，其余均由镇和村组织提供土地流转信息，并组织流转双方签订正式的土地流转合同，土地流转签订率达到71.77%，高出M镇44.76个百分点。

与M镇相比，××村的土地流转期限比较简单，只有10年期和长期两种。除了出租的82.86亩（占13.3%）土地流转期限为10年外，其余540.15亩（占86.7%）的流转期限均为16年以上，其中互换175.89亩（28.23%）、转让364.26亩（占58.47%）（见图3）。

4. 农民对土地确权的认识

第一，大多数受访者认为承包地本来就是自己的，村里每块地的

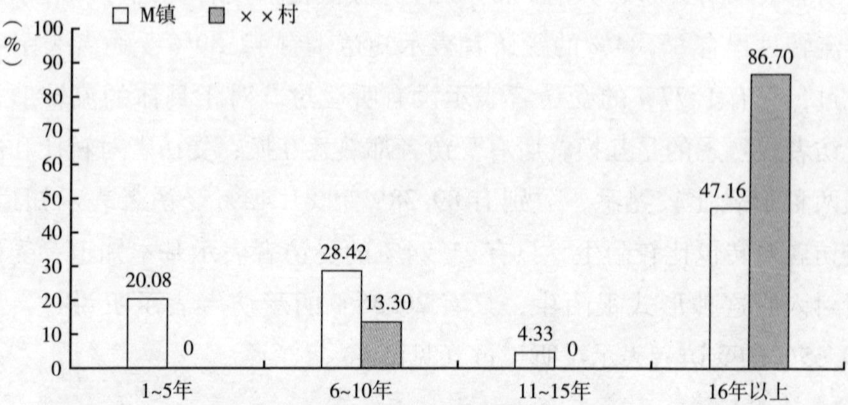

图3　× ×村土地流转期限与 M 镇比较

资料来源：数据源自县农牧局。

大小是谁家的在土地承包经营权登记时都很清楚，确权毫无意义，浪费资金；第二，有 93.81% 的受访者（106 户）表示听说过土地确权的事，但对具体工作流程不清楚，村组长发表让填他们就填表，7 户（6.19%）清楚土地确权工作流程的受访者全部为村组长；第三，对于土地确权是否能促进土地流转，受访者均认为土地流转和土地确权没有关系，因为土地确权前他们已经发生流转了，事实上该村土地确权工作进行之前已有 623.01 亩土地顺利地进行了流转，占全部承包耕地的 48.16%，并且没有因土地权属问题而发生纠纷；第四，对于是否知道土地经营权确权证能抵押贷款，有 15.93% 的受访者（18 户）表示听说过，但都觉得不可行，其余 84.07% 的受访者（95 户）觉得根本不可能；第五，在问及土地经营权确权证的作用时，有 78.76% 的受访者（89 户）表示土地确权后就可以更方便地卖地了，其余 21.24% 的受访者（24 户）表示不清楚有什么作用。

5. 农民对土地流转的认识

对于土地流转制度有 78.76% 的受访者表示知道，有 17.70% 的受访者表示听说过，只有3.54%的受访者表示没有听说过。对于土地流转过程有85.84%的受访者表示知道，有12.39%受访者表示听说过，只有1.77%的受访者表示没有听说过。对于具体的流转形式受访者最熟悉的是互换，所有受访者都熟悉互换；受访者对转让和出租两种形式比较熟悉，分别有89.38%和81.42%受访者表示知道；受访者对转包比较陌生，只有21.24%的受访者表示基本知道；受访者对入股这种形式很陌生，只有20.35%的受访者表示听说过，有79.65%的受访者表示没听说过（见图4）。

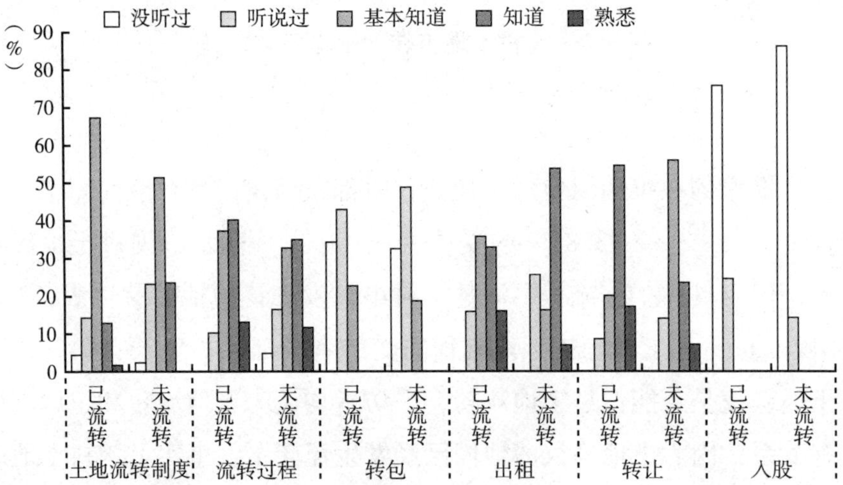

图4　××村受访者对土地流转的认识统计

受访者对土地流转的意愿认识相对比较统一，有87.61%的受访者希望将承包土地转让或出租出去，只有12.39%的受访者表示不愿意流转土地。具体来说受访者对流转土地有5种不同的意愿：第一，有29.21%的受访者表示本来就不想种地，希望土地全部流转，最好转让，出租也行，带上孩子全家外出务工，并由政府解决养老问题；第二，有23.01%的受访者表示不想转让土地，只想出租，土地是保障，外出务工可以说是“年轻饭”，50岁以后还能在家种地20年，但外出务工很难再找上工作；第三，有16.81%的受访者表示愿意转让，但不愿出租，怕到期地收不回来；第四，有18.58%的受访者表示希望将承包土地转让出去，只留自留地为自家种点蔬菜，并由政府解决养老问题，解放出劳动力外出务工挣钱；第五，有12.39%的受访者表示自己没有一技之长，不愿意把土地流转出去，家里有6~8亩地，加上养殖收入，在家种地收入虽然没有外出务工高，但是生活稳定，劳动可以自由安排，还能照顾老人小孩（见图5）。

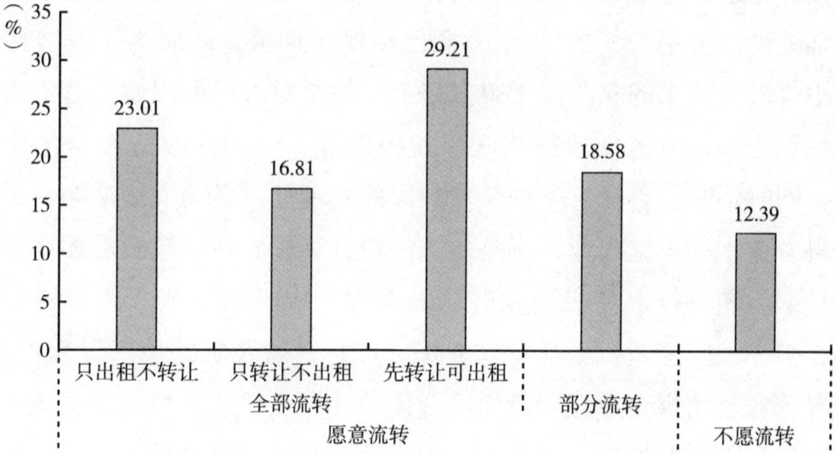

图5 ××村受访者的土地流转意愿分析

资料来源：调查统计。

三 土地流转和土地确权中存在的问题

1. 流转土地过程中主体不清，政府功能错位

流转土地改造传统农业的主体是农民，政府只能通过引导农民用新科技、新理念和新方法来改造传统的小规模低效率的农业，发挥主导作用。M镇是县政府规划的以高效日光温室、塑料大棚、露地蔬

菜为主的无公害蔬菜标准化生产示范区之一，××村也实施了该规划项目，村委会积极协调耕地流转，整合65亩土地，政府出资建成28个塑料大棚。但是由于经营主体农民缺乏种植技术和管理经验，预防和应对病虫害的能力不足，缺乏营销经验，很难及时准确地把握市场动向，及时调整蔬菜品种规避风险。农业保险是农民应对众多风险的有效手段，然而这一手段却处于缺失状态。在以上因素影响下，××村的蔬菜大棚并没有发挥出其应有的作用。经过两年的努力，大部分农户都因其收入不如务工的工资收入而选择退出。目前只有8个棚还在继续种植蔬菜，其余20个大棚已经停止种菜。政府为了改造传统的小规模低效率的农业做了很多努力，但是对农民的农业经营主体地位认识不够，改造低效的传统小规模农业，必须先改造经营主体农民，同时不断完善经营条件激发农民的主动性。蔬菜大棚是融合了多种科学技术的设施农业，不是传统的粮食种植农业，政府需要在引导科技部门和科技服务机构及时培训菜农、实时指导菜农的种植和管理，引导保险企业积极开发农业保险产品、为菜农的生产保驾护航，引导菜农与销售企业建立产销联合体、让企业帮菜农把握市场动向等方面发挥更多的作用，提升菜农生产经营水平，多途径全方位激发其主体能动性，才能有效促进产业的发展。

2. 流转土地的“非农化”制约了农业的发展

在大力推进城镇化的过程中，小城镇建设用土地的不断增加对周边的农村农业发展产生了一种制约。一是耕地数量在不断减少。城镇基础设施和配套项目的建设征用了一定数量的耕地，另外随着城镇建设后期项目的逐步推进和招商引资项目的不断增加，征地范围不断扩大，耕地数量也在不断减少。二是部分耕地出租后，被承租方转为非农经营。小城镇周边，特别是正在建设中的小城镇周边存在各种潜在的商机，各种工商资本紧盯着周边的土地。在调查中有村民反映，几年前就有地产商来村里买近百亩土地，最终因那块地下有该村祖先清代时期的古墓群被村民否决了。三是农民的心思已不在农业。城镇建设带来更多非农就业的机会，同时近年来不断上涨的劳动力报酬，也让农民切身体会到劳动力的价值，农业生产中不再忽略劳动力成本了，认识到人均0.78亩的小规模农业生产低效益性。因此，该村农民只要有机会就外出去务工，家有老人或小孩无法外出时，也是在找机会打零工或搞本地运输等非农生产。该村2014年人均纯收入是M镇8个行政村中最高的，工资性收入占到80%。四是农民预期耕地早晚都会被征收用于城镇的发展。农民这种预期使其早已着手筹划家庭成员的非农就业，不愿在农业生产中投入更多资金和精力。但也不愿意把耕地流转出去，担心政府城镇扩建征地时利益受损。

3. 经营主体规模偏小、层次偏低

××村土地经营主体规模偏小，××村有82.86亩出租出去，租入户多达13家，最大的租入户只租入了11.05亩土地，××村租出去的土地没有达到规模经营。除了转让和出租出去的土地，每家每户还是按传统方式只经营自家剩余的承包地，所不同的就是部分农户将地块做了一定的互换。××村虽然有48.16%的土地发生了流转，但××村的土地无论流转与否，其经营方式还是传统的以家庭经营为主，没有实现规模化经营。××村缺少种养大户、农民专业合作社和农业企业等规模经营主体，因此，经营主体管理能力不强，经营层次较低，土地流转的带动力不强，制约了土地规模经营的进一步发展。

4. 土地流转形式单一，农业缺乏产业支撑

土地的流转形式以转让和出租为主，而促进经济发展的入股、股份合作等形式没有形成；土地流转后的农业缺乏产业支撑。××村土地流转后大部分用于建蔬菜大棚，目前只有8个棚还在继续种植蔬菜，其余20个大棚已经停止种菜；剩余流转的土地依旧采用粗放生产方式发展农业。土地在流转后没有科学合理规划，难以大幅提升农业产业收益。

5. 土地流转机构不健全，土地流转的手续不齐全

政府没有成立土地流转的管理机构，也没有成立农村土地流转合同仲裁机构，个别农户之间土地流转时只有口头协议，没有签订正式书面合同，或书面合同内容不全面；土地流转双方在土地流转过程中，未经有关部门审批同意，擅自改变土地的农业用途，有时，被流转的土地在土地经营权证书中未进行变更或注明，该备案的没有备案，导致了土地承包、土地流转矛盾纠纷发生，处理矛盾纠纷时力度不大，且调查处理困难重重。

6. 政策宣传力度不够，部分干部和群众思想认识不到位

首先，部分干部的认识不到位。目前地区土地确权处于试验阶段，部分土地管理人员和工作人员对土地确权政策的理解仍不到位，有的干部认为土地确权将赋予农民更大的土地权利，这将造成 M 镇城镇化建设后续征收土地的巨大麻烦，也会严重影响政府主导的土地流转。更有个别村干部错误理解为土地确权就是土地私有化，从而削弱村委会的权力。因此这些干部工作中缺少积极性、主动性，并有观望和拖延等消极心态，影响了土地确权更好地推进。其次，农民群众的认识不到位。大部分农民对“确权”一事并不理解，觉得与二轮土地承包没什么区别，自己还是那些地，只不过重新填一下表，把承包书换成确权证，对确权不关心、不积极参与，抱“无所谓”的态度。由于“增人不增地，减人不减地”的政策，目前××村农户实际人均拥有的耕地差异很大。那些人多地少或土地纠纷中利益受损的农户有较高的参与积极性，希望通过这次土地确权争得更多的土地。相反，那些人少地多、实际经营耕地面积远大于二轮土地承包合同书中的面积、土地纠纷中侵占土地的农户存在抵触情绪，认为进行土地确权调查是为进行新一轮的土地调整做准备，要重新分配他们的土地，害怕自己的既得利益受损，“抵制”土地确权。也有部分人多地少的农户认为，只确权不调地就没什么意义，要确权就要先重新分

地，也不配合土地确权登记，加大了确权登记颁证工作的难度。

7. 农民无法预见土地确权的作用，对确权失去信心

土地确权的作用主要有两个，一是促进土地流转，发展规模化农业；二是土地经营权确权证抵押融资。对于第一个作用，目前该村土地确权工作虽然正在进行中，但已经有近一半的土地流转出去，没有因土地权属问题而发生纠纷，受访者均认为土地流转和土地确权没有关系，村民对土地确权促进土地流转持怀疑态度；对于土地经营权确权证能抵押贷款功能，所有受访者都觉得不可行，有84.07%的受访者觉得根本不可能。

8. 历史和自然等因素导致四至不清，确权困难

随着M镇城镇化的进程不断加快、次中心城市战略的实施，××村耕地被征用的面积也不断增加。征地补偿款使得村民思想从“与其争这几分地，还不如外出挣大钱”转变为“寸土寸金，寸土必争”。因此××村农民对这次土地承包经营权确权登记颁证中土地权属争议特别敏感，致使原来一些隐性的矛盾凸显出来。在二轮承包中个别乡村干部对土地政策的理解不透，工作中主观随意性大，操作不规范，导致部分村民证地不符的乱象，在确权的过程中权属争议不断。“农转非”农户村集体按政策收回承包地后，耕地未被集体其他成员重新分配，由个别农户长期耕种，二轮承包时将已经收回的承包地误填到实际耕种农户经营权证中，在本次确权登记过程中，集体成员有异议；农户间口头约定了长期租种或代种关系，在确权时租种方或代耕方与承包方均对同一地块主张权益。有农户长期蚕食侵占别人的承包地或村里机动地，慢慢扩大自己承包地的四至范围。也有农户跟村委会有矛盾得不到满意的解决时，私自占用机动地。还有已被开垦为耕地的“四荒地”的权属问题。部分农户的林权证资料不具体，个别农户的有些地块是否在林权证中已登记确权，分不清楚；土地流转后流入方为了更好地发挥土地的作用，将土地进行了归并整理，导

致部分承包地的地界消失，在图上无法准确标注；地质灾害导致原有耕地地界地貌已消失，农民确权面临无地可确的困境。这些权属问题直接牵涉农民的根本利益，又涉及诸多历史原因，争议时间长，调查取证和确权比较难。

实例一："农转非"收回土地的承包权分配争议。"农转非"农户的承包地村集体按政策收回后，没有进行再分配承包，经营权留到村民小组，土地由本小组的3户租种。在土地二轮承包时这部分租种土地面积错误地计入了这3户的承包面积中发放了承包书。现在确权公示时这3户要求根据二轮承包书将这部分租种土地面积确认到各自的名下，但该小组的其余37户不同意，认为这部分土地属于小组集体所有，应该由40户分配。纠纷已经闹了7年多了，目前已进入司法程序，一审法院根据二轮承包书判给了3户，但小组其他农户又提起了上诉，目前还在二审的司法程序中。

实例二：由口头约定的长期租种关系引起的承包权争议。同一地块两家争，该地块9年前农户甲口头同意由农户乙去种，确权公示时，农户甲和农户乙均称该地块是自己的。该争议村委会调解无果，已上报到M镇。同时，13户因新开荒增加的地块如何确权也已报到M镇。

四　对策建议

1. 完善农业社会化服务体系

土地流转是改造传统农业的契机，它不仅搅动着政府和农民的神经，还搅动着农产品加工企业、农产品销售企业、农资生产销售企业、农业科技服务部门（企业）、农业保险企业等各种工商资本的神经。在这场由土地流转带来的"神经兴奋"中，政府部门要保持清醒的头脑，发挥自己的主导作用，而农民或农产品生产企业才是发展规模化、集约化农业的主体，引导各种工商资本完善社会化服务与保障体系为发展规模化、集约化的农业服务。建立有效的土地流转机制，制定土地流转、土地规模化经营方面的优惠政策，促进土地规模化经营，强化社会化服务体系，发展公益性农技服务和经营性农事服务，努力提高经营水平，促进经营主体向专业化、企业化、规模化、现代化方向发展。激励保险企业积极开发适宜当地特点的农业保险产品，同时进一步扩大政策性农业保险实施范围，创新完善农业保险制度，提高防范自然风险的能力，为农业生产保驾护航。提升农业防灾减灾水平，加强干旱、洪涝、冰雹等灾害监测预警，及时发布预警信息，适时启动应急响应。大力推进科学抗灾，指导农民因时、因地落实抗灾增产技术。

2. 强化耕地用途管制，防止流转土地“非农化”

《农村土地承包经营权流转管理办法》第三条中明确规定：“农村土地承包经营权流转不得改变承包土地的农业用途。”为了确保粮食安全，2013 年 12 月中央农村工作会议提出要坚守 18 亿亩耕地红线。2015 年 5 月习主席对耕地保护工作做出重要指示：“特别要防止一些工商资本到农村介入土地流转后搞非农建设、影响耕地保护和粮食生产等问题。”[①] 在土地流转实践中如何有效防止耕地“非农化”：第一，严格管控城镇化建设用地；第二，鼓励农民签订书面正式流转合同，通过合同约束“非农化”；第三，防止农民私下转让土地。

3. 培育新型农业发展主体

土地流转的目的是改造传统农业，让农民获得财产性收益，优化配置土地资源，发展适度规模的集约化高效农业，提高农业生产绩效。而当下××村种地的大多数是只耕种人均 1 亩左右土地的留守妇

① 《新华时评：严防工商资本下乡的“负效应”》，http://www.gov.cn/zhengce/2015-05/28/content_2870108.htm。

女和老人，完全不适应发展适度规模化、集约化的高效农业。因此，必需培育新型职业农民，培育种养大户、家庭农场、农民专业合作社、龙头企业等新型经营主体，解决高效农业“谁来种地”的问题。培育以家庭成员为主要劳动力的家庭农场，引导农民以承包地入股组建土地股份合作组织，鼓励发展多种形式的农民合作组织，同时鼓励农户通过共同使用农机农具、开展联合营销等方式发展联户经营；鼓励农业产业化龙头企业等涉农企业重点从事农产品加工流通和农业社会化服务，带动农户和农民合作社发展规模经营。

4. 积极培育地方特色农业产业

积极探索土地入股、股份合作等多种土地流转形式，加速土地流转进程。引导农民集中连片租赁土地，发展具有地方特色的产业化农业，提高土地的利用率；结合当地自然文化环境和现代农业发展的趋势，组建农民专业合作社、壮大龙头企业等参与土地流转，发展特色农业产业化；引导农民专业合作社积极探索土地入股、股份合作等形式投资入股，加速农村土地流转，进一步提高土地的利用率。

5. 建立健全土地流转机构

建立健全乡、村土地流转工作机构和农村土地承包合同仲裁机构。规范土地流转合同，引导农户之间签订土地流转书面合同，并在经营权证上进行标注，减少土地流转过程中矛盾纠纷的发生。切实加强土地流转工作的组织领导和协调服务，及时研究解决土地承包、土地流转工作中出现的各种矛盾纠纷和困难问题。加快发展农村土地流转中介组织，建立农村土地流转市场，推动土地经营权合理有序流转。加强对土地承包和流转工作的监督管理工作，对全县各乡镇土地流转档案等进行督察，促进土地流转合法化，走上规范化的道路。

6. 加大土地流转和确权政策的宣传力度

加大对土地流转政策的宣传力度，通过电视广播、召开会议、悬挂横幅、张贴标语、办黑板报、发放“致农民朋友们的一封信”等多种形式开展《农村土地承包法》、《农村土地承包经营权证管理办法》、《农村土地承包经营权流转管理办法》、《甘肃省农村土地承包经营权确权登记颁证工作方案》、《关于引导农村土地经营权有序流转发展农业适度规模经营的实施意见》等法律法规和土地确权登记相关政策的宣传，使广大农民群众系统地了解土地承包相关政策，了解土地确权登记工作，提高广大群众的法律意识，使农户按照法律法规进行合理流转，为全面顺利地开展确权登记工作奠定了良好的基础。对于参与土地确权工作的干部则要专门组织学习会、讨论会和动员会，使每个参与者透彻认识土地确权登记颁证工作的目的、意义、工作步骤、方法、原则等内容，以便在工作过程中及时解答农民的疑问，同时消除工作人员各种顾虑和消极情绪。

7. 完善土地抵押融资渠道

2015 年 8 月，国务院出台《关于开展农村承包土地的经营权和农民住房财产权抵押贷款试点的指导意见》指出：以落实农村土地的用益物权、赋予农民更多财产权利为出发点，深化农村金融改革创新，稳妥有序开展农村承包土地（指耕地）的经营权抵押贷款业务①。以此为契机完善土地经营权评估制度，成立土地经营权评估机构为土地经营权评估价值，建立农村土地经营权流转信息平台和交易市场，促进农村闲置土地向土地流转种养大户、家庭农场等新型农业经营主体转移，同时也为金融机构迅速处置抵押品提供便利，解除金融机构土地经营权很难变现的忧虑。鼓励涉农金融机构大胆探索将土地经营权抵押贷款纳入统一信贷操作管理框架，针对农业生产资金投入大、回报周期长的特点，开发特色信贷产品。通过设立政府主导的农村土地承包经营权抵押贷款风险保障基金和鼓励保险公司开办农村

① 《国务院关于开展农村承包土地的经营权和农民住房财产权抵押贷款试点的指导意见》，http：//www. gov. cn/zhengce/content/2015 – 08/24/content_ 10121. htm。

土地承包经营权抵押贷款保险业务等方式降低农村土地承包经营权抵押贷款的信贷风险。

8. 挖掘“活档案”，化解确权纠纷

农村是熟人社会，特别是每块土地的面积和四至等信息都是公开的秘密。前面提到的土地确权中的历史遗留问题和四至不清的问题只要找到那个年代的“活档案”——知情人就不难解决了。能解决问题的合适“活档案”为数不少，但是在农村这个熟人社会中，愿意出面作证的“活档案”不好找。所以要细致耐心地做工作，仔细挖掘出“活档案”的信息，解决难题。

B.12

农村人口现状与问题调查

郑　苗*

摘　要：通过对××村人口现状的调研，发现××村人口自然结构和人口社会结构存在老龄化、女性多于男性、整体教育水平低等特征，研究人口结构的现状所引起的留守儿童的教育及抚养、留守妇女生活及劳动、留守老人生活、农业发展等问题，有针对性地提出了解决留守儿童、留守妇女问题和完善社会保障等方面的建议和对策。

关键词：农村人口　留守人群　调查报告

2015年7月，课题组对清水县××村进行了农村人口现状问题调查。××村位于清水县北部、王河乡东部，距乡政府约5公里，全村海拔1200~1650米。××村下设4个自然村、4个村民小组，全村136户，总人口654人。目前，有困难户45户，共计181人，人均纯收入2352元。非贫困户91户473人，人均纯收入3962元。全村劳动力人口345人，外出务工人口137人，留守人口共423人。全村住房以砖木为主，其中砖木结构住房111户，土木结构住房21户，年久失修3户。

---

* 郑苗，甘肃省社会科学院哲学社会学研究所助理研究员，研究方向为伦理学。

一　农村人口现状

（一）老年人口比重逐年上升，人口老龄化日益加剧

从计划生育政策实施到现在，××村出生率不断下降，每年新增的人口越来越少，老年人口的比例明显上升，占到了总人口的6%。由于农村劳动力外流，1998年，××村常住人口出现老龄化趋势，老年人口在总人口中的比例达到1/7，到2014年，老龄化问题进一步明显，其比例达到了30%。从2008年开始，××村养老问题日渐尖锐，老年人口的抚养比呈现上升的趋势，相对于前十年增长了10个百分点，截至2014年底，××村老年人口的抚养比与2008年相比又上升了10个百分点，且对应单个老年人的劳动适龄人口有所下降，由2.3下降到2。

（二）农村人口性别比下降，外出人口性别比升高

1998年，××村男性劳动力人口开始大量外出，村里常住人口性别比从1988年的110.2∶100下降至109.2∶100，农村外出务工人口的性别比为110.3∶100。2008年开始部分外出务工人员开始携带妻子或举家外出，男性劳动力的输出占较大比重。常住农村人口性别比急剧下降至94.5∶100，外出务工人口的性别比则上升至124.6∶100。截至2015年，农村人口性别比降至88.1∶100，而外出务工人口的性别比达到了134.2∶100。

（三）教育水平整体不高，但程度不断提高

1988年，××村共有人口645人，其中75.12%的农民没有上过学，甚至连扫盲班也没上过。18.32%的农民只有小学学历，仅有

4.54%的人上到初中。全村只有13人上过高中（中专），没有人上过大专。

1998年，××村的总人口为516人，其中，完全不识字或只识少量字的占65.13%，小学教育程度的占24.12%，初中以上学历的占8.12%，受过高中（中专）教育的人数仅仅占2.12%，而能继续坚持读到大专的只有0.51%。

2015年，××村常住人口共有423人。没接受过任何教育的占39.02%，46.87%的人接受过小学教育，8.52%的人有机会读完初中，2.95%的人具有高中（中专）学历，而只有2.64%的人能够接受大专及以上教育。

虽然农村常住人口不断减少，但是受教育程度却不断提高，文盲越来越少，小学以下水平的比率逐年下降，而接受初中、高中教育的人数在不断增加。从所有层次受教育程度上看，受过小学教育的增长率较高。从数据中不难看出，该村受教育程度有所增加，但是还停留在低层次上，受过较高层次教育的人数是远远不够的。

二　××村的人口结构与特征

（一）人口自然结构特征

1. 人口年龄特征

（1）人口年龄结构现状。截至2015年，××村常住人口共有423人。其中，0~14岁人口98人，占总人口的23.17%，15~64岁人口208人，占总人口的49.17%，65岁及以上人口117人，占总人口的27.66%。全村劳动力（年龄满15岁以上）人口中，15~19岁为第一个高峰，共有45人，峰值为13.4；35~39岁为第二个高峰，共有39人，峰值为7.5；第三个高峰在45~49岁，峰值为9，人数为42人。第一个低谷在30~34岁，谷值为0.3，人数为1人。第二个低谷在40~44岁，谷值为2.1，人数为6人。第三个低谷在50~55岁，谷值为2.6，人数为7人。65~69岁人口最多，为45人，占总人数的10.64%，出现了老年人口的最高值，其次是70~74岁年龄组，为13人，占总人数的3.07%，80~84岁年龄组，为12人，占总人数的2.84%。

（2）人口年龄结构特征。××村所在乡的人口总数为17845人，其中0~14岁为5137人，占总人数的28.79%，15~64岁为10289人，占总人数的57.66%，65岁及以上人口为2419人，占总人数的13.56%。××村的人口比例不均衡，一个人要抚养的对象多于附近其他村村民抚养的比率。所以说××村的人口负担重，成年人的压力大，社会人口负担系数超过正常水平。从表1还可以看出，××村的少儿人口抚养比和老年人口抚养比都呈偏高的状态，并且老年人口的抚养比要高出半数以上。

表1　××村及其所在乡人口抚养比的分布状况

单位：%

地区	人口总抚养比	少儿人口抚养比	老年人口抚养比
××村	104.5	52	52.5
××村所在乡	69.1	49	20.1

2.人口性别结构特征

截至2015年，××村的常住人口为423人，其中男性人数为194人，占总人口的45.86%。女性人数为229人，占总人口的54.14%，人口性别比为84.8∶100。

人口年龄结构分成三个阶段，少儿人口（0~14岁）、劳动力人口（15~64岁）、老年人口（65岁及以上）。少儿组的人口性别比在

6~10 岁出现了一个高峰期，且峰值为 122.1。而成年人口的性别比波动比较大，从 15~19 岁至 25~28 岁，人口性别比呈现下降的趋势，并且在 15~19 岁的人口性别比出现高峰期，峰值为 174.8。在 25~29 岁、30~35 岁出现了两个低谷，并且谷值都为 0。从 30~35 岁年龄段开始呈现比较平缓的波动趋势。在这一阶段人口性别比出现了一个高峰期和两个低谷期，60~64 岁年龄段是高峰期，峰值为 107.5。40~46岁、50~55 岁这两个年龄段人口性别比的低谷期谷值分别为 17.5 和 15.3。

总体来看，少儿人口的性别比高于 100，说明男性少儿人口的年龄分布范围大于女性，而成年人口的性别比低于 100，这表明女性劳动适龄人口的年龄分布范围要比男性劳动适龄人口大。老年人口的性别比都低于 100，女性老年人口的年龄分布范围要大于男性。

（二）人口社会结构特征

1. 人口家庭结构特征

截至 2015 年，××村农村的常住人口家庭户总数为 136 户，其中一人户为 28 户，占总数的 20.59%；两人户有 58 户，占总户数的 42.65%；三人户共有 30 户，占 22.06%；四人户为 15 户，占总数的 11.03%；人口数是 5 人及以上的家庭有 5 户，仅仅占 3.68%。两人户的比重最大，其次为三人户，家庭户规模越来越小型化，表明农村的常住人口家庭户已经是二人户家庭占主流，实际家庭户规模缩小，基本偏离传统的家庭模式。

基于现状，根据现有的家庭人群进行分类，可以归类为：留守老人户、留守儿童户、留守妇女户、妇女—老人户、妇女—儿童户、老人—儿童户。截至 2014 年，人口家庭户共 136 户，其中留守老人户为 45 户，占总家庭户的 33.09%；留守儿童家庭户为 31 户，占总家庭户的 22.79%；留守妇女为 4 户，占总家庭户的 2.94%；妇女—儿童为10户，占总家庭户的7.35%；老人—儿童为32户，占总家庭户的23.53%；妇女—老人户为14户，占总家庭户的10.29%。可以看出，留守老人、留守儿童、老人—儿童户所占的比重最大，且大多数都是留守老人，这反映出××村家庭户类型趋向老人户家庭发展，留守老人的养老问题应该引起高度关注。

2. 人口教育结构特征

截至2015年，××村的常住人口共423人。其中完全不识字或只识少量字的有165人，占总人口的39.01%；小学教育程度的人数为198人，占总人口的46.81%；初中教育程度的人数有36人，占8.51%；受教育程度为高中或中专的人数为13人，仅占3.07%；大专及以上的人数为11人，占2.60%。分年龄段来看，不识字或者只识很少字的人口基本集中在0~4岁、10~14岁、55~59岁、80~84岁年龄段，后两组的分布范围大于前者，并且在后两组年龄段中，不识字或只识很少字的人口主要集中在65~69岁，占比重为18.82%，其次是占比重为15.23%的80~84岁年龄组，因此可以看出，不识字或只识很少字的人口主要以老年人为主。

受教育程度为小学的人口主要分布在5~9岁、10~14岁、35~39岁、65~69岁这四个年龄段，后两组的分布范围要大于前两组，且主要集中在35~39岁，占52.40%；其次是65~69岁，占28.59%；再次是10~14岁，占19.01%；中年、老年人大部分都是只接受过小学教育，在小学教育文化成员中占绝大部分。表明受教育程度为小学的人口主要是中、老年人。

受教育程度为高中或中专的人口基本分布在15~19岁、20~24岁、35~39岁这三个年龄段，且主要分布在前两个年龄段，其中，15~19岁年龄段所占的比重最大，占88.20%，其次为20~24岁年龄段，占比重为8.20%，由此表明，青少年是受教育程度为高中或中专的主要人群。

受教育程度是大专及以上人口中，基本分布在20～24岁和25～29岁这个范围，且在这之间所占比重最大的年龄段是25～29岁，比重为62.10%，其次是20～24岁年龄段，比重为37.9%。由此可见，受教育程度是大专及大专以上的人口主要是青少年。

据统计，××村不识字或只识很少字的人口数为165人，其中男性有63人，占比为38.19%，女性人数为102，占比为61.81%。198人接受过小学教育，其中男性89人，占44.95%；女性109人，占55.05%。36人达到初中教育程度，其中24名男性，占66.67%，12名女性，占33.33%。高中学历13名，其中男性9名，占69.23%，女性4名，占30.77%。大专及以上学历有11名，其中男性3名，占比27.27%，女性8名，占比72.73%。通过数据可以看出，不识字或只识很少字的人群主要是女性，而受教育程度为初中或高中的人口主要是男性。

以上调查数据显示，农村人口现状具有如下特点。

（1）农村人口流动性大，呈现季节性流动状态。我国的人口流动一直受制于户籍制度，因此，农民在外出务工时由于具有农村户口的身份，很难享受到城市居民的待遇，大部分外出务工的农民就像候鸟一样，经常往返于城市和农村之间，这种往返一般呈现季节性特征。

（2）农村基础设施落后，很难满足现在村民的需求。农村的道路以土路为主，大都坑洼不平，狭窄曲折，交通不便成为制约农村发展的因素之一。除此之外，发展明显落后的几个方面还包括教育、医疗，以及缺乏相应的娱乐设施、活动场所等。

（3）外出学习和进城务工直接减少了农村青壮年劳动力。经济发展、交流便利、城里发展机会大等因素使更多的青年涌向城市，而青年人外出学习及务工也直接影响到农村人口结构的变化。但是两者主要的影响人群存在一定的差别，比如年龄在25岁以下的，大部分都是受到求学因素的影响。××村非长期居住人口信息的统计数据显示，全村一共有180人的户口已经迁出或者常年在外居住，使农村的人口快速下降。

三 存在的问题

（一）留守儿童的抚养和教育问题

首先，农村老人的文化程度普遍偏低，没有能力来教育孩子，老人仅限于满足孩子的温饱。其次，祖孙之间年龄差距较大，代沟明显，加之日常生活缺乏相应的交流，孩子难免会出现叛逆或者自卑等心理。很多留守儿童，由于缺乏父母的亲身教育，从小就染上不少恶习，比如吸烟、喝酒、偷东西等。大部分父母由于常年在外务工，很难有机会与孩子相处，在愧疚心理之下，往往采用给付金钱等不合理的方式来弥补孩子，这种以金钱为补偿的手段，不仅不会使孩子体谅父母的难处，甚至有可能造成孩子随意花钱，利用父母的血汗钱任意吃喝。留守儿童没有亲情安抚，易出现焦虑紧张等情绪，严重影响了孩子的人际交往等能力。留守儿童的年龄都很小，这个时段是他们身体发展和心理发展的重要时期，自身机体指标的变化，以及内心方面、学业等的压力也会给该时期的中小学生带来很多烦恼，如果该时期不能有效及时地解决一系列问题，中小学生的身心健康将受到不利影响。

（二）留守妇女存在的问题

××村人口性别比调查数据显示，农村人口性别比下降，外出人口的性别比上升，而成年人口的性别比低于100，这表明女性劳动适龄人口比男性劳动适龄人口大。这就意味着，整个家庭的劳动重任主要由女性来负担。正是由于男性的外出，整个家庭的生活结构发生变化。一是生活压力大。丈夫外出了，妇女不仅要照看孩子、抚养老人，还要到田间生产，所有的生活重压都落在农村妇女一人身上，她们难免会身心疲惫。二是心理压力大。留守妇女随着生活压力的加大，心理问题越来越严重。主要表现在烦恼、焦虑、抑郁等不良情绪。由于她们文化水平低，很难寻找到释放压力的途径。三是精神生活单一。农村娱乐设施、活动场所稀少，农村留守妇女娱乐的方式一般仅限于看电视或者与其他村民聊家长里短。

（三）留守老人的养老困境

农村老人基本已经失去了劳动能力，一般生活主要来源于子女的供给，如果子女生活拮据不能对其进行供养，那么农村老人的生活将失去保障。随着经济等竞争压力的加大，年轻人外出打工很难得到稳定的生活，更不可能拿出更多的经济收入来贴补老人。农村留守老人主要的问题是生活条件、生活质量差，没有经济基础，更没有未来生活的保障。随着年龄的增大，老人身体状况每况愈下，身体状况特别差的老人，还需要子女来帮扶，如果子女不在身边，生活缺乏照料，孤苦无依，不仅身体受一定的影响，心理上也会受到影响，失去生活的动力。除此之外，年事较高的老人，往往发病具有突发性，如果身边没有人，突发疾病，无人知晓，很容易造成悲剧。农村老人对物质并没有过高的追求，平淡安稳的生活尽管是老人的所求，但是长期的孤独生活，难免给老人造成一定的抑郁情绪。

（四）农业发展困难重重

××村人口性别结构特征数据显示，总体上女性多于男性，并且劳动人口主要为女性。一是文化程度低，难以应用农业生产新技术，农业的生产效率低。二是受家庭劳务、照料老人和小孩等的牵制，农村留守妇女接受农业培训的机会较少，且接受能力差，不利于农业技术的推广和管理水平的提高。三是留守妇女肩负着多重角色，他们无法把精力全部放在农业生产上，这不利于农业生产的专业化发展。

四 对策与建议

（一）进一步关注留守儿童抚养教育问题

加快户籍制度改革，使农村人口获得同当地人口一样的待遇（权利和社会地位）。国家应制定相应的优惠政策，多方面采取措施，多管齐下促进农村人口尽快融入城市生活。只有多方面努力，留守儿童进入城市，才可以获得父母的陪伴，有机会接受良好的学校教育，从而减少留守儿童不良行为的发生。应大力提倡城市学校降低接受门槛，接纳农民工子女。要逐步打破医疗、教育等多方面的壁垒，只有多方面对留守儿童的权益进行保障，才能真正解决留守儿童的根本问题。要在农村学校建立学生宿舍，解决农村留守儿童上学路途远、没地方住的问题，同时要进一步加大对农村教学设施的投入力度，使更多的留守儿童能够接受更好的教育，在一定程度上可以解决他们心理方面的问题。

（二）更多地关注留守妇女问题

一是加快农业机械化进程，改造落后的农业生产条件，提高农业生产的机械化率，减轻留守妇女在劳动中的压力。二是建立完善的妇女权益保护机制，进一步保护妇女的合法权益。加强教育宣传，积极组织专家和教授到农村去授课，提高农村妇女儿童的法律知识和意识，及时提供心理辅导，疏通妇女儿童的心理障碍，降低其心理压力，全方位、多角度地维护妇女的合法权利。三是不断提高农村医疗水平，做好农村留守妇女保健工作。妇联组织和卫生医疗部门应加大对农村医疗机构的扶持力度，通过送药送医、免费体检等活动提高农村的医疗水平，并且通过这些活动积极宣传医疗保健知识，提升农村人口的健康知识水平，帮助他们拥有一个健康的体魄。四是妇联组织要充分认识到妇女在农村经济发展中的重要作用和地位，根据当地的特点和妇女的需求，因地制宜地开展多种形式和不同层次的知识技能培训。加强对农村妇女小额信贷的培训，扩大贷款种类，放宽贷款期限，加强农村信用环境建设，不断完善妇女信用评价制度，真正帮助广大农村妇女脱贫致富。

（三）完善农村社会保障制度

一是政府要扩大低保的覆盖范围，完善监管机制。落实困难户留守老人养老补助政策，凡是符合条件的老人都要纳入政策保障范围，严格监督政策落实，完善监督机制，并且逐步提高农村低保标准。二是完善农村合作医疗制度。扩大新农合定点医院的规模，改进医疗卫生设备，提高服务水平，充实医疗人才。三是加大农村基本生活保障投入力度，关注农村老人精神需求。成立农村老年人协会，规划老人活动区域，为老人准备相关文化活动，为他们提供一个满足精神需求的平台。四是加强教育宣传，提高农村尊老爱幼的社会意识，积极培养树立尊老爱幼的传统美德，强化年轻人尊老养老的责任义务感，树立典型、积极宣传，将农村养老尊老爱老的社会氛围营造出来。

B.13

农村特困人群生存现状调查*

张彦珍　王建兵**

摘　要：甘肃特困人群生存的自然环境脆弱，但生存的社会环境发生了很大改变，政府扶贫力度逐年加大，普惠型社会保障政策贯彻实施，特困人群的收入来源多样化，但低保收入仍然是其主要的收入来源之一，特困人群的生活质量有了很大提高，在收入提高的同时，特困人群的欠债规模也有所扩大，结婚、盖房成了其致贫新的因素。特困人群的社会支持高于非贫困人群，生存负担，尤其是生活负担和精神负担重于非贫困人群，对生活的满意度和幸福感低于非贫困人群，对收入和更好的医疗保障比非贫困人群有更加迫切的需求。保证扶贫公平与透明，排除在扶贫过程中乡镇干部、村干部的人为因素干扰，在特困人群身上投入更多的发展和生活资金是今后改善农村特困人群生存现状的主要发展方向。

关键词：生存环境　生活质量　社会支持网　生存负担　生存效果　生存诉求

---

* 该报告受国家社会科学基金项目“民族地区特困人群生存现状的调研与研究”（14XSH016）的资助。

** 张彦珍，甘肃省社会科学院农村发展研究所助理研究员。王建兵，甘肃省社会科学院农村发展研究所所长、研究员。

S村位于东乡县中部干旱山区，属两山夹一沟的地形特征，全村为东乡族山村，辖8个社，参差分布于两山缓坡地带，距离临夏市10公里，距离县城东北16公里，离乡镇政府驻地2.5公里，2013年沟中修通公路，村民州县之间往来便利。总户数271户1356人，劳动力678人。耕地总面积1246.3亩，人均0.9亩。农业生产以种植业和养殖业为主，主要种植玉米和洋芋，养殖业以养羊和养牛为主。2014年底，全村农民人均纯收入3340元，较上年增长9.87%，其中，农业收入占农民收入的10%，畜牧业收入占18%，转移性收入（低保补贴等）占35%，工资性收入占37%。

一　S村贫困状况及社会结构

（一）贫困因素及数量

S村特困人群问卷样本选取了44户贫困户和40户非贫困户，调查的内容涉及被访户的家庭、人口与就业、生产与生活、社会交往与政治参与、生活评价等方面的情况。被访者基本情况如表1所示。

表1　被访者基本情况构成

单位：%

项目	频数	比例
性别	—	—
男	59	70.2
女	25	29.8
调查户类别	—	—
贫困户	44	52.4
非贫困户	40	47.6

续表

项目	频数	比例
年龄	—	—
16~25岁	11	13.1
26~35岁	14	16.7
36~45岁	21	25.0
46~55岁	14	16.7
56岁及以上	24	28.6
婚姻状况	—	—
从未结婚	5	6.0
已婚有配偶	74	88.1
离婚再婚	1	1.2
丧偶未再婚	2	2.4
丧偶再婚	1	1.2
其他	1	1.2
教育程度	—	—
不识字	51	60.7
初小	3	3.6
小学	25	29.8
初中	5	6.0
职业类别	—	—
种植业	51	60.7
手工业	1	1.2
养殖业	3	3.6
做小生意	1	1.2
个体工商户	1	1.2
受雇于他人	7	8.3
劳务工	10	11.9
零工散工	2	2.4
在自家企业领工资	1	1.2
其他	6	7.1

续表

项目	频数	比例
人均收入	—	—
低于2800元	10	11.9
2800~4000元	11	13.1
4001~5000元	16	19.0
5001~6000元	7	8.3
6000元以上	40	47.6
合　计	84	100.0

从调查看，没有致富技术和致富途径是主要的原因，占61.54%，农民发展种植、养殖业，依靠的是传统经验，加之缺少专业的技术指导，导致农户的经济收益较低。其次是因病、缺劳动力致贫，分别占30.77%、23.08%。在S村，娶媳妇成为另一致贫原因。由于较高的彩礼（7万~10万元、30~50克黄金不等），一个本来有着几万元存款的家庭马上又陷于贫困，家庭负债增加（见表2）。

表2　被调查贫困农户致贫原因分析

单位：%，人

致贫原因	样本	比重
因病	16	30.77
因学	2	3.85
因灾	2	3.85
缺技能	32	61.54
缺劳动力	12	23.08
缺耕地	2	3.85
娶媳妇	4	7.69

资料来源：问卷调查统计。

从本课题组调查的负债情况来看，84 名被访者中有 66 人欠债，占 78.57%。欠债最少的 4000 元，最多的 16 万元，欠债年限最短的不到一年，最长的有 10 年，平均欠债 2.55 年，欠债对象主要是银行，主要与大规模发放惠农贷款和小额妇女贷款有关，66 户中有 33 户有银行贷款；其次是亲戚，有 28 户有亲戚贷款，有的被访者欠款对象不仅有银行，还有亲戚。从欠债原因来看，主要有生病、盖房、做生意（买牛羊）、结婚等单一或复合因素，这些也成为 S 村家庭陷入贫困的几大诱因。66 人中，认为自己有还款能力的有 45 人，占 68.18%。而没有还款能力的超过 30%（见表 3）。

表 3　被调查贫困农户欠债原因分析

单位：%，人

欠债原因	样本	比重
生病	18	27.3
盖房	19	28.8
做生意(买牛羊)	11	16.7
结婚	9	13.6
生病 + 盖房	4	6.1
生病 + 做生意	2	3.0
盖房 + 做生意	2	3.0
盖房 + 结婚	1	1.5
合　计	66	100.0

资料来源：问卷调查统计。

（二）社会分层

从性别分层来看，女性少于男性，2014 年全村女性人口 654 人，男女性别比为 1.07。

从文化程度来看，全村人口 75% 以上为文盲，通过脱盲培训班，其中90%为半文盲。小学文化程度占20%，初中文化程度占2%~3%，高中文化程度2014年有1个、2015年有2个，中专在校生1个。

从住户来看，常住户200户，全家外出“锁门户”70多户。

从是否享受低保来看，全村纳入农村最低生活保障238户，其中部分失地农民170户，享受国家政策性保障。享受低保人口1160人，享受五保3户3人，孤儿5人，残疾人20人。

从是否外出打工来看，常年外出务工250户，500人左右，纯种地户15户100人。

从是否贫困来看，现有贫困户71户356人，84人实现脱贫，贫困面由2013年的56%下降到2014年的43%，下降13个百分点。

从职业构成来看，S村主要有这样几个职业群体：第一，从事商业企业经营活动人员，这个群体头脑灵活，能敏锐感知市场变化，利用民族饮食特色，多从事民族餐饮、牛羊规模养殖等行业，他们一般收入较高，大部分属于村中的富裕户，这部分人中从事餐饮的基本全家外出，不在村中居住。第二，一般打工人员，全村250户每户至少有一人打工，他们一般在建筑和餐饮行业打工，以中青年为主，他们所在家庭收入一般处于村中的中等水平，属于村中的中等户。第三，务农人员，在村中务农的人员一般是村中的年长者，妇女以中年妇女为主，主要从事种植业和养殖业。由于土地有限，种植业的收入很低，仅有几户家庭从事规模种植，但规模很小，20亩左右。他们的家庭有打工收入的属于村中的中等户，纯务农且种植养殖规模很小的家庭在村中属于中等偏下。第四，老弱病残人员，他们所在家庭没有外出打工者，他们失去正常的劳动能力，收入来源少，属于村中的低收入群体，是村中真正的贫困户。

（三）社会流动

S村的社会流动从地点来看主要流入西宁、兰州、临夏和东乡县城，从行业来看主要流入建筑业、餐饮业和交通运输业。居住地也从本地本村流入临夏、兰州和东乡县，由于交通条件的改善，S村凸显出交通优势，一部分人员外出务工采用早出晚归的方式，甚至做礼拜都改成周末去临夏大清真寺。

（四）对贫困的认识变迁

过去S村的贫困是全面的贫困，不仅收入低，吃不饱饭，饮食品种少，更有他们自己总结的S村六难。一是饮水难，用驴子驮水吃；二是行路难，看一脚黄泥就是S村人；三是住房难，住的是土坯窑洞；四是教育难，全乡只有一所学校；五是就医难，难看病，难买药；六是吃饭难，穷的吃不饱肚子。现在S村人说的贫困，说的某家穷，变成为家庭现金收入少，可支配资金不多，温饱问题已基本解决，对贫困的认识从吃不饱到吃不好，从吃穿住行满足不了到家庭发展资金和机会少。

二　S村所在地区贫困状况

（一）地区贫困广度

S村所在县为国列省扶重点贫困县，全县2010～2014年贫困人口收入增幅保持在13%～17%，不论是人均纯收入还是年增长率与全省、全州差距都很大。该县正常年景返贫率在15%左右，灾害年景高达30%。贫困面随着每年贫困标准的不同而有所变化，2014年贫困面比2013年下降9.6个百分点。2011年至2014年底，累计实现7.66万贫困人口稳定脱贫。截至2014年底，该县有贫困村115个，占全县行政村的50.2%，贫困户1.65万户，贫困人口8.25万人，贫困面达29.14%（见表4）。

表4　2010～2014 年东乡县贫困人口及收入变化

年份	2010	2011	2012	2013	2014
贫困人口(万人)	8.66	15.91	13.97	10.92	8.25
国家贫困标准线(元)	1196	2300	2300	2736	2800
贫困人口收入(元)	1814	2062	2413	2755	3130
贫困面(%)	31.68	58.2	49.77	38.74	29.14
S 村人均纯收入(元)	1760	1980	2300	2980	3340
S 村贫困面(%)	60	55	50	40	33

资料来源：东乡县扶贫办、S 村村委。

（二）地区反贫困状况

1. 投入专项扶贫资金逐年增多

2014 年投入的专项扶贫资金是 2010 年的 2.73 倍，危房改造补助资金是 2010 年的 1.05 倍（见表 5）。

表5　2010～2014 年东乡县扶贫资金

年份	2010	2011	2012	2013	2014
专项扶贫资金(万元)	5021	6138	7967	9295	13687
搬迁安置户数(户)	160	87	232	183	519
农村危房改造(户)	3559	5450	6636	3634	2711
危房改造补助资金(万元)	2904.5	4440	7552.5	4371	3055

资料来源：东乡县财政局、住建局。

2. 金融扶贫增速迅猛

2014 年各项贷款 200697 万元，是 2010 年的 6.04 倍。农户贷款和农村企业贷款皆增势迅猛（见表 6）。

表 6　东乡县金融机构涉农贷款统计

单位：万元

年份	2010	2011	2012	2013	2014
各项贷款	33221	51079	78425	106389	200697
涉农贷款	26801	41555	54457	81484	157679
农林牧副渔	23912	34333	50006	73617	122663
农户贷款	22772	36893	50375	73774	122761
农村企业贷款	3001	4651	4094	7710	34917
不良贷款	8447	8183	6926	6780	7862

资料来源：东乡县金融办。

3. 村级扶贫资金互助组织覆盖贫困村的比例

2010～2014 年东乡县已筹建互助社 173 个，社员入社 19260 户，筹集互助金 12945.9 万元，其中贫困村 68 个，占贫困村总数的 59.1%。2015 年计划筹建 3 个。

4. 就业扶持规模呈扩大态势

2010～2014 年共培训 4042 人，其中就业技能培训 3540 人，创业培训 502 人，发放小额担保贷款 12459 万元，累计扶持 17152 人成功创业，带动就业和吸纳就业 11703 人（见表 7）。

表 7　东乡县就业、创业统计

年份	2010	2011	2012	2013	2014
培训(人)	700	750	820	850	922
就业技能培训(人)	600	650	720	750	820
创业培训(人)	100	100	100	100	102
小额担保贷款(万元)	420	8151	149	215	3524
创业扶持(人)	336	12852	268	172	3524
带动就业(人)	220	9523	186	115	1659

资料来源：东乡县人力资源和社会保障局。

三　S村特困人群生存现状

（一）特困人群的生存环境

1. 特困人群的自然生存环境

S村位于东乡县中部干旱山区，属于布楞沟流域特困片区，是东乡县最贫困、最干旱的山区村之一。境内群山起伏，沟壑纵横，植被稀疏，十年九旱，两山夹一沟为其地貌特点，村社农地散落分布在山坡和沟中，山洪灾害频繁，群众生产活动条件极其艰苦。气候干燥、冬长夏短，年日照时数2500小时，年降水量340毫米，年蒸发量1387毫米，无霜期170天。

2. 特困人群的社会生存环境

全村耕地1246亩全部是山地，2013年沟里通公路，电力、饮水、通信全覆盖。

第一，基础建设方面，硬化村社道路7条12公里，新建便民桥4座、涵洞1处、过水面1处，极大地改善了群众通行条件；埋设自来水管道11公里，有效解决了群众吃水难问题；完成危旧房改造116户；修建沼气池91座、卫改厕91座。同时，新建成了集村办公场所、文化室、卫生室、金融代办点、村民活动广场、警务室“六位一体”的村办公场所。

第二，社会事业方面，新建了标准化的毛沟小学，配齐了电脑，体育、音乐、美术等教学设备，协调兰州天恒房地产公司成立了毛沟村天恒教育基金，对全村的适龄儿童和学校的优秀教师每年进行表彰奖励，目前全村适龄儿童72名，入学率100%。建成了村级卫生室，方便了群众就近看病，医保报销额度达75%以上。

第三，民族信仰方面，S村全部是东乡族，全民信仰伊斯兰教，全村8个社，建有8座清真寺，各寺都有阿訇。

第四，富民产业方面，大力发展旱作农业，发放良种，每年推广种植全膜双垄沟播玉米1000亩以上。结合流域综合开发，修建暖棚圈舍271座，发放良种羊1084只，种植紫花苜蓿490亩。引导扶持建成了三家千只以上规模养殖场，建成农家乐5家。推广种植啤特果、山杏、花椒、薄皮核桃等经济林379亩。

第五，生态建设方面，实施了农业综合开发项目，开挖农机路8公里，埋设上水管道35公里，栽植油松、速生柳、白榆等生态林4721亩，建成绿色通道5.3公里。

第六，村容村貌整治方面，实施了农村环境综合治理项目，对187户农户21204平方米院墙墙面用浅驼色、起脚线用铁红色乳胶漆进行了刷新，安装垃圾桶80个、垃圾斗2个，制作宣传牌3面，制定了村规民约，集中开展废旧膜白色污染整治，有效治理了脏、乱、差的现象。

第七，科技推广方面，联系联村单位，协调甘肃农业大学、甘肃省中医院在村组织开展农业实用技术培训，开展了免费义诊活动，举办了畜牧养殖、科学种植等培训班，培训达500人次，选配10名有文化的青壮年赴福建省榕中村进行了培训学习。

第八，社会组织与扶贫，全村有养殖合作社、养殖协会和互助社，村级产业发展互助社，入社费每户1000元，户均发放金额为5000~10000元，目前已发放互助金17.5万元，仅占基金总额的6%，政府扶贫方面的投入有85%的农户都受益，2012年下拨400多万元的金融扶贫资金，主要为双联惠农贷款和妇女小额贷款，户均2万~3万元不等，社会扶贫资金200万元，2012年异地搬迁57户，户均补助5.3万元。2014年开始培训新型职业农民300人，进行了养殖、牛肉面制作等方面的培训，劳务输出700多人次。

（二）特困人群的家庭规模与结构

1. 家庭规模

在被访的84个有效家庭样本中，家庭总人口最少的为1人、最多的为9人，无论贫困家庭，还是非贫困家庭，大部分家庭的人口在5~6人。

从户均人口上看，贫困家庭户均人口5.55人，男性户均人口2.70人，从业人口户均2.93人，非贫困家庭户均人口5.58人，男性户均人口2.75人，从业人口户均2.73人。贫困家庭的家庭规模略小于非贫困家庭，而从业人口则略高于非贫困家庭。

2. 家庭结构

在被访家庭样本中，夫妻对数以2对为最多，有45户，占53.6%；其次为1对，有30户，占35.7%；其他情况仅占10.7%。而贫困和非贫困家庭相比较，2对夫妻家庭贫困户比例高于非贫困户，而1对夫妻家庭则是非贫困户高于贫困户。

在家庭代数中，以三代家庭最多，有54户，占64.29%；其次为二代家庭，有23户，从表8可以看出，贫困家庭三代家庭数明显高于非贫困家庭（见表8）。

家庭结构以主干家庭为主，有60户，占71.4%；贫困户的家庭类型多，联合家庭所占比例高，非贫困家庭中核心家庭与主干家庭比例高于贫困家庭（见表9）。

表8　家庭代数

单位：户

家庭代数	1	2	3	4	合计
贫困	1	10	31	2	44
非贫困	0	13	23	4	40
合　计	1	23	54	6	84

表9　家庭结构

单位：户，%

项目	核心家庭	隔代家庭	主干家庭	联合家庭	单身家庭	其他家庭	合计
贫困户	9	1	30	3	1	0	44
非贫困户	9	0	30	0	0	1	40
合　计	18	1	60	3	1	1	84
贫困户占比	20.5	2.3	68.2	6.8	2.3	0.0	100.0
非贫困户占比	22.5	0.0	75.0	0.0	0.0	2.5	100.0
合　计	21.4	1.2	71.4	3.6	1.2	1.2	100.0

3. 职业流动

S村的职业流动总的来说相对稳定。在81个有效被访者中，有一半以上的被访者（62人，76.54%）没有更换过工作；从贫困家庭类型来看，贫困家庭没换过工作的比例低于非贫困家庭，换过1次和少于7次的比例高于非贫困家庭，由此可见，贫困家庭被访者的职业流动性更强（见表10）。

表10　不同贫困类别被访者更换工作次数情况

单位：人，%

项目	贫困家庭	贫困家庭占比	非贫困家庭	非贫困家庭占比
没换过工作	30	69.8	32	84.2
换过1次	4	9.3	2	5.3
少于7次	8	18.6	3	7.9
多于7次	1	2.3	1	2.6
合　计	43	100.0	38	100.0

（三）特困人群的客观生活质量

居民客观生活质量包括收入、消费、健康、教育、居住、通信、社会保障等方面。

1. 承包、经营农业生产资料的情况

贫困家庭承包经营土地面积户均 6.60 亩，非贫困家庭户均 5.24 亩，非贫困家庭户间差异大于贫困家庭，两类家庭经营土地面积均超过 20 亩的，为其承包他人土地。S 村农业机械主要指兰驼三轮车和旋耕机，贫困家庭户均拥有量高于非贫困家庭，大型牲畜主要包括牛和羊，有少量的驴，非贫困家庭的户均拥有量高于贫困家庭，非贫困家庭的户间差异也略大于贫困家庭（见表 11）。

表 11　家庭承包、经营农业生产资料情况

项目	家庭经营土地面积(亩)		拥有农业机械(台)		拥有大型牲畜数(只)	
	贫困家庭	非贫困家庭	贫困家庭	非贫困家庭	贫困家庭	非贫困家庭
有效样本户数	44	40	44	40	44	40
最小值	1.0	0.0	0	0	0	0
最大值	21.7	25.0	3	2	27	2
户均	6.595	5.240	0.70	0.70	6.27	0.70
标准差	4.2965	4.8621	0.851	0.723	6.237	0.723
总数	290.2	209.6	31	28	27	28

2. 家庭收入构成

S 村收入构成主要由农业、牧业、非农业收入、社会保障、转移支付组成的其他收入。家庭经营性非农业收入所占比例较低，主要是打工的工资性收入，在所有收入中，非农业收入所占比例最高，而非贫困家庭非农业收入所占比重要高于贫困家庭，超过了 50%，其次是牧业收入，贫困家庭的牧业收入高于非贫困家庭，农业收入所占比重两类家庭相差不大，非贫困家庭的其他收入略高于贫困家庭。总的来看，贫困家庭的人均收入高于非贫困家庭的人均收入。贫困家庭的户均收入 42782 元，非贫困家庭的户均收入为 38964 元，高出非贫困家庭 3818 元（见表 12）。

表 12　家庭收入情况

单位：元，%

项目		农业收入	牧业收入	非农业收入	其他收入	家庭收入总和	人均收入
贫困家庭	样本户数	44	44	44	44	44	44
	最小值	0	0	0	200	3200	640
	最大值	99997	50000	99998	17000	220062	36677
	总和	290612	388400	881391	322005	1882408	348599
	均值	6604. 82	8827. 27	20031. 61	7318. 30	42782. 00	7922. 70
	标准差	14650. 313	10103. 565	28676. 348	3991. 425	39787. 363	6552. 899
	占比	15. 44	20. 63	46. 82	17. 11	100. 00	
非贫困家庭	样本户数	40	40	40	40	40	40
	最小值	0	0	0	900	2400	800
	最大值	44800	40000	140000	20440	152072	21725
	总和	240430	242200	797275	278672	1558577	278194
	均值	6010. 75	6055. 00	19931. 88	6966. 80	38964. 43	6954. 84
	总数	9017. 065	9017. 065	7387. 687	25834. 231	4527. 389	26552. 437
	占比	15. 43	15. 54	51. 15	17. 88	100. 00	
总计	样本户数	84	84	84	84	84	84
	最小值	0	0	0	200	2400	640
	最大值	99997	50000	140000	20440	220062	36677
	总和	531042	630600	1678666	600677	3440985	626793
	均值	6321. 93	7507. 14	19984. 12	7150. 92	40964. 11	7461. 82
	标准差	12226. 550	8970. 565	27196. 168	4232. 739	33986. 545	5595. 710
	占比	15. 43	18. 33	48. 78	17. 46	100. 00	

3. 家庭消费

无论贫困家庭，还是非贫困家庭，户均消费支出均超过了 4 万元，贫困家庭的户均消费支出低于非贫困家庭 8068 元，贫困家庭消费支出最多的前三个项目为修盖房屋、食品支出、自付医疗费；非贫困家庭消费支出最多的前三个项目为修盖房屋、食品支出、自付医疗费。在食品支出项目和自付医疗费项目上，贫困家庭高于非贫困家庭，而在修盖房屋项目上，非贫困家庭的支出比例高于贫困家庭（见表 13）。

表 13　贫困家庭消费状况

单位：元，%

消费支出项目	贫困家庭					非贫困家庭				
	样本	总和	均值	标准差	比例	样本	总和	均值	标准差	比例
食品	44	422900	9611. 36	8131. 627	23. 50	40	405500	10137. 50	8173. 462	20. 70
服装	44	84750	1926. 14	3333. 001	4. 71	40	63950	1598. 75	1742. 474	3. 26
保险费用	44	35118	798. 14	353. 406	1. 95	40	32290	807. 25	357. 656	1. 65
自付医疗费	44	401870	9133. 41	11623. 961	22. 33	40	319600	7990. 00	11815. 652	16. 32
修盖房屋	44	427000	9704. 55	21026. 649	23. 73	40	631000	15775. 00	56424. 893	32. 21
交通费用	44	41440	941. 82	1277. 482	2. 30	40	63160	1579. 00	3043. 041	3. 22
教育费用	44	10950	248. 86	850. 546	0. 61	40	16800	420. 00	1747. 555	0. 86
通信	44	35990	817. 95	643. 434	2. 00	40	43040	1076. 00	964. 901	2. 20
水费	44	5538	125. 86	. 905	0. 31	40	5034	125. 85	. 949	0. 26
电费	44	33270	756. 14	423. 794	1. 85	40	32550	813. 75	420. 882	1. 66
取暖费用	44	70205	1595. 57	750. 593	3. 90	40	90840	2271. 00	3035. 799	4. 64
家用电器	44	11170	253. 86	896. 599	0. 62	40	19508	487. 70	863. 748	1. 00
人情往来	44	153300	3484. 09	5344. 762	8. 52	40	125300	3132. 50	2576. 162	6. 40
宗教支出	44	66100	1502. 27	1447. 128	3. 67	40	110150	2753. 75	6229. 843	5. 62
合　计	44	1799601	40900. 02	25297. 793	100. 00	40	1958722	48968. 05	59046. 791	100. 00

4. 居住状况

住房条件包括面积和质量两个方面。住房面积方面，人均居住面积是一个重要指标。在这里，我们还增加了住房面积、庭院面积等反映住房数量的指标。

（1）住房和庭院面积

和非贫困户相比较，贫困户人均住房面积16.49平方米，人均庭院面积37.22平方米。人均住房面积大于非贫困户，人均庭院面积小于非贫困户（见表14）。

表14　样本户住房面积情况

单位：平方米

居住面积	家庭类型				总计	
	贫困户		非贫困户			
	住房面积	庭院面积	住房面积	庭院面积	住房面积	庭院面积
总户数	43	44	39	37	82	81
人均面积	16.49	37.22	14.95	40.74	15.76	38.83
中位值	12.00	16.25	13.71	28.57	13.33	25.00
总面积	709	1638	583	1507	1292	3145
最小值	4	0	1	0	1	0
最大值	121	200	33	300	121	300
标准差	17.879	44.651	6.272	50.869	13.594	47.320

（2）住房质量状况

①住房类型与结构。S村的房屋类型以独门独院的平房为主，97.7%的贫困户家庭为独门独院平房，2.3%的贫困户房屋类型是二层小楼，但所占比例低于非贫困家庭。从房屋结构来看，60%以上贫困家庭的房屋为土坯砖木结构，而只有52.6%的非贫困家庭房屋为土坯砖木结构。同时，非贫困家庭的砖石瓦木结构住房比例高于贫困家庭（见表15）。

②住房能源供应情况。S村所有家庭都有经常性供电，户户通了自来水，但院子里仍挖有水窖用于储存自来水，生活燃料非常多元化，多数家庭夏天烧柴草，冬天烧煤炭，相较于非贫困家庭生活燃料的多样化，贫困家庭的生活燃料较为单一。

③住房设施、装修情况。94%的家庭都有独立厨房，贫困户使用传统旱厕的比例高于非贫困户20多个百分点，没有浴室的比例高于非贫困户13.4个百分点，贫困家庭没有冷暖设备的占4.5%，房屋内部没有装修或只有简单装修的比例也高于非贫困家庭，是危房的比例高于非贫困户5.9个百分点（见表15）。

表15　住房统计

单位：%

项目		是否贫困户		合计
		贫困户	非贫困户	
房屋类型	普通平房	—	7.5	3.6
	独门独院平房	97.7	82.5	90.5
	二层小楼	2.3	5.0	3.6
	其他	—	2.5	1.2
房屋结构	土坯砖木结构	61.4	52.6	57.3
	砖石瓦木结构	34.1	42.1	37.8
	砖瓦混凝土结构	4.5	2.6	3.7
	框架混凝土结构	—	2.6	1.2
厨房	无	4.5	5.0	4.8
	合用	2.3	—	1.2
	独用	93.2	95.0	94.0
厕所	无	2.3	—	1.2
	传统旱厕	72.7	52.5	63.1
	改造旱厕	25.0	47.5	35.7
浴室	无	90.9	77.5	84.5
	合用	2.3	2.5	2.4
	独用	4.5	17.5	10.7
	双浴室	2.3	—	1.2
	三浴	—	2.5	1.2

续表

项目		是否贫困户		合计
		贫困户	非贫困户	
冷暖设备	无	4.5	—	2.4
	有冷无暖	6.8	2.6	4.8
	有暖无冷	75.0	84.6	79.5
	冷暖都有	13.6	12.8	13.3
内部装修	无	47.7	45.0	46.4
	简单装修	47.7	45.0	46.4
	中等装修	4.5	10.0	7.1
是否危房	是	15.9	10.0	13.1
	否	79.5	90.0	84.5
生活燃料	柴草	6.8	—	3.6
	煤炭	40.9	25.6	33.7
	燃气	2.3	—	1.2
	柴草+煤炭	43.2	28.2	36.1
	煤炭+沼气	—	5.2	2.4
	煤炭+电	—	7.7	3.6
	柴草+煤炭+沼气	—	5.1	2.4
	柴草+煤炭+燃气	—	2.6	1.2
	柴草+煤炭+电	6.8	20.5	13.3
	煤炭+沼气+电	—	5.1	2.4

5. 家庭财产与消费

(1) 居民家庭耐用消费品拥有状况

S村的家庭耐用消费品很少，家庭拥有量最多的是手机，户均1.83部，手机大部分是非智能手机，价格几百元不等，很多家庭所用洗衣机、电冰箱、摩托车都是二手货，从数量来看，贫困户户均拥有量最多的耐用消费品是移动电话、洗衣机和摩托车，非贫困户拥有量居前三位的是移动电话、洗衣机和电冰箱。和非贫困户相比，贫困户户均拥有手机数量低于非贫困户，摩托车数量高于非贫困户（见表16）。

表 16　耐用消费品统计

单位：%

项目	贫困户		非贫困户		合计	
	总和	户均	总和	户均	总和	户均
电扇(台)	7	0. 16	5	0. 13	12	0. 14
电冰箱(台)	28	0. 65	29	0. 72	57	0. 69
洗衣机(台)	33	0. 75	30	0. 75	63	0. 75
燃气灶(个)	1	0. 02	4	0. 10	5	0. 06
抽油烟机(个)	0	0. 00	1	0. 03	1	0. 01
空调机(个)	0	0. 00	0	0. 00	0	0. 00
电视(台)	17	0. 39	16	0. 40	33	0. 39
电话(部)	1	0. 02	1	0. 03	2	0. 02
移动电话(部)	74	10. 68	80	20. 00	154	10. 83
家用电脑(台)	0	0. 00	0	0. 00	0	0. 00
摩托车(辆)	29	0. 66	22	0. 55	51	0. 61
家用轿车(辆)	0	0. 00	2	0. 05		

（2）耐用消费品价值

S 村的家庭耐用消费品价值很低，耐用消费品价值最高的家庭也只有 13400 元，最低的只有 100 元，但总的来看，贫困户家庭耐用消费品的价值还是低于非贫困户，低 433 元（见表 17）。

表 17　耐用消费品价值

单位：元

是否贫困户	均值	样本	标准差	总和	最小值	最大值
贫困户	3038. 02	43	1987. 707	130635	100	9300
非贫困户	3471. 75	40	2806. 129	138870	100	13400
合　计	3247. 05	83	2411. 708	269505	100	13400

6. 社会保障状况

贫困户家庭100%参加了新农合、农村养老保险和农村扶贫项目，非贫困家庭参加比例分别为97.5%、95%、97.5%，2.3%的贫困家庭还参加了商业医疗保险，97.7%的贫困家庭参加了最低社会保障（见表18）。

表18　社会保障统计

单位：%

项目		是否贫困户		合计
		贫困户(44户)	非贫困户(40户)	
是否享受新型农合	参加了	100.0	97.5	98.8
	没参加	0	2.5	1.2
农村基本养老保险	参加了	100.0	95.0	97.6
	没参加	0	5.0	2.4
商业医疗保险	参加了	2.3	0	1.2
	没参加	97.7	100.0	98.8
商业养老保险	没参加	100.0	100.0	100.0
最低社会保障	参加了	97.7	97.5	97.6
	没参加	2.3	2.5	2.4
农村扶贫项目	参加了	100.0	97.5	98.8
	没参加	0	2.5	1.2

7. 媒体使用情况

由于S村村民文盲率非常高，所以报纸、杂志的使用率非常低，调查的贫困户从不看杂志，贫困户从不使用电视的比例也高于非贫困户，经常和非常频繁使用手机上网的贫困户比例也低于非贫困户（见表19）。

表 19 媒体使用情况

单位：%

项目		是否贫困户		合计
		贫困户	非贫困户	
报纸	从不使用	97.7	100.0	98.8
	有时使用	2.3	0	1.2
杂志	从不使用	100.0	97.5	98.8
	经常使用	0	2.5	1.2
广播	从不使用	95.5	97.5	96.4
	有时使用	2.3	0	1.2
	非常频繁使用	2.3	2.5	2.4
电视	从不使用	65.9	60.0	63.1
	很少使用	6.8	5.0	6.0
	有时使用	9.1	12.5	10.7
	经常使用	4.5	7.5	6.0
	非常频繁使用	13.6	15.0	14.3
互联网（包括手机上网）	从不使用	90.9	90.0	90.5
	很少使用	2.3	0	1.2
	经常使用	2.3	2.5	2.4
	非常频繁使用	4.5	7.5	6.0
手机定制消息	从不使用	95.5	97.5	96.4
	非常频繁使用	4.5	2.5	3.6

（四）特困人群的政治参与和社会交往

1. 特困人群的政治参与

中国居民参政议政的主要方式就是参加基层的民主选举。政治参与是个人目标影响政府政策的实际结果的行为。个人的政治参与水平体现了一个国家的民主化程度。我们从是否参加了代表选举、是否参加了村（居）委会选举、是否参加了村（居）民大会测量居民的政治参与程度。

S村未参加代表选举的比例为80.2%，参加选举的人数很少，而贫困户的参加率比非贫困户还要略低，参加村委会选举的比例也比非贫困户低3.3个百分点，参加村民大会的比例仍然比非贫困户低11.1个百分点。未参加以上三种的原因最主要的是不知道，贫困家庭不知道的比例分别为75.8%、66.7%、66.7%，都低于非贫困家庭（见表20）。

表20 不同性别被访者参加人民代表选举和村（居）委会及村（居）民大会情况

单位：人，%

项目	类别	贫困户		非贫困户		合计	占总体百分比
		人	比例	人	比例		
是否参加了代表选举	未参加	34	81.0	31	79.5	65	80.2
	参加了	8	19.0	8	20.5	16	19.8
	合计	42	100.0	39	100.0	81	100.0
未参加代表选举原因	不知道	25	75.8	25	80.6	50	78.1
	外出	2	6.1	0	—	2	3.1
	因病未参加	1	3.0	0	—	1	1.6
	其他	5	15.2	6	19.4	11	17.2
	合计	33	100.0	31	100.0	64	100.0
是否参加了村(居)委会选举	未参加	24	57.1	21	53.8	45	55.6
	参加了	18	42.9	18	46.2	36	44.4
	合计	42	100.0	39	100.0	81	100.0
未参加村(居)委会选举原因	不知道	16	66.7	20	87.0	36	76.6
	不感兴趣	1	4.2	1	4.3	2	4.3
	外出	3	12.5	0	—	3	6.4
	因病未参加	1	4.2	0	—	1	2.1
	其他	3	12.5	2	8.7	5	10.6
	合计	24	100.0	23	100.0	47	100.0
是否参加了村(居)民大会	未参加	24	55.8	17	44.7	41	50.6
	参加了	19	44.2	21	55.3	40	49.4
	合计	43	100.0	38	100.0	81	100.0

续表

项　目	类　别	贫困户		非贫困户		合计	占总体百分比
		人	比例	人	比例		
未参加村(居)民大会原因	不知道	16	66.7	15	75.0	31	70.5
	不感兴趣	2	8.3	0	—	2	4.5
	外出	3	12.5	0	—	3	6.8
	因病未参加	0	—	1	5.0	1	2.3
	其他	3	12.5	4	20.0	7	15.9
	合计	24	100.0	20	100.0	44	100.0

2. 特困人群的社会支持网

通过研究人们发现，穷人的贫困是他们生活中全方位的贫困，如收入、食物、健康、住房、教育和社会支持水平，而不是政府部门或学术领域所分别针对的某一方面的贫困。影响贫困地区发展的主要原因，不仅在于物质方面，如财政资源和自然资源的匮乏，而且在于无形资源，如人力资源和社会资源（指人际关系、社会资本和社区文化）的匮乏。贫困地区社会资本的缺乏加剧了解决贫困问题的难度。社会资源是嵌入到个人社会关系网络中的资源，如权力、财富、声望等，缺乏这种资源的人们可以通过直接或间接的社会网络获取。社会支持网分为帮助网、讨论网、信任网等多个种类。

（1）社会网的规模

我们通过过年过节的拜访人数来考察特困人群的社会支持网规模。从表21可以看出，贫困户的户均拜访或联系人数为14.19人，非贫困户的户均拜访或联系人数为27.76人，非贫困户的社会支持网规模大于贫困户，从标准差来看，非贫困户的群内差异远远大于贫困户（见表21）。

表 21　过节拜访或联系人数

单位：人

是否贫困户	均值	中位数	总和	最小值	最大值	标准差	样本量
贫 困 户	14.19	9.50	454	0	55	13.451	32
非贫困户	27.76	10.00	916	1	150	41.376	33
综　　合	21.08	10.00	1370	0	150	31.470	65

（2）社会支持网

我们把帮助被访者找工作、找房子、给予事业发展建议、搬东西、借钱等结合在一起组成帮助网，贫困户被访者不曾在金钱和物质上受帮助的有 35 人，占 79.5%，非贫困户不曾在金钱和物质上受帮助的有 25 人，占 62.5%，贫困户在金钱和物质上不曾受帮助的人的比例远高于非贫困户，而在金钱和物质上曾经帮助过被访者方面，贫困户占 90.9%，非贫困户占 77.5%。在帮助被访者找工作、找房子、搬家具修理东西、给予事业建议方面，贫困户获得帮助的合计 87 人次，占 49.43%，非贫困户获得帮助合计为 67 人次，占 41.88%。贫困户的帮助网规模大于非贫困户，贫困户获得的社会支持高于非贫困户。

被访者的讨论网由讨论工作、生活和政治组成，贫困户最重要讨论网有 70 人，占 53.03%，非贫困户最重要讨论网有 75 人，占 62.5%。非贫困户的讨论网规模大于贫困户。

（五）特困人群的闲暇时间和闲暇生活

1. 特困群体的闲暇时间

贫困户被访者一年的闲暇时间选择最多的是半年左右、一年忙到头和一个月左右，非贫困户选择最多的是半年左右、一年忙到头和基本无事可做。

从一天的时间来看，贫困户一天平均闲暇时间为3.78个小时，非贫困户为4.58个小时，而工作时间贫困户则多于非贫困户1.12个小时（见表22）。

表22　闲暇时间统计

单位：小时

是否贫困户		一天工作时间	一天闲暇时间	一天家务时间	一天睡眠时间
贫困户	均　值	7.83	3.78	1.32	7.93
	中位数	8.00	4.00	0.00	8.00
	总　和	329	140	54	317
	最小值	0	0	0	5
	最大值	15	11	9	12
	标准差	2.929	2.840	1.955	1.385
	样本量	42	37	41	40
非贫困户	均　值	6.71	4.58	0.84	8.91
	中位数	7.00	4.00	0.00	9.00
	总　和	235	142	27	312
	最小值	0	0	0	6
	最大值	18	12	4	13
	标准差	4.775	3.433	1.273	1.634
	样本量	35	31	32	35
综合	均　值	7.32	4.15	1.11	8.39
	中位数	8.00	4.00	0.00	8.00

2. 特困群体的闲暇活动

贫困户和非贫困户被访者闲暇时间从事最多的前三项闲暇活动都是参加宗教活动；照料老人小孩；没事干，闲待着。贫困户被访者从事最少的前三项闲暇活动是上网、读书看报看杂志、做手工；非贫困户被访者从事最少的前两项闲暇活动是辅导小孩功课、读书看报看杂志，居第三位分值相同的有体育锻炼、参加宗族活动、做手工和上网（见表23）。

表 23 闲暇活动统计

单位：人

项目	贫困户		非贫困户		合计	
	均值	样本量	均值	样本量	均值	样本量
看电视或看碟	1.91	44	1.93	40	1.92	84
逛街或购物	2.42	43	2.80	40	2.60	83
读书、看报、看杂志	0.73	44	0.73	40	0.73	84
与亲戚聚会	1.84	44	2.08	39	1.95	83
与朋友聚会	1.43	44	1.55	40	1.49	84
与邻居互相串门	1.98	44	1.78	40	1.88	84
体育锻炼	1.02	43	1.23	40	1.12	83
参加宗教活动	4.80	44	4.75	40	4.77	84
参加宗族活动	1.16	44	1.23	39	1.19	83
照料老人小孩	3.61	44	3.57	40	3.60	84
辅导小孩功课	0.98	44	0.68	40	0.83	84
照料病人	2.32	44	2.20	40	2.26	84
做手工	0.93	44	1.23	39	1.07	83
上网	0.66	44	1.23	39	0.93	83
没事干，闲待着	3.57	44	2.83	40	3.21	84
人情往来	1.95	43	2.20	40	2.07	83

（六）特困群体的生存负担

特困群体的生存负担主要包括生活负担、交往负担、照料负担和精神负担。

1. 生活负担

生活负担主要包括家庭生活支出、教育支出、扶贫家庭资金投入、交通通信支出、结婚支出、盖房买房支出和各类保险支出等，负担很重赋值为1，比较有负担赋值为2，不太有负担赋值为3，没有负担赋值为4，因此，分值越低，负担越重。这些生活负担中贫困户认为负担最重的前三项是医疗支出、结婚支出和教育支出，但贫困家庭的负担均值都低于非贫困家庭，贫困家庭的生活负担更重一些（见表24）。

2. 交往负担

S村的宗教性支出负担比人情往来支出负担重，贫困家庭的人情往来负担重于非贫困家庭，而宗教性支出负担则轻于非贫困家庭。

3. 照料负担

在照料老人、小孩和病人的负担中，照顾小孩的负担最重，贫困户照顾小孩和照料病人的负担要重于非贫困户。

4. 精神负担

精神负担体现出贫困群体被排斥、自卑、孤独等精神上承受的负担，其中，安全感缺乏的负担最重，被人看不起和安全感缺乏的负担均重于非贫困户。

表24 生存负担统计

单位：分，人

项目	贫困户		非贫困户		综合	
	均值	总和	均值	总和	均值	总和
家庭生活支出	3.58	154	3.54	138	3.56	292
教育支出	2.07	91	2.08	83	2.07	174
医疗支出	1.67	72	2.14	75	1.88	147
扶贫家庭资金投入	3.11	137	2.98	119	3.05	256
交通通信支出	2.52	111	2.42	97	2.48	208
人情往来支出	3.25	143	3.53	141	3.38	284
宗教性支出	2.37	97	1.92	75	2.15	172
结婚支出	1.83	77	1.98	79	1.90	156
盖房买房支出	3.05	134	2.95	118	3.00	252

续表

项目	贫困户		非贫困户		综合	
	均值	总和	均值	总和	均值	总和
各类保险支出	2.90	113	2.52	83	2.72	196
照顾老人	2.95	127	2.35	87	2.68	214
照顾小孩	2.20	90	2.51	93	2.35	183
照料病人	3.23	139	3.39	129	3.31	268
被人看不起	2.18	96	2.87	109	2.50	205
农业劳动量和强度	3.50	154	3.43	137	3.46	291
安全感缺乏	1.95	43	2.20	40	2.07	83

四 特困人群的生存效果

（一）特困群体的生活满意度及幸福感

1. 工作满意度

特困群体对工作或劳动收入的满意度最低，如果给“很满意”赋值为5分，“很不满意”赋值为1分，特困群体对工作或劳动收入的满意度只有2.95分，但仍高于非贫困户0.28分，其次特困群体是对工作或劳动环境不满意（见表25）。

2. 家庭满意度

在家庭生活、住房条件、家庭收入、家庭消费、家庭条件、孩子上学方便程度、邻里关系等方面，特困群体对邻里关系的满意度最高，对家庭收入的满意度最低，贫困户对家庭生活各方面的满意度均比非贫困户低。

3. 本人生活的满意度

在本人的健康状况、业余生活、自己的精神状况、社会地位、权利状况和发展机会等方面，贫困户被访者最满意的是自己的健康状况，最不满意的是自己的发展机会，同样，贫困户被访者对自己生活各方面的满意度均比非贫困户要低。

4. 对政府公共服务的满意度

在村委会、政府扶贫项目、本村医疗服务、农合、农村低保、农村养老保险、村级合作组织等方面，贫困户家庭对农村低保最满意，对村中的农民合作组织最不满意，很多被访者对合作组织不知道或不清楚，在以上项目中，贫困户比非贫困户满意的有本村医疗服务、农村合作医疗、农村低保。

5. 环境满意度

在水、电、交通、通信、控污、卫生、治安等方面，贫困户最满意的是电力供应及质量，最不满意的是水土污染控制。环境满意度方面，贫困户满意度高于非贫困户的项目只有水源水质和供应情况。

表 25　生活满意度统计

单位：分

项目	贫困户		非贫困户		综合	
	均值	总分	均值	总分	均值	总分
与上级关系	4.07	179	4.08	155	4.07	334
与同事关系	4.27	188	4.24	157	4.26	345
工作或劳动环境	3.37	145	4.51	167	3.90	312
工作或劳动收入	2.95	127	2.67	104	2.82	231
住房条件	3.16	139	3.55	142	3.35	281
孩子上学方便程度	4.09	176	4.26	162	4.17	338
邻里关系	4.39	193	4.57	169	4.47	362
您的家庭生活	3.52	155	3.93	157	3.71	312
自己的健康状况	3.70	163	3.83	153	3.76	316
业余生活	2.86	123	3.55	142	3.19	265

续表

项目	贫困户		非贫困户		综合	
	均值	总分	均值	总分	均值	总分
本村医疗服务	3.81	164	3.75	150	3.78	314
村委会	3.95	174	4.28	167	4.11	341
政府扶贫项目	4.20	185	4.33	169	4.27	354
农村合作医疗	4.45	196	4.41	172	4.43	368
农村低保	4.34	191	4.18	159	4.27	350
农村养老保险	4.23	186	4.26	166	4.24	352
村中农民合作组织	2.35	87	2.79	106	2.57	193
家庭经济收入	2.63	113	2.82	107	2.72	220
家庭消费水平	2.86	126	3.08	120	2.96	246
家庭生活条件	3.09	136	3.21	125	3.14	261
自己的精神状况	3.58	154	3.75	150	3.66	304
自己的社会地位	3.16	136	3.55	142	3.35	278
自己的权利状况	2.31	97	2.42	92	2.36	189
自己的发展机会	2.05	88	2.22	82	2.13	170
水源水质和供应情况	4.25	187	4.18	163	4.22	350
电力供应及质量	4.75	209	4.87	195	4.81	404
交通条件	4.18	184	4.53	181	4.35	365
通信条件	4.57	201	4.80	192	4.68	393
环境卫生和绿化美化	3.82	168	4.23	165	4.01	333
水土污染控制	3.35	144	3.54	131	3.44	275
社会治安状况	4.00	172	4.25	170	4.12	342

6. 幸福感

对幸福感的测量，如果把“非常幸福”赋值为5分，“非常不幸福”赋值为1分，贫困户被访者的幸福感为3.72分，非贫困户的幸福感为3.82分，贫困户不如非贫困户幸福（见表26）。

表 26　幸福感统计

是否贫困户	均值	总分	中位数	标准差	样本量
贫困户	3.72	160	4.00	1.141	43
非贫困户	3.82	149	4.00	1.121	39
综合	3.77	309	4.00	1.125	82

7. 特困群体的比较评价

与5年前相比，贫困户感觉生活好了很多，感觉变好的程度要高于非贫困户，与村平均水平相比，贫困户感觉比“差许多”好一点，但仍是“差一点”，非贫困户的生活要好于贫困户。预测5年以后的生活，贫困户的预测值只有2.84分，比非贫困户的3.08分要低得多。无论对未来的预测，还是横向的比较，贫困户被访者对生活的评价都比较低（见表27）。

表 27　社会评价统计

项目	贫困户		非贫困户		综合	
	均值	总分	均值	总分	均值	总分
您现在生活与五年前比较	4.25	187	3.97	159	4.12	346
对今后五年的估计	2.84	125	3.08	123	2.95	248
与村平均水平比较	1.88	81	2.50	100	2.18	181

（二）特困群体的生存诉求

特困群体对生存有评价、有负担，就有对生存的需求。在表28的16项生存需求中，5分为“非常需要”，1分为“一点也不需要”，分值越高，对项目的需求度也就越高，贫困户和非贫困户需求度最高的一项为收入需求，但贫困户的需求高于非贫困户，分值上高出非贫困户 0.31 分。贫困户和非贫困户需求度在 4 分以上的项目还有更好的医疗保障、高质量的医疗服务和发展资金。除了发展资金项目，其他两项贫困户的需求均高于非贫困户（见表 28）。

表 28　生存需求统计

项目	贫困户		非贫困户		综合	
	均值	样本量	均值	样本量	均值	样本量
收入需求	4.86	44	4.55	40	4.71	84
教育需求	2.98	43	3.28	39	3.12	82
劳动技能	3.16	44	3.37	38	3.26	82
城镇就业	3.07	44	3.73	37	3.37	81
发展资金	4.21	43	4.53	38	4.36	81
城镇生活	3.47	43	3.46	39	3.46	82
更好的医疗保障	4.55	44	4.50	40	4.52	84
养老照料	3.44	43	3.85	39	3.63	82
幼儿照料	3.10	42	3.51	39	3.30	81
精神安慰	3.20	41	3.03	36	3.12	77
高质量的医疗服务	4.55	44	4.43	40	4.49	84
更方便的购物	3.80	44	3.55	40	3.68	84
娱乐设施	2.75	44	1.92	38	2.37	82
运动设施	2.02	44	2.13	38	2.07	82
美好的环境	3.07	44	3.23	40	3.14	84
更安全的社会治安环境	2.77	44	3.08	40	2.92	84

贫困户和非贫困户需求度最低的是运动设施，其次是娱乐设施，居第三位的是更安全的社会治安环境，居第四位的是教育需求，贫困户的需求值均低于 3 分，贫困户的需求度也均低于非贫困户。

B.14
连片特困地区扶贫绩效调查

徐吉宏　胡 苗*

摘　要：本文通过对清水县HX村进行实地调查，在分析清水县HX村整体状况的基础上，从贫困群体生产生活、社会保障、产业扶贫政策、扶贫开发项目等方面对其扶贫绩效进行分析，最后有针对性地提出今后扶贫工作的几点建议：加快基础设施建设，改善群众生产生活条件；培育发展扶贫产业，为群众稳产增收奠定基础；建立健全农村产业发展服务体系；进一步完善农村扶贫机制；切实加大教育培训力度，提高群众整体素质。

关键词：连片特困区　扶贫调查　扶贫绩效　甘肃　清水县

改革开放以来，随着扶贫工作的大力推进，扶贫虽然取得了很大成绩，但也面临着重大挑战和考验。清水县被列为国家扶贫攻坚主战场六盘山区—甘肃连片特困地区的重点县域，是甘肃最贫困的地区之一。在“双联”行动和精准扶贫的背景下，本文从微观层面入手研究和探讨清水县贫困村的扶贫绩效状况，不仅为清水县扶贫工作提供借鉴，而且对以后甘肃连片特困区扶贫工作具有参考作用。

---

* 徐吉宏，甘肃省社会科学院农村发展研究所助理研究员，主要研究方向为农村发展及地理信息技术；胡苗，甘肃省社会科学院农村发展研究所助理研究员。

一　清水县HX村整体状况调查分析

（一）HX村自然状况

HX村位于清水县北部、王河乡东部，距离乡政府约5公里。全村海拔1200～1650米。年降水量为530～550mm，时空分布不均，雨期主要集中在七、八、九3个月。年日照时长2050～2300小时，年平均气温8℃～10℃，最高气温22℃，最低气温－4℃，昼夜温差12.1℃，无霜期170～190天。

（二）HX村基本情况

HX村下设4个自然村、4个村民小组。全村136户共654人，劳动力人口377人，男女比例约为53∶47。全村住房以砖木为主，其中砖木结构住户111户，土木结构住房21户。全村总耕地面积为2587亩，人均耕地约3.96亩。属于典型的集中连片特困区的贫困干旱山区。

分析2014年HX村贫困户和非贫困户情况（见表1）。

表1　2014年HX村贫困户和非贫困户情况统计

自然村	贫困户		非贫困户		合计		贫困发生率（%）
	户数(户)	人数(人)	户数(户)	人数(人)	户数(户)	人数(人)	
一组	12	43	38	204	50	247	6.57
二组	4	18	20	97	24	115	2.75
三组	22	94	30	156	52	250	14.37
四组	7	26	3	16	10	42	3.98
小计	45	181	91	473	136	654	27.68
人均纯收入(元)	2352		3962		3175		

一是HX村贫困户情况表明：整体来看，HX村贫困户占的比重较小，贫困发生率为27.68%；其中贫困户主要集中在三组，贫困发生率为14.37%；一组、二组和四组贫困发生率分别为6.57%、2.75%、3.98%。

二是HX村人均纯收入情况表明：总体来看，2014年底人均纯收入达到3175元，高于清水县农村人均纯收入贫困最低标准2800元，表明HX村实现脱贫。但从HX村贫困户和非贫困户来看，贫困户人均纯收入仅有2352元，而非贫困户为3962元，差距比较大。

（三）HX村产业发展

HX村全村产业发展主要以核桃、养殖、粮食种植、劳务输出、交通运输及服务业为主。

①核桃业。2014年，全村现种植核桃面积1080亩，目前尚无挂果，无收入。

②养殖业。2014年，全村共有养殖户6户（养猪37头、养牛13头，累计其他共养殖76头、养羊185只），人均养殖收入520元。

③粮食种植业。2014年，全村粮食作物种植面积2093亩，总产粮21.5万公斤，人均粮食333.3公斤。

④劳务输出。2014年，全村有外出务工人员137人以上，人均劳务输出纯收入1467元。

⑤交通运输及服务业。至2014年，全村有各类车辆12辆，四轮车6辆、三轮车4辆、汽车2辆。

（四）HX村基层组织

HX村村民委员会相对健全，配备村党支部书记1名、村主任1名、文书1名、村监督委员会主任1名。全村有党员16人，其中女党员3人，村级制度相对比较健全。

二　清水县 HX 村扶贫绩效调查分析

为了深入了解 HX 村扶贫绩效状况，笔者于 2015 年 6～9 月，通过随机抽样方式，对 HX 村 100 个农户和 3 个村干部（村支书、村主任、村文书）进行了问卷调查和访谈。

调查问卷和访谈设计结合 HX 村实际状况，从贫困群体生产生活、社会保障、产业扶贫政策、扶贫开发项目等方面调查分析其扶贫绩效。

（一）HX 村贫困群体生产生活保障扶贫绩效调查分析

1. HX 村基础设施调查及绩效分析

HX 村基础设施主要涉及通电、通电话、通电视（广播）、农户饮水安全、通公路比例等几个方面（见表 2）。

①2014 年 HX 村通电户、通电话、通电视（广播）户为 136 户，全部实现“三通”，相比 2009 年年均分别提高 6.62 个、9.41 个、8.09 个百分点。乡村生活条件得到了显著改善，其农户满意度为 100%。

②2009 年 HX 村没有安全饮水，2014 年全村全部实现饮水安全，相比 2009 年年均提高 25 个百分点。其农户满意度为 100%，从访谈中了解到安全饮水工程解决了群众腰、腿疼和“大脖子”病的问题。

③2009 年 HX 村通行政村公路和通自然村公路都是泥土路，而 2014 年通行政村公路和通自然村公路占全村公路的 18.75%、40.51%。虽然在一定程度上解决了“行路难”的问题，但其农户满意度为 60%，结合访谈分析其根源：一是因其建设资金投入不足，很多村巷依然“行路难”；二是由于部分村路新修建路宽规定 4.5 米，但实际只有 4 米，存在资金不足和其他公正性问题。

④HX 村由于地理条件制约，纯属“靠天吃饭”，2009 年基本无农业水利基础设施。2014 年对少部分村巷铺埋管道，农户在表现出不满情绪的同时也表现出极大的渴望，这与当遇灾害年份时农户无力应对有很大的关系。因此，建设完备的水利设施是农村农业发展的必要条件。

表 2　2009 年、2014 年 HX 村基础设施调查

类型		2009 年	2014 年
通电户	户数(户)	91	136
	比例(%)	66.91	100
通电话户	户数(户)	72	136
	比例(%)	52.94	100
通电视(广播)户	户数(户)	81	136
	比例(%)	59.56	100
农户饮水安全户	户数(户)	0	136
	比例(%)	0	100
通行政村公路	公里数(公里)	0	1.5
	比例(%)	0	18.75
通自然村公路	公里数(公里)	0	3.2
	比例(%)	0	40.51

2. HX 村文化教育程度调查及绩效分析

HX 村文化教育程度主要从农户教育文化程度、劳务输出教育文化程度和技能培训等方面进行调查分析其扶贫绩效（见表 3 和图 1）。

①从教育文化程度来看，2009～2014 年农户文化程度明显提高，但小学和初中文化程度比例很大，2009 年分别为 54.74%、24.46%，2014 年分别为 45.26%、37.00%。

②从劳务输出教育文化程度来看，2009～2014 年劳务输出教育文化程度有了明显的变化，高学历的人数明显增多。2009 年劳务输

出的农户文化程度主要为小学和初中，分别占全部人数的41.67%、33.33%；而2014年其文化程度为初中和高中，其比例分别为61%、39%。

③通过对劳动力技能培训满意度调查显示，53%的农户选择“不满意”，21%选择“非常不满意”，16%选择“一般”，选择“满意”的仅有10%。从访谈中了解到选择“不满意”的群众主要是由于劳动力技能培训太少或不实用。

总体来看，HX村农户教育文化程度有了一定程度提高，但总体相对偏低。通过访谈了解到90%的农户非常希望通过技能培训提高自身文化教育水平，从侧面反映出政府对农户劳动技能培训力度有待进一步加大。

表3　2009年、2014年HX村教育程度调查

单位：个，%

类型		2014年		2009年	
		人数	比例	人数	比例
教育文化程度	文盲或半文盲	88	13.46	123	18.81
	小学	296	45.26	358	54.74
	初中	242	37.00	160	24.46
	高中(中专)	21	3.21	11	1.68
	大专及以上	7	1.07	2	0.31
劳务输出教育文化程度	文盲或半文盲	0	0	10	16.67
	小学	0	0	25	41.67
	初中	83	61	20	33.33
	高中(中专)	54	39	5	8.33
	大专及以上	0	0	0	0

3. HX村医疗卫生调查及绩效分析

通过调查发现，2009年该村没有卫生所和合格医生，仅有一名

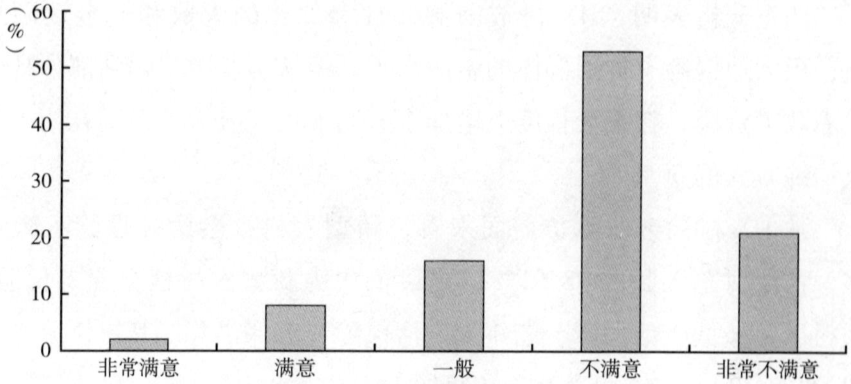

图1　农村劳动力技能培训满意度

老村医，儿童死亡率和孕产妇率分别为1%、1%；2014年HX村有1个卫生所、1名合格的医生，没有儿童死亡和孕产妇死亡人数。调查表明农户对其医疗卫生满意度为80%，但从访谈中了解到该村医疗设备落后，医疗水平相对较差。

（二）HX村贫困群体社会保障扶贫绩效调查分析

结合HX村实际，社会保障政策主要从农村居民最低生活保障、新型农村社会医疗保险、新型农村社会养老保险、五保供养、老年人生活保障等方面调查分析其扶贫绩效（见表4）。

表4　2014年HX村社会保障政策调查

类型	人数(人)	占全村总人数比例(%)	人均资金(元)
农村居民最低生活保障	78	11.93	1581.36
新型农村社会医疗保险	641	98.01	100
新型农村社会养老保险	576	88.07	100
五保供养	2	0.31	3000
老年人生活保障	10	1.53	2000

调查分析表明，HX村贫困群体社会保障的人数和资金逐渐提高，极大地提高了贫困群体的生活水平。但从访谈中了解到部分社会保障政策资金，在很大程度上增加了家庭人均纯收入，经测算约占其人均纯收入的50%以上。

从HX村社会保障覆盖面来看，新型农村社会医疗保险人数最多，占全村总人数的98.01%，之后依次为新型农村社会养老保险、农村居民最低生活保障、老年人生活保障和五保供养，其比例分别为88.07%、11.93%、1.53%、0.31%。

从农户对其各项政策的满意度来看，农户对其新型农村社会养老保险、五保供养、老年人生活保障的满意度均为100%，从侧面显示了其公正性和公平性；农户对新型农村社会医疗保险满意度为70%，调查了解是因新型农村社会医疗保险报销时必须具有住院等条件，存在“看病贵”的难题；农户对其农村居民最低生活保障的满意度仅有55%，结合访谈了解其主要原因是真正的贫困群体未享受最低生活保障政策，对其公平性存在很大的质疑。

（三）HX村产业扶贫政策绩效调查分析

经调查HX村产业扶贫政策主要有农业“四补贴”、退耕还林补助政策等，对其扶贫绩效进行分析如下所示（见表5）。

表5　2009年、2014年HX村产业扶贫政策调查

项目类型	人数(人)	比例(%)	2014年		2009年	
			资金（元）	人均资金（元）	资金（元）	人均资金（元）
农业“四补贴”	654	100	61872	94.6	30936	47.3
退耕还林补助	654	100	34240	52.4	25680	39.27

从扶贫政策的覆盖面来看，2009 年和 2014 年 HX 村农业“四补贴”和退耕还林补助的覆盖面为 100%。

从扶贫资金来看，HX 村农业“四补贴”和退耕还林补助资金逐步提高，且农业“四补贴”资金提高幅度高于退耕还林补助。

从其扶贫政策的满意度来看，农户对其农业“四补贴”和退耕还林补助的满意度为 100%，从访谈中了解到，虽然产业扶贫资金由县财政直接打入农户储蓄卡中，但农户仅当作家庭收入，并未发挥其政策的实质效益。

（四）HX 村扶贫开发项目调查及绩效分析

1. HX 村危房改造项目调查及绩效分析

通过调查表明，HX 村共有 30 户农户进行了危房改造项目，户均资金 8000 元，覆盖面为 22%。

从危房改造项目扶贫满意度来看（见图 2），有 59% 的农户选择“不满意”，22% 的农户选择“一般”，11% 的农户选择“满意”，8% 的农户选择“非常不满意”，2% 的农户选择“非常满意”。结合访谈了解到选择“不满意”的农户主要是由于当时新建房屋需要 6 万元左右，但国家仅补贴 8000 元，家庭经济压力太大；而选择“满意”的农户，表现出知足感恩的心理。

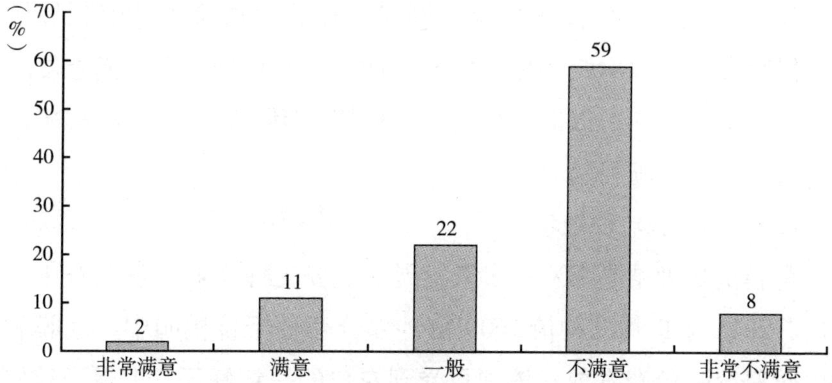

图 2　HX 村危房改造满意度

2. 整村推进项目调查及绩效分析

2012 年底 HX 村所在乡确立了该村整村推进的计划，2013 年正式开始实施，项目计划内容和投资计划如表 6 所示。

表 6　整村推进项目建设内容和投资计划

单位：万元

项目名称	建设内容	财政投资资金
核桃栽植	新建优质核桃园 800 亩	20
全膜玉米种植	种植全膜双垄沟播玉米 2000 亩	5
养殖项目	引进基础母牛 20 头	5
硬化村道路	新修硬化村组道路 4.2 公里	10
扶贫互助协会	建设村级扶贫互助协会 1 个	10
双联贷款贴息	双联惠农贷款扶贫贴息	15
技术培训	开展农业实用技术培训 200 人(次)	2

根据 HX 村整村推进的计划内容，结合该项目正在实施的过程，简要分析其扶贫绩效。

（1）核桃栽植项目

核桃种植是 HX 村未来发展的主要创收产业。从调查可以看出，目前已经超额完成 800 亩栽种计划，且采取了越冬保暖设施，其成活率达到 80% 以上，但尚未挂果。同时，在农户访谈中了解到核桃树苗和保暖设施由政府统一免费发放。调查显示该项目群众满意度仅为 40%，其主因是该村以前也种植过核桃树，但效益不好，核桃树已死去，农户对现行项目信心不足。

（2）全膜玉米种植项目

全膜玉米种植是 HX 村未来发展的主要支柱产业。从调查中可以看出，2015 年 9 月已种植 1600 亩，部分套种于核桃园中，地膜和种子由政府统一免费发放。该项目受到农户的一致好评，取得了较好的效益，人均增收约280元/亩。

（3）养殖项目

养殖业是HX村农户增收的途径之一。HX村在实施养牛扶贫项目中，需购进基础母牛，欲采用“滚动”发展的方式，即通过母牛繁殖，返还母牛，然后将其牛崽发放给其他农户。

在调查的100户中，已经养殖基础母牛的有12户，且都有项目资助，资助金额为5000元/头。同时，在调查中发现农户不太愿意养殖基础母牛，其原因是养殖成本太大，基本没有效益。

（4）硬化村道路项目

HX村的交通条件是影响农户生活生产的主要因素之一。从调查中可以看出，目前已完成硬化村道路项目计划的68%。该项目的实施受到农户的一致欢迎，方便了农户出行和运输。

（5）扶贫互助协会

调查表明，HX村已成立了扶贫互助协会，互助资金为10万元，但由于农户心理作用，目前尚未发挥其作用。

（6）双联贷款贴息项目

通过调查分析，双联贷款贴息项目已全部发放，一是发放给养殖农户，因养殖时农户需建设牛圈；二是发放给了家庭有孩子上学且经济比较困难的农户。总体来说，双联贷款贴息项目的实施，对HX村家庭急需资金和家境比较困难的农户，可谓“雪中送炭”，其满意度为80%。

（7）技术培训项目

调查问卷显示，HX村从该项目实施以来仅有一次核桃种植管理技术的培训。同时，结合访谈了解到，农户希望能够继续提供更多的技能培训。

此外，从调查中了解到农户参与项目程度较低，分析其原因：一是由于农户对政府组织实施的项目责任心不强，缺乏参与项目的主动性；二是扶贫项目计划内容与农户的实际需求有差异，农户缺乏积极性；三是长期政府“包办”意识，在一定程度上排斥群众参与，同时也因政府“包办”使农户养成等、靠、要的依赖思想；四是由于大部分青壮年劳动力外出务工，留守家里的多为“老、弱、病、残”，很难参与。

三　基本结论

第一，整体来看，多年扶贫工作的努力，使HX村到2014年底人均纯收入达到3175元，高于清水县贫困标准2800元/人，实现了脱贫目标，极大地提高了人民的生产生活水平。

第二，从脱贫群体的收入来看，一是部分脱贫户中，有50%左右的收入来源于国家政策保障补助，属典型政策保障户；二是大部分脱贫户经济收入主要来源于劳动力转移收入，其收入比例占总收入的80%左右。因此，HX村虽然实现了清水县脱贫目标，但其自身“内劲”不足，易发生“返贫”现象。

第三，从HX村贫困群体生产生活保障来看，基础设施扶贫工作取得了很大的成效，尤其全部实现了HX村通电、通电话、通电视（广播）、农户饮水安全等涉及民生事业，但在公路建设和农业水利设施等方面依然缓慢，成为制约经济发展的主要因素；HX村整体文化教育水平有了一定的提高，但小学和初中文化程度所占比例很大，高中及以上学历人依然很少。此外，农户对进一步改善医疗卫生条件的意愿相对比较迫切。

第四，从HX村贫困群体社会保障来看，社会保障覆盖面逐渐增大，农户对其新型农村社会养老保险、五保供养、老年人生活保障等社会保障政策持满意态度，显示了其公平性和公正性；新型农村社会医疗保险因费用报销条件所限，依然存在“看病贵”的问题；农村居民最低生活保障政策因其公正公平性，农户持有质疑态度。

第五，从HX村产业扶贫政策来看，农业“四补贴”项目和退耕还林补助政策资金逐年增加，农户满意度100%，但从访谈中也了解到，农业“四补贴”仅当作家庭收入补贴，并未发挥其扶贫政策的实质作用。

第六，从扶贫开发项目来看，有一半多农户对危房改造项目持不满意的态度，因其项目补贴与实际建房花费差异太大，家庭负担太重。从整村推进项目中出发，扶贫工作涉及方方面面，不仅依赖扶贫部门，而且涉及政府各个部门（包括交通、农业、教育、卫生、水利、环保、民政等），需要各个方面的协同配合；扶贫部门在落实各类扶贫的过程中，管理人员必须做到公平、公正，尤其是乡、村级领导干部；扶贫项目，必须从实际出发，同时项目的选择也应随着实际情况的变化做出相应的调整；农户参与扶贫项目程度较低。

此外，部分扶贫措施、方式、绩效考核及评估机制也存在一定问题，如农业补贴落实情况、最低生活保障等等。

四　扶贫工作的思考与建议

（一）加快基础设施建设，改善群众生产生活条件

利用国家对连片特困区、省扶贫攻坚的优惠政策契机，进一步加大对连片特困区基础设施建设投资的力度。一是加快乡村道路建设。在确保乡村公路建设质量的基础上，加大行政村与自然村以及村巷的硬化建设力度，努力实现自然村公路“村村通”，同时防止“头年通、两年烂”的劳民伤财现象发生。二是加快水利基础设施建设。加快修建塘坝、防洪堤坝等农业基础设施，彻底解决旱灾和洪涝频发的问题。三是推进生态富民工程建设，发展沼气及其他清洁能源。四

是进一步加大农村通信、信息网络等建设的力度。五是加强生态环境建设。坚持扶贫开发与生态环境保护相结合，坚决制止乱砍滥伐，对符合还林、还草的耕地退还，恢复生态环境。

（二）培育发展扶贫产业，为群众稳产增收奠定基础

引导群众发展“短、平、快”产业，推行“庭院式产业”建设。结合甘肃连片特困山区实际，集中人力、物力、财力，采用“扶贫资金+双联资金+农户资金”的模式，推行群众发展“庭院式产业”。一是确保每户饲养一定数量的鸡、猪等家禽和牲畜；二是每户种植2分地以上蔬菜；三是利用山区优势，每户种植10棵以上经济林木或果树。这样，不仅能够提高家庭收入、增强发展经济产业的意识，还能改善家庭生活。

进一步加大力度培育扶贫产业。首先，采取扶贫贴息贷款或相关优惠政策等措施，加大力度培育扶贫企业。同时，引导扶贫企业在小城镇建立原材料加工与生产基地，增强其辐射带动能力。其次，宣传群众参与扶贫企业原料种植，对参与种植的农户政府给予适当的扶贫资金或其他补贴。再次，鼓励扶贫企业与农户及扶贫村相对接，推行“公司+基地+协会+农户+保险”的模式，促使企业与农户形成产业链，实现农户和企业共同发展，为农户的稳产增收奠定基础。此外，建议建立扶贫产业激励机制，设立专项扶贫资金用于激励扶贫企业和农户积极性。

（三）建立健全农村产业发展服务体系

建立健全农村产业发展服务体系。一是种植和养殖业等产业，强化科技指导、卫生防疫等服务工作，发现问题及时处理。二是注重完善农产品流通体系，确保群众的农产品卖得出去，需要的生产资料进得来。三是充分发挥农村金融支持农民增收的积极作用，探索“宅

基地、土地”等抵押担保，建立“政府+银行+担保+保险+互助资金+农户”的“六位一体”扶贫贷款模式，解决群众产业发展资金缺乏的瓶颈。同时，加大扶贫资金的监管力度，加大处罚力度，使各项金融资金的使用按照规定用途执行。

（四）进一步完善农村扶贫机制

一是建立健全农村扶贫与社会资金参与激励机制。通过制定政策和提供服务，鼓励社会资金投入到农村扶贫工作中，增强企业、社会团体、组织、个人参与扶贫工作的积极性，形成扶贫工作“大格局”。二是建立健全社会捐赠管理机制。鼓励非营利性捐赠组织、社会团体和个人的捐赠活动，同时制定相应的管理监督机制，确保捐赠活动健康持续地发展。三是健全群众参与扶贫项目机制，引导群众参与扶贫项目的计划、实施、验收和监督管理等工作。四是进一步强化精准扶贫、“1236”扶贫攻坚与“双联”行动的深度融合。以“双联”行动为载体，进一步强化精准扶贫6个精准（对象精准、目标精准、方式精准、内容精准、考核精准、保障精准)，使扶贫工作形成“四个融合联动”（扶贫目标任务融合联动、帮扶力量融合联动、资金项目融合联动、培训资源融合联动)，确保扶贫工作发挥更大的叠加效应。五是建立健全动态扶贫管理机制。健全贫困村、贫困户、扶贫资金等信息动态管理信息平台，确保扶贫工作在阳光下进行。此外，不断完善扶贫考评机制，建议引入第三方扶贫绩效考核和评估机制，“由上而下”、“有下而上”对其全方位考核和评价，切实把扶贫工作落到实处。

（五）切实加大教育培训力度，提高群众整体素质

切实加强教育培训、提高群众的整体素质，是社会进步的需求，也是群众脱贫致富的根本。一是积极探索面向贫困地区的新型职业教

育，强化培训的针对性、适用性和时效性，培养一批有文化、有技术、懂经营会管理的“新型农民”。二要建立健全劳务输出技能培训长效机制，从根本上提升劳务输出者的就业能力。三要通过各种渠道，采取各种方式对群众进行思想引导，帮助群众转变传统落后的思想观念，树立发展是硬道理的意识，树立自主、主动意识。此外，进一步加强群众法制教育，提高群众的文明水平，增强守法意识和维权意识。

皮书起源

“皮书”起源于十七、十八世纪的英国，主要指官方或社会组织正式发表的重要文件或报告，多以“白皮书”命名。在中国，“皮书”这一概念被社会广泛接受，并被成功运作、发展成为一种全新的出版形态，则源于中国社会科学院社会科学文献出版社。

皮书定义

皮书是对中国与世界发展状况和热点问题进行年度监测，以专业的角度、专家的视野和实证研究方法，针对某一领域或区域现状与发展态势展开分析和预测，具备原创性、实证性、专业性、连续性、前沿性、时效性等特点的公开出版物，由一系列权威研究报告组成。

皮书作者

皮书系列的作者以中国社会科学院、著名高校、地方社会科学院的研究人员为主，多为国内一流研究机构的权威专家学者，他们的看法和观点代表了学界对中国与世界的现实和未来最高水平的解读与分析。

皮书荣誉

皮书系列已成为社会科学文献出版社的著名图书品牌和中国社会科学院的知名学术品牌。2011 年，皮书系列正式列入“十二五”国家重点出版规划项目；2012~2015 年，重点皮书列入中国社会科学院承担的国家哲学社会科学创新工程项目；2016 年，46 种院外皮书使用“中国社会科学院创新工程学术出版项目”标识。

中国皮书网

www.pishu.cn

发布皮书研创资讯，传播皮书精彩内容
引领皮书出版潮流，打造皮书服务平台

栏目设置：

- □ 资讯：皮书动态、皮书观点、皮书数据、皮书报道、皮书发布、电子期刊
- □ 标准：皮书评价、皮书研究、皮书规范
- □ 服务：最新皮书、皮书书目、重点推荐、在线购书
- □ 链接：皮书数据库、皮书博客、皮书微博、在线书城
- □ 搜索：资讯、图书、研究动态、皮书专家、研创团队

中国皮书网依托皮书系列“权威、前沿、原创”的优质内容资源，通过文字、图片、音频、视频等多种元素，在皮书研创者、使用者之间搭建了一个成果展示、资源共享的互动平台。

自 2005 年 12 月正式上线以来，中国皮书网的 IP 访问量、PV 浏览量与日俱增，受到海内外研究者、公务人员、商务人士以及专业读者的广泛关注。

2008 年、2011 年中国皮书网均在全国新闻出版业网站荣誉评选中获得“最具商业价值网站”称号；2012 年，获得“出版业网站百强”称号。

2014 年，中国皮书网与皮书数据库实现资源共享，端口合一，将提供更丰富的内容，更全面的服务。

法律声明

“皮书系列”（含蓝皮书、绿皮书、黄皮书）之品牌由社会科学文献出版社最早使用并持续至今，现已被中国图书市场所熟知。“皮书系列”的LOGO（）与“经济蓝皮书”“社会蓝皮书”均已在中华人民共和国国家工商行政管理总局商标局登记注册。“皮书系列”图书的注册商标专用权及封面设计、版式设计的著作权均为社会科学文献出版社所有。未经社会科学文献出版社书面授权许可，任何使用与“皮书系列”图书注册商标、封面设计、版式设计相同或者近似的文字、图形或其组合的行为均系侵权行为。

经作者授权，本书的专有出版权及信息网络传播权为社会科学文献出版社享有。未经社会科学文献出版社书面授权许可，任何就本书内容的复制、发行或以数字形式进行网络传播的行为均系侵权行为。

社会科学文献出版社将通过法律途径追究上述侵权行为的法律责任，维护自身合法权益。

欢迎社会各界人士对侵犯社会科学文献出版社上述权利的侵权行为进行举报。电话：010－59367121，电子邮箱：fawubu@ssap.cn。

社会科学文献出版社

权威报告·热点资讯·特色资源

皮书数据库

ANNUAL REPORT(YEARBOOK) DATABASE

当代中国与世界发展高端智库平台

WWW.PISHU.COM.CN

皮书俱乐部会员服务指南

1. 谁能成为皮书俱乐部成员？

- 皮书作者自动成为俱乐部会员
- 购买了皮书产品（纸质书/电子书）的个人用户

2. 会员可以享受的增值服务

- 免费获赠皮书数据库100元充值卡
- 加入皮书俱乐部，免费获赠该纸质图书的电子书
- 免费定期获赠皮书电子期刊
- 优先参与各类皮书学术活动
- 优先享受皮书产品的最新优惠

3. 如何享受增值服务？

（1）免费获赠100元皮书数据库体验卡

第1步 刮开附赠充值的涂层（右下）；

第2步 登录皮书数据库网站（www.pishu.com.cn），注册账号；

第3步 登录并进入“会员中心”—“在线充值”—“充值卡充值”，充值成功后即可使用。

（2）加入皮书俱乐部，凭数据库体验卡获赠该书的电子书

第1步 登录社会科学文献出版社官网（www.ssap.com.cn），注册账号；

第2步 登录并进入“会员中心”—“皮书俱乐部”，提交加入皮书俱乐部申请；

第3步 审核通过后，再次进入皮书俱乐部，填写页面所需图书、体验卡信息即可自动兑换相应电子书。

4. 声明

解释权归社会科学文献出版社所有

皮书俱乐部会员可享受社会科学文献出版社其他相关免费增值服务，有任何疑问，均可与我们联系。

图书销售热线：010-59367070/7028
图书服务QQ：800045692
图书服务邮箱：duzhe@ssap.cn

数据库服务热线：400-008-6695
数据库服务QQ：2475522410
数据库服务邮箱：database@ssap.cn

欢迎登录社会科学文献出版社官网（www.ssap.com.cn）和中国皮书网（www.pishu.cn）了解更多信息

社会科学文献出版社 SOCIAL SCIENCES ACADEMIC PRESS (CHINA) 皮书系列

卡号：435880458041

密码：

S 子库介绍
Sub-Database Introduction

中国经济发展数据库

涵盖宏观经济、农业经济、工业经济、产业经济、财政金融、交通旅游、商业贸易、劳动经济、企业经济、房地产经济、城市经济、区域经济等领域，为用户实时了解经济运行态势、把握经济发展规律、洞察经济形势、做出经济决策提供参考和依据。

中国社会发展数据库

全面整合国内外有关中国社会发展的统计数据、深度分析报告、专家解读和热点资讯构建而成的专业学术数据库。涉及宗教、社会、人口、政治、外交、法律、文化、教育、体育、文学艺术、医药卫生、资源环境等多个领域。

中国行业发展数据库

以中国国民经济行业分类为依据，跟踪分析国民经济各行业市场运行状况和政策导向，提供行业发展最前沿的资讯，为用户投资、从业及各种经济决策提供理论基础和实践指导。内容涵盖农业，能源与矿产业，交通运输业，制造业，金融业，房地产业，租赁和商务服务业，科学研究环境和公共设施管理，居民服务业，教育，卫生和社会保障，文化、体育和娱乐业等 100 余个行业。

中国区域发展数据库

以特定区域内的经济、社会、文化、法治、资源环境等领域的现状与发展情况进行分析和预测。涵盖中部、西部、东北、西北等地区，长三角、珠三角、黄三角、京津冀、环渤海、合肥经济圈、长株潭城市群、关中—天水经济区、海峡经济区等区域经济体和城市圈，北京、上海、浙江、河南、陕西等 34 个省份及中国台湾地区。

中国文化传媒数据库

包括文化事业、文化产业、宗教、群众文化、图书馆事业、博物馆事业、档案事业、语言文字、文学、历史地理、新闻传播、广播电视、出版事业、艺术、电影、娱乐等多个子库。

世界经济与国际政治数据库

以皮书系列中涉及世界经济与国际政治的研究成果为基础，全面整合国内外有关世界经济与国际政治的统计数据、深度分析报告、专家解读和热点资讯构建而成的专业学术数据库。包括世界经济、世界政治、世界文化、国际社会、国际关系、国际组织、区域发展、国别发展等多个子库。